Façon de PARLER!

Angela Aries & Dominique Debney

BOOK 1 • 2nd edition

Hodder & Stoughton

A MEMBER OF THE HODDER HEADLINE GROUP

For Ian and Roy.

Acknowledgements

The authors and publishers wish to thank the following for their contributions to this book: Anne Sylvestre for permission to reproduce the words and music of 'Cécile et Céline' from her album *Fabulettes en Couleurs* (Référence 133037, Production: Anne Sylvestre, Distribution: WEA Filipacchi); J. Allan Cash for two of the photos on page 45.

Illustrations by John Plumb

British Library Cataloguing in Publication Data

ISBN 0 340 608978

First edition published 1986
Second edition copyright © 1994 Angela Aries and Dominique Debney
Impression number   10 9 8 7 6 5 4 3 2
Year   1999 1998 1997 1996 1995 1994

Typeset by Wearset, Boldon, Tyne and Wear.
Printed in Great Britain for Hodder & Stoughton Educational, a division of Hodder Headline Plc, 338 Euston Road, London NW1 3BH by Clays Ltd, St Ives Plc.

Contents

- Asking and giving your age. Saying you are hungry/thirsty, hot/cold. Expressions with **avoir: avoir faim/soif, chaud/froid**.
- Saying where things are and to whom they belong. Place words. Possessive with **de, du, de la,** etc.

ABBREVIATIONS AND SYMBOLS _____

lit. = literally translated
fam. = familiar
m. = masculine
f. = feminine
pl. = plural
sing. = singular
pol. = polite form
inv. = invariable
⋀ = irregular verb

Introduction

Façon de Parler! is a comprehensive course in two parts for adult beginners wishing to reach the standard of the IOL General Certificate, or GCSE. It is suitable both for those who wish to communicate easily in French when they travel in French-speaking countries, and for those working towards an examination.

This fully revised, new edition of Part One consists of:
- a coursebook, containing twenty-one study units, seven revision units, a grammar reference section and a French–English vocabulary,
- two specially recorded audio cassettes, containing a pronunciation guide, dialogues, passages and exercises from the coursebook
- an accompanying booklet with the text of the listening material, and a key to the exercises in the book and on the cassettes.

The twenty-one study units form the core of the course. Much of the original material of these units has been retained, but additional sections have been added in response to feedback from users of the course. Each unit now contains:
- presentation material – dialogues, short descriptions, broadcasts, etc.
- *Mots et expressions utiles*, a box listing useful words and expressions covered in the presentation material
- *Avez-vous compris?*, designed to check comprehension of the presentation material
- *À vous!*, individual pair- and group work to improve speaking skills
- *Un peu de grammaire*, a brief grammar summary
- a range of exercises to develop speaking, reading and writing skills
- *Écoutez bien!*, an important new feature of this edition, designed to increase listening skills and build up confidence

To focus on reading skills, an extended passage, *Lecture* appears every few units, consisting of authentic or authenticated material such as advertisements, quizzes and competitions.

These are intended to extend vocabulary and comprehension beyond that which is contained in the unit. New *jeu de rôles* (rôle play) exercises have also been included at regular points in the text, to enable students to practise their speaking skills in an authentic context.

Teachers will particularly welcome the simplified grammar areas, and the inclusion of the perfect tense in Part One.

The recorded material forms an integral part of the course, and is strongly recommended to users. Together with the accompanying study booklet it is essential for those working on their own.

Première UNITÉ

A group of tourists on a package holiday in Paris are waiting for their guide in the hotel lounge . . .

MOTS ET EXPRESSIONS UTILES

Qui est-ce?	*Who is it?*
Je ne sais pas.	*I don't know.*
madame / mesdames	*madam, Mrs / ladies*
mademoiselle / mesdemoiselles	*Miss / ladies*
monsieur / messieurs	*Sir, Mr / gentlemen*
messieurs-dames	*ladies and gentlemen*
bonjour	*good morning, good day, hello*
Bienvenue à Paris!	*Welcome to Paris!*
je suis	*I am*
Je m'appelle . . .	*My name is (lit. I call myself) . . .*
Comment vous appelez-vous?	*What's your name?*
Quel est votre nom?	
Et vous?	*What about you?*
A vous!	*Over to you! / Your turn!*

À VOUS!

Imagine you are the guide, Guillaume. Greet the tourists individually. You aren't sure of their names yet, so you use **monsieur**, **madame**, **mademoiselle**, **messieurs** and **messieurs-dames**.

example   Bonjour, monsieur!

The tourists are:

- Jeanne Chouan
- Sylvie Clément
- Henri Boivin
- Claire Ouate
- Annick le Goff
- Yves Le Braz
- Josée and Lucien Cousin
- François and Marie Muller
- Dominique and Antoine Rossi

Now go round the class, greeting your fellow students in the same way. Introduce yourself, and find out what the names of the other students are. Remember that French people usually shake hands when they meet! And don't forget to say **au revoir** (*goodbye*) when you leave.

The Cousins, who are from the West Indian island of Martinique, are curious to know where their fellow tourists come from:

Lucien	D'où êtes-vous, monsieur?
Henri	Moi, je suis bourguignon. Je suis de Nuits-Saint-Georges, près de Dijon.
Josée	Et vous, madame?
Claire	Je suis de Rouen, en Normandie. Et vous?
Josée	Nous sommes de la Martinique.
Claire	Ah, la Martinique, quelle belle île!
Antoine	Et nous, nous sommes de Corse. C'est une belle île aussi!
Claire	C'est vrai!
Lucien	Et vous, messieurs-dames, d'où êtes-vous?
François	Nous sommes de Strasbourg, en Alsace.
Josée	Et vous, monsieur?
Yves	Annick et moi, nous sommes de Quimper, en Bretagne.
Lucien	Et vous, mesdemoiselles?
Jeanne	Je suis de Luçon, en Vendée.
Sylvie	Et moi, je suis de Grasse, en Provence.
Josée	Alors, nous sommes tous français!

MOTS ET EXPRESSIONS UTILES

D'où êtes-vous? (pol./pl.)	*Where are you from?*
Je suis de . . .	*I am from . . .*
Nous sommes de . . .	*We are from . . .*
bourguignon	*from Burgundy*
près de	*near*
en Normandie / Alsace / Bretagne	*in Normandy / Alsace / Brittany*
Corse	*Corsica*
Quelle belle île!	*What a beautiful island!*
c'est un / une	*this is a / it's a*
c'est vrai	*it's true*
alors	*so*
tous	*all*
D'où es-tu? (fam./sing.)	*Where are you from?*
Et toi? (fam./sing.)	*What about you?*

Avez-vous compris?

Check Guillaume's list of tourists, and fill in any details that are missing (continues on page 6):

Nom	Prénom	Ville	Région
LE BRAZ	Y____	____	Bretagne
BOIVIN	H____	Nuits-Saint-Georges	Bourgogne
CHOUAN	Jeanne	____	Vendée
CLEMENT	Sylvie	Grasse	____

COUSIN	Josée	Fort-de-France	Martinique
COUSIN	L____	Fort-de-France	Martinique
LE GOFF	A____	Quimper	____
MULLER	F____	Strasbourg	Alsace
MULLER	M____	Strasbourg	
OUATE	Claire	____	Normandie
ROSSI	A____	Ajaccio	Corse
ROSSI	D____	Ajaccio	____

À VOUS!

Regardez la carte de France. *Look at the map of France.* Identify the towns and regions mentioned in the dialogue on page 4. Imagine you are the tourists, and say where you come from in turn: **Je suis de ____**, or **Nous sommes de ____**, accordingly. Begin with Jeanne.

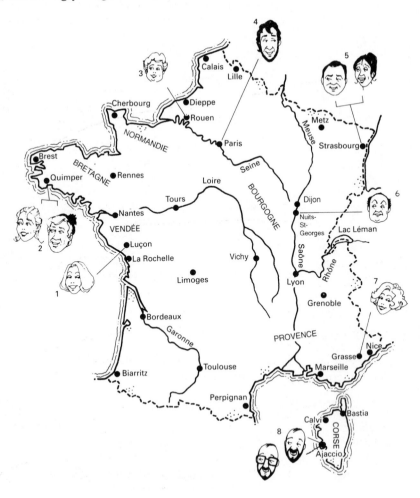

- What would people from other French towns say?

Our tourists do not know one another very well yet. They keep asking Guillaume, the guide, for his help.

À VOUS! _____

Travaillez avec un / une partenaire. *Work with a partner.* Look at what the tourists are saying on page 7 and cover up Guillaume's replies.
One of you asks the question: **Qui est-ce?** (*Who is it?*) and the other gives the answer. **C'est** ____ . (*It's* ____.)
Do the same with the first couple of pages of this unit, then try to identify members of your class in a similar way.

The receptionist is talking to a colleague about the hotel guests. She is very proud of her correct pronunciation of their British names.

Collègue	Les Muller, ils sont allemands?
Réceptionniste	Ah non! Ils sont de Strasbourg.
Collègue	Et les frères jumeaux, ils sont italiens?
Réceptionniste	Non, ils sont corses.
Collègue	Et le couple Cousin, est-ce qu'ils sont français?
Réceptionniste	Oui, bien sûr, ils sont de la Martinique!
Collègue	Et la petite blonde, est-ce qu'elle est française?
Réceptionniste	Sylvie? Oui, elle est française, elle est de Grasse.
Collègue	Alors, tous les clients sont français!
Réceptionniste	Non, les Martin sont anglais.
Collègue	Monsieur et Madame Martin?
Réceptionniste	Pardon, Monsieur et Madame Martin!
Collègue	Martine! Ah bon!
Réceptionniste	Monsieur Jones est gallois, Madame McDonald est écossaise et les O'Hara . . .
Collègue	Ils sont irlandais!
Réceptionniste	Non, ils sont américains.

MOTS ET EXPRESSIONS UTILES

les frères jumeaux	*the twin brothers*
la petite blonde	*the small blonde woman*
allemand(e)	*German*
italien(ne)	*Italian*
corse	*Corsican*
français(e)	*French*
anglais(e)	*English*
gallois(e)	*Welsh*
irlandais(e)	*Irish*
américain(e)	*American*
bien sûr	*of course*

Avez-vous compris?

Répondez vrai ou faux. *Answer true or false.*
Then correct the false statements.

1 Les Muller sont allemands.
2 Les jumeaux sont corses.
3 Les Cousin sont français.
4 Sylvie est anglaise.
5 M. et Mme Martin sont gallois.
6 Madame McDonald est écossaise.
7 Les O'Hara sont irlandais.
8 Monsieur Jones est américain.

À VOUS!

Sylvie is doing a magazine quiz on the nationality of famous people from the past. Help her as much as you can, but if you don't know the answer, say so.

UN PEU D'HISTOIRE	
Marie Stuart — **1** Est-ce qu'elle est écossaise ☐ ou irlandaise? ☐	Napoléon — **6** Est-ce qu'il est italien ☐ ou français? ☐
Florence Nightingale — **2** Est-ce qu'elle est américaine ☐ ou anglaise? ☐	Lénine Staline — **7** Est-ce qu'ils sont russes ☐ ou chinois? ☐
Guillaume Tell — **3** Est-ce qu'il est suisse ☐ ou belge? ☐	Charlotte et Emily Brontë — **8** Est-ce qu'elles sont galloises ☐ ou anglaises? ☐
Beethoven — **4** Est-ce qu'il est hollandais ☐ ou allemand? ☐	Marie de Médicis et Lucrèce Borgia — **9** Est-ce qu'elles sont italiennes ☐ ou espagnoles? ☐
Jeanne d'Arc — **5** Est-ce qu'elle est française ☐ ou belge? ☐	Pierre et Marie Curie — **10** Est-ce qu'ils sont suisses ☐ ou français? ☐

ET VOUS?

Vous êtes anglais(e), irlandais(e), écossais(e), gallois(e)?
Quelle est votre nationalité?
Je suis . . .

— Un peu de grammaire —

Verb

ÊTRE	to be
je suis	*I am*
tu es (fam./sing.)	*you are*
il est	*he is*
elle est	*she is*
nous sommes	*we are*
vous êtes (pol./pl.)	*you are*
ils sont (m. or mixed)	*they are*
elles sont (f. only)	*they are*

Rules of agreement

Il est français.	*He is French.*
Elle est anglaise.	*She is English.*
Ils sont allemands. (m. or mixed)	*They are German.*
Elles sont espagnoles. (f. only)	*They are Spanish.*

Three basic question forms

Vous êtes suisse?
Est-ce que vous êtes suisse?   *Are you Swiss?*
Êtes-vous suisse?

 GRAMMAIRE 1, 2, 12(a)(b)(c)

Exercices

A   The following conversation has got muddled: the questions are separated from the answers. The questions are in the correct order, but the answers are not. What's the correct order?

Réceptionniste	Bonjour, madame.
Réceptionniste	Comment vous appelez-vous?
Réceptionniste	Vous êtes anglaise?
Réceptionniste	D'où êtes-vous? De Berlin?
Réceptionniste	Et Monsieur Schmidt, il est de Bonn aussi?

a	Cliente	Non, je suis allemande.
b	Cliente	Non, je suis de Bonn.
c	Cliente	Je ne sais pas!
d	Cliente	Je m'appelle Braun, Clara Braun.
e	Cliente	Bonjour, mademoiselle.

B   Complete this conversation between the guide and a tourist, using the correct form of **être** (*to be*). Practise reading it afterwards.

Une touriste	Bonjour, monsieur.
Le guide	Bonjour, madame. Je **1** _____ le guide.
Une touriste	Ah! vous **2** _____ de Paris?
Le guide	Oui, et vous?
Une touriste	Je **3** _____ de Glasgow.
Le guide	Ah! Vous **4** _____ anglaise!
Une touriste	Non.
Le guide	Quelle **5** _____ votre nationalité?
Une touriste	Je **6** _____ écossaise.

C   Are these people French? If not, say what nationality they really are.

example   L'amiral Nelson? Non, il est anglais.

1	Jeanne d'Arc?	7	Les Beatles?
2	Le commissaire Maigret?	8	Edith Piaf?
3	Beethoven?	9	Isabelle Huppert et
4	Claude Debussy?		Isabelle Adjani?
5	Guillaume Tell?	10	Le général de Gaulle?
6	Georges Washington?		

D   What questions do Marie and François ask?

Marie et François	Bonjour. **1** ....?
Annick et Yves	Annick et Yves.
Marie et François	**2** ....?
Annick et Yves	Oui, nous sommes français, de Bretagne.

Marie et François	**3**	. . . . ?
Annick et Yves	Nous sommes de Quimper. Et vous?	
Marie et François	Nous sommes de Strasbourg.	

E   Work out the nationalities in these anagrams. They are all in the masculine singular.

1 TIE NAIL   5 SOAP GLEN
2 SAIL LOG   6 IN GALAS
3 IS USES   7 MAD ALLEN
4 BE LEG   8 ISLAND AIR

Now give the feminine singular of these.

——— Écoutez bien! ———

Première partie

Look again at the map on page 6, and listen carefully. Ten French people will tell you where they are from. Point to the different places on the map as you hear them mentioned. Each will be said twice.

Deuxième partie

You will hear eight groups of three correct sentences. For each group, pick the sentence (a, b or c) which is the odd one out. Each group will be said twice. The first one has been done for you.

1 c   **4** __   **7** __
2 __   **5** __   **8** __
3 __   **6** __

Deuxième UNITÉ

As they are getting to know one another better, our tourists start asking more personal questions . . .

 Claire, vous êtes mariée?

 Oui Josée, je suis mariée.

Moi aussi, je suis mariée.

Nous sommes mariés.

Nous aussi, nous sommes mariés.

Nous ne sommes pas mariés. Nous sommes célibataires.

Et vous Sylvie, quelle est votre situation de famille?

Moi, je suis célibataire. Et vous, Jeanne?

 Je ne suis pas mariée, mais je suis fiancée.

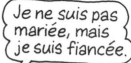

Nous aussi, nous sommes fiancés.

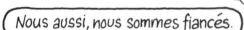

Et vous Henri, vous êtes veuf?

Non, je suis divorcé.

MOTS ET EXPRESSIONS UTILES

marié(e) / fiancé(e)	*married / engaged*
célibataire	*single*
veuve / veuf	*widow / widower*
Quelle est votre situation de famille?	*What is your marital status?*
je ne suis pas	*I am not*
nous ne sommes pas	*we are not*
mais	*but*

Avez-vous compris?

Who would say the following? Match the words to the person.

1	Je suis mariée.	a	a single man
2	Nous sommes divorcés.	b	a single man or woman
3	Je suis veuf.	c	a married woman
4	Je ne suis pas marié.	d	a divorced couple
5	Nous ne sommes pas mariés.	e	a widower
6	Je suis célibataire.	f	a group of single people

À VOUS! _____

Fill in the gaps in the conversation with the following words:

fiancés   divorcé   célibataire   marié

mariée   fiancée   célibataires

Guillaume	Vous êtes mariée, Claire?
Claire	Oui, je suis **1** ____ . Et vous Guillaume?
Guillaume	Ah non, je ne suis pas **2** ____ , je suis **3** ____ .
Antoine et Dominique	Nous aussi, nous sommes **4** ____ . Et vous Jeanne?
Jeanne	Je suis **5** ____ .
Annick et Yves	Nous aussi, nous sommes **6** ____ .
Guillaume	Vous êtes marié, Henri?
Henri	Moi, je suis **7** ____ .

MOTS ET EXPRESSIONS UTILES

toujours	*always*
pendant	*during*
les vacances	*the holidays*
guide	*guide*
étudiant / étudiante	*student*
enquêteur / enquêteuse	*market researcher*
médecin	*doctor*
ménagère	*housewife*
secrétaire	*secretary*
cuisinier / cuisinière	*cook*
infirmier / infirmière	*nurse*
ingénieur	*engineer*
professeur	*teacher*
ouvrier / ouvrière	*manual worker*
pharmacien / pharmacienne	*pharmacist*
fonctionnaire	*civil servant*
pêcheur	*fisherman*
un collège	*a college*
une usine	*a factory*
une pharmacie	*a pharmacy / chemist's*
un bureau	*an office*
Quel est votre métier?	*What's your job / occupation?*
Où travaillez-vous?	*Where do you work?*
Je travaille	*I work*
à Grasse	*in Grasse*

Avez-vous compris?

Tick at the end of the line, if whatever the tourists say about their occupations is correct.

Claire	Je ne suis pas secrétaire.
Sylvie	Je travaille dans une usine.
Antoine et Dominique	Nous ne sommes pas étudiants.
Marie	Je ne suis pas médecin.
Annick	Je ne travaille pas dans un bureau.
Guillaume	Je ne suis pas professeur.
Yves et Henri	Nous ne sommes pas ingénieurs.
Jeanne	Je ne suis pas infirmière.
François	Je travaille dans un collège.

À VOUS! _____

Travaillez avec un / une partenaire. *Work with a partner.* Each of you chooses an occupation from the list in **Mots et expressions utiles**, then takes it in turn to guess what the other person has chosen. Use a complete sentence in your answer.

example –   Vous êtes secrétaire?
           –   Non, je ne suis pas secrétaire. / Oui, je suis secrétaire.

The hotel receptionist is being asked about Lucien Cousin by her colleague.

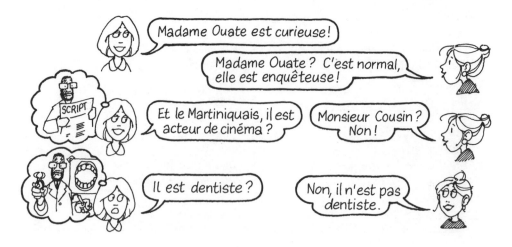

MOTS ET EXPRESSIONS UTILES

acteur / actrice   *actor / actress*
dentiste   *dentist*
architecte   *architect*
comptable   *accountant*
pompier   *fireman*
coiffeur / coiffeuse   *hairdresser*

Avez-vous compris?

Put all the occupations that have been mentioned so far into the
following categories.

EN PLEIN AIR (*outdoors*)	BUREAU	HÔPITAL / CLINIQUE	AUTRES (*others*)

À VOUS! _____

Choose a new identity! First, select an occupation and marital status (use the **Mots et expressions utiles** from this unit). Then select a nationality (referring to Unit 1, if necessary). Finally choose a name and place of work from the lists below.

NOM	LIEU DE TRAVAIL
Jean / Jeanne	dans une banque
René / Renée	dans un bureau
Antoine / Antoinette	dans un hôpital
Michel / Michelle	dans une clinique
Paul / Paulette	dans un collège
Jules / Julie	dans un restaurant
Gabriel / Gabrielle	dans un hôtel
François / Françoise	dans une usine
Claude	dans une pharmacie
Dominique	dans un studio
	en plein air

When you are ready, go round the class and ask / answer the following questions.

QUESTIONNAIRE	
1	Comment vous appelez-vous?/Quel est votre nom?
2	Quelle est votre nationalité?
3	D'où êtes-vous?
4	Quelle est votre situation de famille?
5	Où travaillez-vous?
6	Quel est votre métier?

Keep a record of your findings, and make comparisons to see what the most popular choices were.

Un peu de grammaire

Negative verb

ÊTRE	to be
je ne suis pas	*I am not*
tu n'es pas (fam./sing.)	*you are not*
il n'est pas	*he is not*
elle n'est pas	*she is not*
nous ne sommes pas	*we are not*
vous n'êtes pas (pol./pl.)	*you are not*
ils ne sont pas (m. or mixed)	*they are not*
elles ne sont pas (f. only)	*they are not*

 GRAMMAIRE 4a

Exercices

A   Jeanne Chouan has filled in her form for the package-tour company.
Fill in the other one for yourself.

TOURAMA

Monsieur
Madame   Nom *CHOUAN*
Mademoiselle

Prénom(s) ... *Jeanne Chantal*
Nom de jeune fille ....
Date et lieu de naissance
17.08.72 à Luçon (Vendée.)
Nationalité *Française*
Numéro de passeport ou de
carte d'identité *85-99 4441*
Profession *Professeur*
Adresse *11, rue Victor Hugo*
            85400 Luçon
Date des vacances
Du *6.6.95* au *20.6.95*

TOURAMA

Monsieur
Madame   Nom ....
Mademoiselle

Prénom(s) ....
Nom de jeune fille ....
Date et lieu de naissance
....
Nationalité ....
Numéro de passeport ou de
carte d'identité ....
Profession ....
Adresse ....
....
Date des vacances
Du .... au ....

B   You overhear snippets of conversation. Find out who is talking and fill in the gaps. You already know that:

Nicole works in an office. She is single.
Guy works in a factory in Brittany.
Anne is a nurse from Corsica.
Bruno is a widower.
Charlotte is Welsh.
Daniel is an accountant from Normandy.

1   Je suis marié. Je suis comptable. Je travaille dans un bureau à Rouen. Je m'appelle _____.
2   Moi aussi je suis de Normandie et je travaille dans un bureau, mais je suis célibataire. Je m'appelle _____.
3   Je suis célibataire. Je suis professeur d'anglais dans un collège en Bretagne, mais je suis galloise. Je m'appelle _____.
4   Non, je ne suis pas d'Ajaccio, je suis de Bastia. Je travaille dans un hôtel. Je suis veuf. Je m'appelle _____.
5   Je ne travaille pas dans un hôpital, je travaille dans une clinique. Je suis de Calvi en Corse. Je m'appelle _____.
6   Je suis de Bretagne. Non, je ne suis pas pêcheur. Je travaille dans une usine à Brest. Je m'appelle _____.

C   Fill in the gaps with the correct part of the verb **être**.

1   Annick ____ fonctionnaire.
2   Claire n' ____ pas secrétaire.
3   François ____ ingénieur.
4   Antoine et Dominique ____ cuisiniers.
5   Jeanne ____ professeur.
6   Lucien et Josée ne ____ pas dentistes.
7   Marie ____ infirmière.
8   Henri n' ____ pas ouvrier.
9   Et nous, nous ____ étudiants de français!

D   Take the part of each of the following people in turn, and answer the questions put to you by the interviewer.

example

You are from Reading, on holiday in France visiting your fiancée, Claire. Your name is Peter.

–   Comment vous appelez-vous?
–   Je m'appelle Peter.
–   Est-ce que vous êtes français?
–   Non, je ne suis pas français, je suis anglais.
–   Est-ce que vous êtes marié?
–   Non, je ne suis pas marié, je suis fiancé.

1   You are a fisherman from Florida. Your wife is Chinese. Your
    name is Brown.
    – Comment vous appelez-vous?
    – Est-ce que vous êtes canadien?
    – Est-ce que vous êtes célibataire?
    – Est-ce que Madame Brown est américaine, aussi?
    – Où travaillez-vous?

2   You are on honeymoon in Paris. You and your husband come
    from Moscow. You are a hospital nurse. Your name is Tania.
    – Comment vous appelez-vous?
    – Est-ce que vous êtes française?
    – Est-ce que vous êtes de Moscou?
    – Est-ce que vous êtes mariée?
    – Où travaillez-vous?

3   You and your husband were born in Berlin. You are both college
    teachers. You speak on behalf of both of you (use **nous**).
    – Est-ce que vous êtes allemands?
    – Est-ce que vous êtes de Berlin?
    – Est-ce que vous êtes fiancés?
    – Quel est votre métier?

4   You and your brother are Welsh, from Cardigan. You are both
    civil servants. You speak on behalf of both of you (use **nous**).
    – Est-ce que vous êtes écossais?
    – Est-ce que vous êtes de Cardiff?
    – Quel est votre métier?

——— Écoutez bien! ———

Listen carefully to the six conversations. Answer the questions after each
one, in English. You will hear each dialogue twice.

1   Who are the two people talking?
    What are they talking about?
2   What do these two people wish to know?
    What are the answers?
3   What does the first person try to find out?
    What answer do they get?
4   Have these two people the same marital status?
    What detail do we learn about the second one?
5   What are these men talking about?
    What do we find out?
6   Where does the lady work?
    What is her occupation?

Lecture

A French magazine is publishing a series of tests and quizzes. This one assesses your knowledge of famous people. Give it a try!

SPÉCIAL JEU
Des tests pour vous!

Connaissez-vous bien les personnalités internationales? Quels sont leurs métiers et leurs nationalités?

1 Neil Armstrong et John Glenn sont

   (a) danseurs ☐

   (b) astronautes ☐

   (c) acteurs ☐

Ils sont

   (a) américains ☐

   (b) irlandais ☐

   (c) australiens ☐

2 John le Carré et Kingsley Amis sont

   (a) chanteurs ☐

   (b) écrivains ☐

   (c) compositeurs de musique ☐

Ils sont

   (a) canadiens ☐

   (b) écossais ☐

   (c) anglais ☐

3 Diana Ross et Grace Bumbry sont

   (a) actrices ☐

   (b) peintres ☐

   (c) chanteuses ☐

Elles sont

   (a) américaines ☐

   (b) italiennes ☐

   (c) hollandaises ☐

4 Lord Snowdon et David Bailey sont

   (a) peintres ☐

   (b) photographes ☐

   (c) écrivains ☐

Ils sont

(a) belges ☐

(b) allemands ☐

(c) anglais ☐

5 Richard Rodney Bennett et Andrew Lloyd Webber sont

(a) photographes ☐

(b) astronautes ☐

(c) compositeurs de musique ☐

Ils sont

(a) britanniques ☐

(b) canadiens ☐

(c) belges ☐

6 Gérard Depardieu et Fanny Ardant sont

(a) chanteurs ☐

(b) acteurs ☐

(c) danseurs ☐

Ils sont

(a) gallois ☐

(b) suisses ☐

(c) français ☐

7 Sylvie Guillem et Laurent Hilaire sont

(a) danseurs ☐

(b) acteurs ☐

(c) compositeurs de musique ☐

Ils sont

(a) français ☐

(b) polonais ☐

(c) russes ☐

8 José Carreras et Placido Domingo sont

(a) photographes ☐

(b) hommes politiques ☐

(c) chanteurs ☐

Ils sont

(a) italiens ☐

(b) danois ☐

(c) espagnols ☐

RÉPONSES 1(b)(a), 2(b)(c), 3(c)(a), 4(b)(c), 5(c)(a), 6(b)(c), 7(a)(a), 8(a)(c).

Troisième UNITÉ

Later in the evening, the tourists are in a café. They are about to order drinks.

Guillaume	Alors, qu'est-ce que vous prenez?
François	Pour moi, une bière, naturellement. Et toi, Marie?
Marie	Je ne sais pas; un jus d'orange ou un citron pressé. Non, un schweppes.
Henri	Moi, je prends un kir.
Guillaume	Monsieur, s'il vous plaît!
Garçon	Bonsoir, messieurs-dames. Vous désirez?
Guillaume	Alors, une bière . . .
Garçon	Bouteille ou pression?
François	Bouteille, s'il vous plaît, et un schweppes pour ma femme.
Guillaume	Un kir pour Henri, et pour vous Josée?

Josée	Un grand crème pour moi, et un panaché pour mon mari.
Guillaume	Et pour vous, Claire?
Claire	Un café et un cognac.
Guillaume	Alors un café et un cognac, et pour moi, un verre de vin blanc bien frais.
Garçon	Un café, un cognac et un petit blanc. Tout de suite messieurs-dames.

Avez-vous compris?

How many people have chosen alcoholic drinks?

À VOUS!

Complétez le dialogue. *Fill in the gaps in the dialogue.*
The tourists like watching the world go by from a café terrace in Paris. Here they are again. Can you help the waiter give them the drinks they ordered? Fill in the names in the dialogue below.

Garçon	Voilà messieurs-dames! Alors, le schweppes, c'est pour qui?
_____	C'est pour moi.
Garçon	Le vin blanc?
_____	Pour moi, et le citron pressé, c'est pour ma femme.
Garçon	Voilà monsieur, voilà madame. Et les cafés?
_____	Pour mon mari et pour moi.
Garçon	Alors, la bière, c'est pour vous?
_____	Oui, merci.

MOTS ET EXPRESSIONS UTILES

qu'est-ce que vous prenez?	*what will you have?* (lit. take)
je prends	*I'll have* (lit. I take)
s'il vous plaît	*please*
bonsoir	*good evening*
vous désirez?	*what would you like?*
tout de suite	*straight away, immediately*
une bière bouteille	*a bottled beer*
une bière pression	*a draught beer*
un café	*a coffee*
un citron pressé	*a freshly squeezed lemon juice*
un cognac	*a brandy*
un grand crème	*a large white coffee*
un jus d'orange	*an orange juice*
un kir	*a white wine with blackcurrant liqueur*
un panaché	*a shandy*
un schweppes	*a tonic water*
un verre de vin	*a glass of wine*
blanc	*white*
bien frais	*nice and cold*
ma femme	*my wife*
mon mari	*my husband*

As the tourists are chatting over their drinks, the conversation turns to more personal topics.

Guillaume Avez-vous des enfants, Claire?

Claire Oui, j'en ai deux, un fils Paul et une fille Elisabeth.

Guillaume Et vous Henri, avez-vous des enfants?

Henri Non, malheureusement je n'ai pas d'enfants, mais j'ai beaucoup d'amis!

Guillaume Et vous Marie et François?

François Nous aussi, nous avons deux enfants.

Guillaume Vous avez une maison ou un appartement?

Marie	Nous avons seulement un appartement à Strasbourg.
Claire	Moi, j'ai un appartement à Rouen.
Henri	J'ai une petite maison à Nuits-Saint-Georges.
Guillaume	Vous avez un animal familier?
Claire	Paul et Elisabeth ont des souris blanches, un lapin, une tortue et des poissons rouges.
Marie	Les enfants ont un cochon d'Inde.
Guillaume	Et vous Henri, avez-vous un animal familier, un chien peut-être?
Henri	Je n'ai pas de chien, mais j'ai un chat qui s'appelle Moustache.

MOTS ET EXPRESSIONS UTILES

vous avez	*you have*
Vous avez . . . ? / Avez-vous . . . ?	*Do you have . . . ?*
j'ai	*I have*
je n'ai pas	*I don't have*
j'en ai deux	*I've got two (of them)*
ils/elles ont	*they have*
beaucoup (de / d')	*a lot (of)*
malheureusement	*unfortunately*
des enfants	*children*
une fille	*a daughter, girl*
un fils	*a son*
un(e) ami(e)	*a friend*
un appartement	*a flat*
une maison	*a house*
un animal familier (pl. animaux)	*a pet*
un chat	*a cat*
un chien	*a dog*
un cochon d'Inde	*a Guinea pig*
un lapin	*a rabbit*
un poisson rouge	*a goldfish*
une souris blanche	*a white mouse*
une tortue	*a tortoise*

Avez-vous compris?

Read and listen to the conversation again, then fill in the form below in English.

	CHILDREN	PETS	ACCOMMODATION
Claire			
Henri			
Marie et François			

À VOUS! _____

Mettez les mots dans le bon ordre. *Put the words in the right order.*
The words in the following questions and answers have been muddled up.
Can you work out what everyone is saying?

1   animal   vous   un   familier   avez?
     rouges   ai   poissons   j′   des.

2   enfants   avez   des   –vous?
     une   j′   fille   ai.

3   un   avez   maison   appartement   ou   vous   une?
     ai   maison   j′   une.

4   avez   chien   vous   un?
     deux   ai   non   chats   j′   mais.

The conversation continues over another round of drinks.

Guillaume   Vous avez une voiture, Claire?
Claire   Oui, j'ai une Clio.

Claire	Et vous Guillaume?
Guillaume	J'ai seulement un vélo, et quelquefois un car pour les touristes!

The younger members of the group have become very friendly; they now use the **tu** form.

Annick	Yves a un bateau.
Yves	Oui, j'ai un bateau de pêche.
Dominique	Tu as aussi un tracteur ou un camion?
Yves	Non, mais j'ai une moto. Et toi?
Dominique	Antoine et moi, nous avons une mobylette.

Sylvie	Moi aussi, j'ai une mobylette.
Annick	Moi, j'ai une petite voiture. Et toi Jeanne?
Jeanne	Oui, j'ai une voiture, mais je n'ai pas de garage.

MOTS ET EXPRESSIONS UTILES

il/elle a	*he / she has*
nous avons	*we have*
une voiture	*a car*
un bateau	*a boat*
un vélo	*a bicycle*
un car	*a coach*
un camion	*a lorry*
une moto	*a motorbike*
une mobylette	*a moped*

Avez-vous compris?

Solve the anagrams below to see what each person owns. Identify the two statements that are false.

1   Claire et Annick ont une UROTIEV.
2   Dominique et Antoine ont une TOOM.
3   Yves a un EUTABA mais il n'a pas de MONICA.
4   Guillaume a un LOVÉ.
5   Jeanne a un AGREAG.
6   Sylvie a une BLOTEMETY.

À VOUS! _____

Match the texts to the pictures.

1   J'ai deux enfants, un fils et une fille. J'ai un chien, une maison et un bateau.
2   J'ai deux enfants, deux filles. J'ai une maison et un chat. J'ai une voiture mais je n'ai pas de garage.
3   J'ai un appartement. J'ai un fils mais je n'ai pas de fille. J'ai des poissons rouges et un vélo.
4   J'ai un appartement. J'ai une moto. Je n'ai pas d'enfants et je n'ai pas d'animal familier.

Now cover the text and only look at the pictures. Can you remember what each person said?

ET VOUS? _____

Avez-vous des enfants? Des animaux? Une voiture? Etc. . . .

Henri is daydreaming while the others are talking . . .

__ Au cabaret 'La plume de __ ma tante'
IL Y A COMBIEN DE PLUMES?

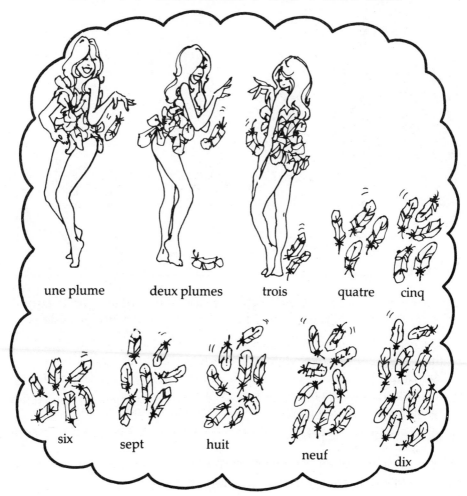

une plume   deux plumes   trois   quatre   cinq

six   sept   huit   neuf   dix

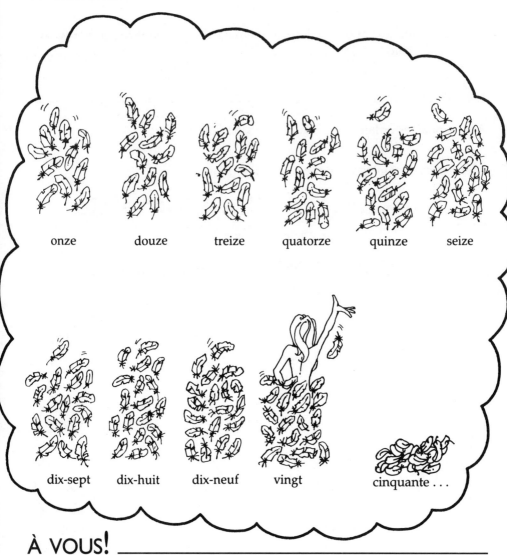

onze   douze   treize   quatorze   quinze   seize

dix-sept   dix-huit   dix-neuf   vingt   cinquante . . .

À VOUS!

As you are the only person who speaks French, you have to order the drinks for your coach party. (There is no set answer given in the Study Guide.)

1   13 Coca-Colas (**cocas**), 11 squeezed lemon juices, and four shandies.
2   three black coffees, five white coffees, and seven tonic waters.
3   six white wines, eight beers and ten white wines with blackcurrant.
4   one brandy, nine beers and 14 Coca-Colas.
5   two brandies, 15 orange juices and 20 squeezed lemon juices.

Read out the following prices:

example   12F 50 = douze francs cinquante.

17F, 18F 20, 14F 50, 19F 20, 11F 50, 13F, 16F, 6F 20, 15F.

— Un peu de grammaire —

AVOIR	to have		
j'ai	I have	je n'ai pas	I have not
tu as	you have	tu n'as pas	you have not
il a	he has	il n'a pas	he has not
elle a	she has	elle n'a pas	she has not
nous avons	we have	nous n'avons pas	we have not
vous avez	you have	vous n'avez pas	you have not
ils ont	they have	ils n'ont pas	they have not
elles ont	they have	elles n'ont pas	they have not

Je n'ai pas de (d' before a vowel). . . I haven't (got) a / any. . .

example   Je n'ai pas de chien.   *I haven't got a dog.*
Je n'ai pas d'enfants.   *I haven't got any children.*

▷ **GRAMMAIRE 4d**

——— Exercices ———

A   Order from the waiter according to the cues given.

Garçon	Bonsoir, messieurs-dames!
Vous	(**1** *Greet the waiter.*)
Garçon	Vous désirez?
Vous	(**2** *Order a glass of white wine for yourself.*)
Garçon	Très bien.
Vous	(**3** *Order a beer for your husband / wife.*)
Garçon	Bouteille ou pression?
Vous	(**4** *Bottled.*)
Garçon	Et pour les enfants?
Vous	(**5** *Order three tonic waters, five Coca-Colas and seven freshly squeezed lemon juices.*)
Garçon	Vous avez beaucoup d'enfants!
Vous	(**6** *Say you haven't got any children, but you are teachers.*)
Garçon	Alors, tout de suite, messieurs-dames.

B   Match the questions and answers below:

1   Oui, j'ai une Renault.
2   Non, je n'ai pas d'animal familier.
3   Non, mais j'ai un vélo.
4   J'ai un fils et une fille.
5   Non, j'ai seulement un appartement.

a   Avez-vous des enfants?
b   Avez-vous une maison?
c   Vous avez une voiture française?
d   Vous avez un bateau?
e   Est-ce que vous avez un chien?

C   Interview your neighbour.
Prepare questions about his / her belongings (house, car, pets and so on).

D   Fill in the gaps with the correct form of the verb **avoir**:

1   –   Moi j' ____ une voiture anglaise et ma femme ____ une voiture française.
2   –   Les enfants ____ un lapin, une torture et des souris blanches.
3   –   ____ – vous une maison?
      –   Oui, nous ____ une grande maison en Normandie.
4   –   Mon mari ____ une moto; moi j' ____ un vélo.
5   –   Vous ____ combien d'enfants?
      –   Nous ____ deux filles, mais nous n' ____ pas de fils.
6   –   Tu ____ un bateau?
      –   Non je n' ____ pas de bateau. Et toi?

E   Continue the sequence:

1   Un, trois, cinq, ____, ____.
2   Cinq, dix, quinze, ____.
3   Dix, douze, ____, ____, ____, vingt.
4   Vingt, dix-neuf, dix-huit, ____, ____, ____, quatorze.
5   Dix-neuf, dix-sept, quinze, ____, ____.

Écoutez bien! 🎧

Première partie

Study the drinks price list below, then listen to the announcements.
Tick the prices which are correct and alter the ones which are wrong:

CAFÉ DES AMIS

LISTE DES PRIX

Boissons

café	16F 50
grand crème	17F
bière (pression)	13F
bière (bouteille)	15F
panaché	12F 50
vin blanc	20F
vin rouge	20F
kir	18F
cognac	50F
citron pressé	19F
coca-cola	18F
jus d' orange	11F
schweppes	18F 50

Deuxième partie

Listen to the conversation between Mrs Bigger, a French lady married
to a wealthy American, and an old acquaintance, Monsieur Lepetit.
Then read the statements below carefully and answer **vrai** or **faux**:

a Mme Bigger a une petite maison en Floride.
b Elle n'a pas d'enfants.
c Elle a un chien, deux chats et des poissons rouges.
d Elle a trois voitures.
e Elle a un yacht en Californie.
f Elle n'a pas de vélo.

Faites le point!
UNITÉS 1–3

1 Fill in the gaps.

   a   Dominique et Antoine ne ____ pas ingénieurs, ils ____ cuisiniers.

   b   Nous ____ fiancés, nous ne ____ pas mariés.

   c   Vous ____ français? Non, je ne ____ pas français, je ____ anglais.

   d

          Qui est-ce? ____ Josée.
          Est-ce qu'elle est professeur? Non,
          elle ____ professeur, elle est ____ .

   e

          ____? C'est Henri.
          ____ veuf? Non, il ____ veuf,
          il ____ divorcé.

2 Choose the correct answer from between the slashes.

   a   Sylvie est fonctionnaire / infirmière / ouvrière dans une usine de parfums.

   b   Marie et François sont de Strasbourg. Ils sont bretons / alsaciens / corses.

   c   Quelle est votre nationalité? / Quelle est votre situation de famille? / Quel est votre métier? Je suis veuf.

   d   Comment vous appelez-vous? Je suis Jeanne / Je suis professeur / Je m'appelle Jeanne.

   e   Je ne suis pas marié, je suis célibataire / fonctionnaire / allemand.

3 Which is which? You are in a French café with four friends who are each hesitating between two drinks. As you know your friends' likes and dislikes, can you help them choose the right drinks?

   a   She hesitates between **un kir** and **un panaché**. You know she does not like beer.

   b   He is allergic to milk. Will you suggest **un café** or **un crème**?

   c   She definitely prefers red wine. Will you recommend **un vin rouge** or **un vin blanc**?

   d   This friend always chooses draught beer because it's cheaper. So should it be **une bière bouteille** or **une bière pression**?

4 Pick the odd one out in the boxes below, and justify your choice.

a
> un vélo
> un car
> un kir
> une voiture

b
> un lapin   un chien   une tortue   un fils

c
> une maison
> une bouteille
> un appartement
> un garage

d
> des poissons   des souris   des amis   des chats

e
> un camion
> une bière
> un panaché
> un crème

f
> un mari   une fille   un frère   un fils

5 Put in the correct form of the verb **avoir** in these sentences. Then match them with the questions that follow.

a   Non, mais nous ____ des amis à Nice.
b   Non, ils n' ____ pas d'enfants.
c   Oui, j'ai un cochon d'Inde et mon frère ____ trois lapins.
d   Ma femme a une Vauxhall, mais moi, j' ____ une petite voiture française.
e   Non, mais moi, j'en ____ un.

(i)   Avez-vous des animaux familiers?
(ii)   Avez-vous une voiture anglaise?
(iii) Avez-vous des amis français à Paris?
(iv)   Elle a aussi un vélo?
(v)   Ils ont des enfants?

Quatrième UNITÉ

The tourists are waiting for the coach to go on a tour of Paris.

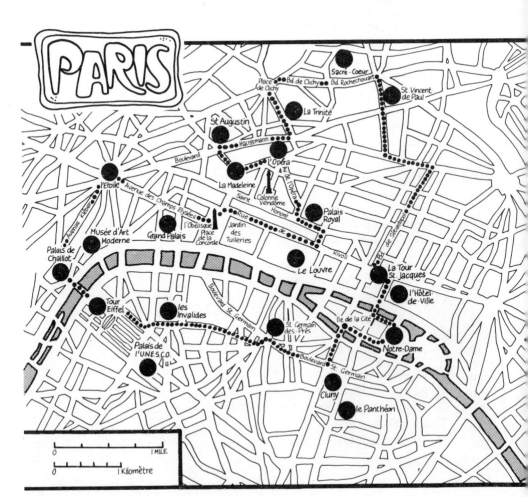

Guillaume	Voici l'Arc de Triomphe et les grandes avenues. Nous sommes maintenant avenue Kléber . . . voilà le palais de Chaillot.
Claire	Qu'est-ce que c'est?
Guillaume	C'est un centre culturel, avec des musées, un théâtre . . . Voici la Seine . . .
Claire	C'est un fleuve magnifique!
Guillaume	Oui. Nous sommes maintenant sur le pont d'Iéna.
Henri	Regardez, un bateau mouche!
Guillaume	Oui, et voilà la célèbre tour Eiffel.
Henri	Ah, la tour Eiffel, formidable!
Guillaume	A gauche, ce sont les Invalides.
Claire	Qu'est-ce que c'est exactement?
Guillaume	A l'origine, un hôpital pour les soldats, aujourd'hui, le musée de l'Armée . . .
Henri	Il y a aussi le tombeau de Napoléon, n'est-ce pas?
Guillaume	Oui, c'est vrai. Nous sommes maintenant à Saint Germain-des-Prés. Regardez l'église!
Claire	Et la Grande Arche?
Guillaume	C'est à la Défense, à l'ouest de Paris. Et voilà le quartier Latin, le quartier des étudiants . . . Nous sommes maintenant dans l'île de la Cité, le cœur de Paris. A droite, c'est la cathédrale de Notre-Dame, et il y a aussi un marché aux fleurs . . .
Henri	Est-ce que le Centre Pompidou est par ici?
Guillaume	C'est exact. C'est très intéressant, et il y a souvent un spectacle sur l'esplanade.
Claire	Quoi, par exemple?
Guillaume	Des jongleurs, des chanteurs . . .
Claire	Oh, allons-y, allons-y!

MOTS ET EXPRESSIONS UTILES

Qu'est-ce que c'est?	*What is this? / What is it?*
C'est un / une . . .	*It's a . . .*
le palais	*the palace*
un musée	*a museum*
un fleuve	*a large river*
le pont	*the bridge*
un bateau mouche	*a river-boat for sight-seeing*
la tour	*the tower*
un hôpital	*a hospital*
une église	*a church*
un marché (aux fleurs)	*a (flower) market*
le cœur	*the heart*
maintenant	*now*
voici	*here is*

voilà	*there is*
il y a	*there is / there are*
regardez	*look*
célèbre	*famous*
formidable	*terrific*
aujourd'hui	*today*
à gauche	*on the left*
à droite	*on the right*
à l'ouest	*to the west*
pour	*for*
souvent	*often*
par ici	*round here*
Allons-y!	*Let's go!*

Avez-vous compris?

Can you match the following descriptions with places mentioned on the coach tour?

1 This river runs through Paris.
2 Today a military museum, it houses the tomb of Napoleon.
3 A district frequented by students.
4 Notre-Dame can be found here, in what is known as the heart of Paris.
5 A colourful modern cultural centre where there are often displays or performances out on the esplanade.
6 Another cultural centre containing museums and a theatre.
7 A district situated to the west of Paris.

À VOUS! _____

Travaillez avec un / une partenaire. *Work with a partner.* A French-speaking tourist is checking up on the sights in the London area. Do your best to assist, but don't be afraid to say **je ne sais pas**, if you don't know!

Touriste	Covent Garden, qu'est-ce que c'est? C'est un marché?
Vous	Non, ce n'est pas un marché, c'est un centre culturel avec l'Opéra, des magasins, des cafés, des spectacles . . .
Touriste	Et St. Paul's, c'est une cathédrale?

Vous	Oui, **1** ...
Touriste	The Victoria and Albert, c'est un musée?
Vous	Oui, **2** ...
Touriste	Et St. Martin-in-the-Fields, qu'est-ce que c'est?
Vous	**3** ...
Touriste	Et St. Bartholomew's, c'est une église aussi?
Vous	Ah non, **4** ...
Touriste	Le Dominion, qu'est-ce que c'est?
Vous	**5** ...
Touriste	Et le Cutty Sark, qu'est-ce que c'est?
Vous	**6** ...
Touriste	Merci monsieur / madame, et au revoir!

After their walk to the Pompidou Centre, the coach tour continues ...

Guillaume	Nous sommes maintenant à Montmartre, dans le nord de Paris ... Voilà le Sacré-Cœur.
Claire	Qu'est-ce que c'est?
Guillaume	C'est une église, une basilique exactement.
Henri	Et la place du Tertre, c'est aussi à Montmartre?
Guillaume	Oui, c'est aussi à Montmartre, là-haut!
Henri	C'est une place avec des artistes, des peintres, n'est-ce pas?
Guillaume	Oui, c'est ça ... Ah, voici les grands boulevards. Voilà le Printemps, les Galeries Lafayette ...
Claire	Ah oui, les grands magasins!
Guillaume	Voici La Madeleine ... C'est aussi une église, de style grec ... Et voilà l'Opéra Garnier ... Nous sommes maintenant au Palais-Royal. Voici la Comédie-Française.
Claire	Ah, le théâtre de Molière!
Guillaume	Et voici le Louvre, un palais converti en musée ...
Henri	Regardez, la pyramide de verre!
Guillaume	Voici le jardin des Tuileries ... Et voilà la place de la Concorde avec l'obélisque de Louqsor.

Guillaume	Ah! nous sommes enfin aux Champs-Elysées, l'hôtel n'est plus loin.

MOTS ET EXPRESSIONS UTILES

le nord	*the north*
la place	*the square*
un grand magasin	*a department store*
le jardin	*the garden*
un embouteillage	*a traffic jam*
là-haut	*up there*
seulement	*only*
enfin	*at last*
C'est ça.	*That's it. / That's right.*
Qu'est-ce qu'il y a?	*What's the matter?*
une manifestation	*a demonstration*
loin	*far*

Avez-vous compris?

1   In what part of Paris is Montmartre?
2   What is the place du Tertre famous for?
3   Name two famous department stores in Paris.
4   What is the Comédie–Française?
5   The Louvre is a famous museum, but what was it originally?
6   What is there in the middle of the Concorde square?
7   What delays the coach there?

À VOUS! _____

The text of the illustrated guide of Paris has got separated from the pictures. Can you match them up? Some of the text applies to more than one picture.

1   Avec 320 mètres, c'est un monument très célèbre à Paris. Construit en 1889.
2   Ce sont des centres culturels, avec des musées, des théâtres, des expositions, des spectacles.
3   Ce sont des musées: un palais converti en musée, avec sa pyramide de verre, et le musée de l'Armée, à l'origine un hôpital pour les soldats.
4   C'est une église, une basilique, à Montmartre dans le nord de Paris.
5   C'est un quartier très moderne à l'ouest de Paris.
6   C'est une place, célèbre pendant la Révolution. Maintenant, il y a un obélisque égyptien.

a   Le Sacré-Cœur

b   Le Centre Pompidou

c   Le palais de Chaillot

d   La Défense

e   Le Louvre

f   La tour Eiffel

g   Les Invalides

h   La Concorde

When the tourists arrive back at their hotel, a prospective customer is making some enquiries at the reception.

Client	Bonjour, madame. Vous avez des chambres libres?
Réceptionniste	Une chambre pour une personne?
Client	Non, une chambre pour deux personnes, de préférence avec salle de bain ou douche.
Réceptionniste	Pour une nuit?
Client	Oui, pour ce soir seulement.
Réceptionniste	Alors, il y a une chambre avec douche, lavabo et WC privés qui fait cinq cents francs. Il y a aussi la télévision et le téléphone.
Client	Le petit déjeuner est compris?
Réceptionniste	Non, il est en plus, il fait soixante-quinze francs par personne.
Client	Il y a un restaurant?
Réceptionniste	Oui, bien sûr.
Client	Il y a un garage?
Réceptionniste	Non, je regrette, mais il y a un parking.
Client	Ça va, je la prends.
Réceptionniste	Quel est votre nom?
Client	Lafitte.
Réceptionniste	Ça s'écrit comment?
Client	L-A-F-I-deux T-E.
Réceptionniste	Très bien. Voici votre clé. C'est la chambre numéro six cent dix, au sixième étage.
Client	Il y a un ascenseur j'espère!
Réceptionniste	Bien sûr monsieur, tout de suite à gauche, mais je regrette, il est en panne!

MOTS ET EXPRESSIONS UTILES

des chambres libres	*vacancies*
une chambre pour une personne	*a single room*
une chambre pour deux personnes	*a double room*
avec douche / salle de bain	*with shower / bathroom*
lavabo / WC privés	*washbasin / own toilet*
un parking	*a car park*
votre clé	*your key*
un ascenseur	*a lift*
pour une nuit	*for one night*

pour ce soir	*for tonight*
Le petit déjeuner est compris?	*Is breakfast included?*
ça va	*all right*
Ça s'écrit comment?	*How is that spelt?*
au sixième étage	*on the sixth floor*
bien sûr	*of course*
je regrette	*I am sorry*
en panne	*out of order*

Avez-vous compris?

Répondez en anglais. *Answer in English.*

1 How long do the Lafittes want the room for?
2 What facilities do they get with the room?
3 How much will it cost them with breakfast?
4 Where can they leave their car?
5 What is the room number, and where is it situated?
6 What is wrong with the hotel?

À VOUS!

1 Ask for the following rooms:

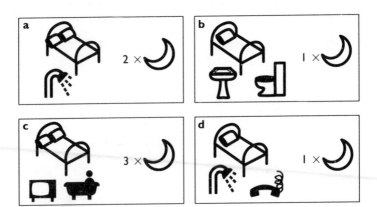

2 **Travaillez avec un / une partenaire.** *Work with a partner.*
You now want to find out what facilities the hotel does or does not
provide in terms of a lift, parking, restaurant and so on. As a customer,
write a list of your priorities. The receptionist will tell you if the hotel

can satisfy you, by answering **oui, bien sûr** or **non, je regrette** accordingly.

example – Il y a un parking?

  – Non, je regrette.

3 **Qu'est-ce qu'il y a dans la chambre de Jeanne?** *What is there in Jeanne's hotel room?* Look at all the objects in the room, and practise naming them, using **il y a**...

example Il y a une lampe.

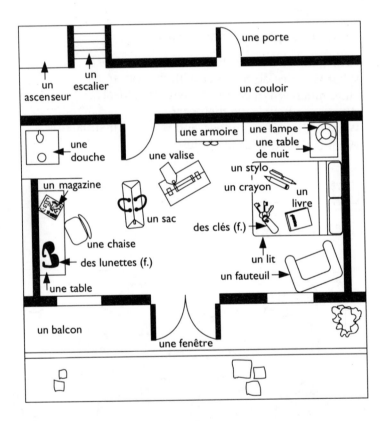

4 **Travaillez avec un / une partenaire.** *Work with a partner.*

When you are confident that you know the vocabulary, take it in turns to point to various things in the room you are in and ask: **Qu'est-ce que c'est en français?**

In your answers, don't forget to use **un, une** or **des** as appropriate.

Un peu de grammaire

le (m.) **la** (f.) **l'** (before a vowel, masc. or fem.)	*the* (singular)
les	*the* (plural)

examples   le stylo, la clé, l'armoire, les portes

un (m.) **une** (f.)	*a / one*
des	*some*

examples   un étudiant, une étudiante, des étudiant(e)s

c'est	*this is / it's*
ce sont	*these are / they're*

▷ **GRAMMAIRE 3a, b, 9a, b**

Exercices

A   Parts of the hotel have to be redecorated. Can you complete the
painter's list, using **le, la, l'**, or **les** correctly?

1	__ portes	6	__ ascenseur
2	__ escalier	7	__ armoires
3	__ couloir	8	__ douche
4	__ balcon	9	__ salle de bain
5	__ fenêtres	10	__ tables

B   Can you remember where to use **un, une** or **des**? Try to complete the
following sentences about Paris.

1   Le palais de Chaillot est __ centre culturel avec __ théâtre et __
musées.
2   Le Printemps et les Galeries Lafayette sont __ grands magasins.
3   La tour Eiffel est __ monument très célèbre.
4   Il y a __ artistes place du Tertre.
5   La Madeleine est __ église de style grec.
6   Il y a __ embouteillage place de la Concorde.

C   You overhear a conversation at the hotel reception, but it is noisy and you can't catch all the words. Can you complete the dialogue using the words below?

> combien
> il y a
> chambres
> personne
> clé
> douche
> étage
> compris
> ce soir
> cinq cents
> francs

Cliente	Vous avez des **1** ____ libres?
Réceptionniste	Pour **2** ____ ?
Cliente	Oui, de préférence avec **3** ____.
Réceptionniste	Pour **4** ____ de personnes?
Cliente	Pour une **5** ____ .
Réceptionniste	J'ai une chambre au troisième **6** ____ .
Cliente	**7** ____ un ascenseur?
Réceptionniste	Oui, bien sûr. La chambre fait **8** ____ francs.
Cliente	Le petit déjeuner est **9** ____ ?
Réceptionniste	Non, il fait cinquante **10** ____ .
Cliente	Ça va, je la prends.
Réceptionniste	Voici votre **11**____ .

D   You are visiting an exhibition with a French theme. Try to get more information about the sketches by asking the attendant **Qui est-ce?** or **Qu'est-ce que c'est?** as appropriate.

1

2

3

4
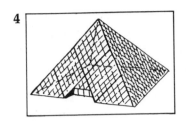

5

6

7

Écoutez bien!

Première partie

A customer is ringing a hotel to book a room. The line is not very good. Can you provide the missing parts?

Réceptionniste	Allô, hôtel Europa, j'écoute!
Client	Allô! Bonjour, madame. Je voudrais réserver ____
Réceptionniste	Oui monsieur, pour ____ de personnes?
Client	Pour deux personnes, pour moi et pour ____
Réceptionniste	Et c'est pour combien de ____ ?
Client	Une seulement, le ____ mai.

Réceptionniste	Vous préférez avec _____ ou avec _____ ?
Client	Je ne sais pas!
Réceptionniste	Nous avons une chambre avec douche qui fait _____ francs.
Client	Combien?
Réceptionniste	_____ francs et le _____ fait _____ francs par personne.
Client	_____ un restaurant?
Réceptionniste	Non monsieur, _____ , mais il y en a d'excellents dans la région.
Client	_____ , je la prends.
Réceptionniste	Quel est _____ , monsieur?
Client	Martineau, M-A-R-T-I-N-E-A-U.

L'ALPHABET FRANÇAIS

A	J	S
B	K	T
C	L	U
D	M	V
E	N	W
F	O	X
G	P	Y
H	Q	Z
I	R	

Listen to the French alphabet. Practise repeating the letters with the cassette or with your teacher. When you are confident you know them, try spelling your name, and then any other words which you might find useful. Finally listen again to the cassette for the second part of the **Écoutez bien!**

Deuxième partie

First listen to some letters said at random, and point to them as you hear them. Each one will be said twice.

Then go back to the map on page 6. Some children are spelling the names of French towns, but a few of these places have been misspelt. Which ones?

Lecture

The hotel **Le Manoir Normand** has many English-speaking customers. Help them complete the English version of their leaflet. Luckily, you have your copy of *Façon de Parler!* with you to look up the difficult vocabulary!

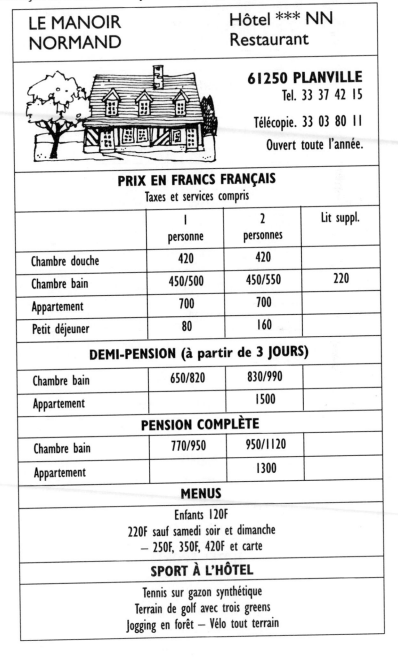

LE MANOIR NORMAND

Hôtel *** NN Restaurant

61250 PLANVILLE
Tel. 33 37 42 15

Télécopie. 33 03 80 11

Ouvert toute l'année.

PRIX EN FRANCS FRANÇAIS
Taxes et services compris

	1 personne	2 personnes	Lit suppl.
Chambre douche	420	420	
Chambre bain	450/500	450/550	220
Appartement	700	700	
Petit déjeuner	80	160	

DEMI-PENSION (à partir de 3 JOURS)

	1 personne	2 personnes	Lit suppl.
Chambre bain	650/820	830/990	
Appartement		1500	

PENSION COMPLÈTE

	1 personne	2 personnes	Lit suppl.
Chambre bain	770/950	950/1120	
Appartement		1300	

MENUS

Enfants 120F
220F sauf samedi soir et dimanche
— 250F, 350F, 420F et carte

SPORT À L'HÔTEL

Tennis sur gazon synthétique
Terrain de golf avec trois greens
Jogging en forêt — Vélo tout terrain

LE MANOIR NORMAND

Hôtel *** NN
Restaurant

61250 PLANVILLE
Tel. 33 37 42 15
_____ 33 03 80 11

_____ all year round

_____ **IN FRENCH FRANCS**
Tax and service _____

	1 person	2 persons	Extra _____
Room _____	420	420	
Room _____	450/500	450/550	220
_____	700	700	
_____	80	160	
_____ (minimum 3 days)			
Room _____	650/820	830/990	
_____		1500	
	_____		
Room _____	770/950	950/1120	
_____		1300	

MENUS

_____ 120 F
220 F _____
250 F — 350 F — 420 F et carte

HOTEL SPORTS

Tennis _____
Golf course with three greens
Jogging in the forest — _____

Cinquième UNITÉ

After his first day in Paris, our cook Antoine dreams that he
is having an unfortunate experience in a restaurant, with
his brother Dominique and some of
the other tourists of their group.

Guillaume	Monsieur! Le menu, s'il vous plaît!
Serveur	Voilà, messieurs-dames.
Guillaume	Merci . . . Voyons . . . Hm . . .
Jeanne	J'ai faim!
Sylvie	Moi aussi.
Dominique	Moi, j'ai soif!
Antoine	Moi aussi.
Serveur	Vous avez choisi, messieurs-dames?
Sylvie	Moi, je voudrais de la soupe pour commencer. Vous avez de la soupe de tomates?
Serveur	Je suis désolé, il n'y a pas de soupe le midi.
Sylvie	Alors de la salade de tomates?
Serveur	Il n'y a pas de crudités aujourd'hui, mais il y a de la charcuterie.
Sylvie	Bon, alors du pâté de campagne.

Serveur	Bien, mademoiselle.
Guillaume	Pour moi aussi.
Antoine	Et pour moi, du saucisson à l'ail.
Dominique	Pour moi aussi.
Serveur	Oui, et pour mademoiselle?
Jeanne	Je ne sais pas . . . un œuf dur à la mayonnaise, peut-être.
Serveur	Très bien.

MOTS ET EXPRESSIONS UTILES

J'ai faim.	*I am hungry.*
J'ai soif.	*I am thirsty.*
Vous avez choisi?	*Are you ready to order?* (lit. have you chosen?)
je voudrais . . .	*I would like . . .*
pour commencer	*to start with*
je suis désolé(e)	*I am sorry*
Il n'y a pas . . .	*There isn't . . .*
Il n'y a plus . . .	*There isn't any . . . left.*
des crudités	*(some) raw vegetable salad*
de la charcuterie	*(some) cold meat (from the delicatessen)*
du saucisson	*(some) salami-type sausage*
à l'ail	*with garlic*
un œuf dur	*a hard-boiled egg*

Avez-vous compris?

1 Who is hungry?
2 Who is thirsty?
3 What is not served at lunchtime?
4 Why can't Sylvie have tomato salad?
5 Who chooses garlic sausage?
6 What sort of egg does Jeanne ask for?

À VOUS! _____

Travaillez avec un / une partenaire. *Work with a partner.* Imagine you are in a French restaurant ordering starters for yourself and one other person. Your partner is the waiter. Choose tomato salad to start with, then try soup. Finally select something else for yourself and your friend.

Serveur	Vous avez choisi?
Vous	Je voudrais **1** ...
Serveur	Je suis désolé, il n'y a pas de salade de tomates le midi.
Vous	Alors, **2** ...
Serveur	Il n'y a pas de soupe aujourd'hui.
Vous	Bon alors, pour moi **3** ...
Serveur	Bien, et pour Monsieur / Madame?
Vous	**4** ...
Serveur	Très bien.

The dream continues.

Serveur	Et ensuite?
Jeanne	Moi, je voudrais de la viande . . . un bifteck bien cuit avec des frites.
Serveur	Je suis désolé mademoiselle, il n'y a plus de bifteck.
Jeanne	Oh, quel dommage! Alors . . . voyons . . . du poulet rôti avec des frites.
Serveur	Il n'y a plus de frites non plus.
Jeanne	Est-ce que vous avez des légumes?
Serveur	Bien sûr! Aujourd'hui il y a de la ratatouille. Il y a aussi du riz.
Jeanne	Alors du poulet rôti et de la ratatouille.
Antoine	Moi, je voudrais du poisson. Vous avez du poisson aujourd'hui?
Serveur	Oui, mais seulement des sardines à l'huile.
Antoine	Non, merci!
Serveur	Une omelette peut-être?
Antoine	Quelle bonne idée! Hm . . . Une omelette aux champignons.
Serveur	Désolé, monsieur, il n'y a pas de champignons.
Antoine	Alors, une omelette au jambon.
Serveur	Il n'y a plus de jambon.
Antoine	Eh bien, une omelette nature, c'est possible?
Serveur	Oui, bien sûr.
Dominique	Moi aussi, s'il y a assez d'œufs!
Guillaume	Moi aussi.
Serveur	Très bien. Et vous mademoiselle?
Sylvie	Du coq au vin.
Serveur	Il n'y a plus de coq au vin. Du poulet?
Sylvie	Alors du poulet et du riz.
Serveur	Bien.

MOTS ET EXPRESSIONS UTILES

de la viande	*(some) meat*
un bifteck bien cuit	*a well-done steak*
des frites (f.)	*(some) chips*
du poulet rôti	*roast chicken*
des légumes (m. pl.)	*(some) vegetables*
du poisson	*(some) fish*
une omelette aux champignons	*a mushroom omelette*
une omelette au jambon	*a ham omelette*
à l'huile	*with oil*
Quel dommage!	*What a pity!*
Voyons.	*Let's see.*
Eh bien,	*Well,*

Avez-vous compris?

Répondez vrai ou faux *Answer true or false.*

1 Jeanne would like steak and chips.
2 She finally has roast chicken and chips.
3 Sardines are the only fish on the menu today.
4 Ham omelettes and mushroom omelettes are both available.
5 Sylvie has chicken cooked in wine.

À VOUS!

Travaillez avec un / une partenaire. *Work with a partner.* Practise ordering the items in the box. The restaurant has run out of everything except eggs! Use the exchange below and then continue along the same lines.

Serveur	Et ensuite?
Vous	Je voudrais . . .
Serveur	Désolé, il n'y a plus de poulet rôti.
Vous	Alors . . .
Serveur	Désolé, il n'y a plus de . . .

roast chicken   fish   vegetables   chips   ratatouille   rice

Antoine must be getting hungry in his sleep.

Serveur	Et comme dessert?
Jeanne	Oh, pour moi, du fromage.
Serveur	Oui, mais il n'y a plus de camembert, plus de brie, plus de fromage de chèvre, plus de . . .
Jeanne	Qu'est-ce qu'il y a exactement?
Serveur	Du gruyère.
Jeanne	Très bien.
Sylvie	Avez-vous des yaourts?
Serveur	Oui, mais seulement aux fraises.
Guillaume	Qu'est-ce que vous avez comme fruits?
Serveur	Des oranges.
Dominique	Qu'est-ce que vous avez comme gâteaux?
Serveur	Nous avons une excellente tarte aux poires maison.
Antoine	Parfait.
Guillaume	Parfait.
Dominique	Parfait.
Serveur	Alors, du gruyère, un yaourt et trois tartes?
Guillaume	C'est ça.
Antoine	Quel restaurant! Il n'y a pas de bifteck, pas de frites, pas de soupe, pas de coq au vin . . .
Serveur	Mais si, monsieur!
Antoine	Comment, il y a du coq au vin?
Serveur	Il n'y a pas de coq, mais il y a du vin!
Antoine	Alors une bouteille de bordeaux.
Serveur	Nous avons seulement du bourgogne.
Tous	Parfait!
Guillaume	Moi, je voudrais de l'eau, s'il vous plaît. Il y en a?

MOTS ET EXPRESSIONS UTILES

du fromage	*(some) cheese*
du fromage de chèvre	*(some) goat's cheese*
des yaourts (m.pl.)	*(some) yogurts*
Qu'est-ce que vous avez comme . . . ?	*What sort of . . . have you got?*
aux fraises	*with strawberries*
une tarte aux poires	*a pear flan*
si	*yes (following a negative statement)*
Mais si, monsieur!	*Of course, sir!* (emphatic)
Il y en a?	*Is there some?*

Avez-vous compris?

Tick the items that are on the menu today:

Cheese
brie ☐
camembert ☐
goat's cheese ☐
gruyère ☐

Drinks
Bordeaux wine ☐
Burgundy wine ☐

Desserts
yogurts ☐
oranges ☐
pears ☐
strawberry flan ☐

À VOUS! _____

Ask the appropriate questions about what food and drink is available, to get the answers given here.

example – Soupe de tomates et soupe aux champignons.
– Qu'est-ce que vous avez comme soupe?

1   Brie, camembert, gruyère et fromage de chèvre.
2   Tartes, éclairs.
3   Bordeaux, bourgogne, vin d'Alsace.
4   Bifteck, poulet rôti.
5   Fraises, poires, oranges.

Re-read the whole conversation carefully, work out what each of our tourists has ordered, and fill in the order pad below.

	Entrée	Plat principal	Dessert
Antoine			
Dominique			
Jeanne			
Sylvie			
Guillaume			

The first morning in Paris, Jeanne wanted her breakfast served in her room. This is the form she filled in to order it.

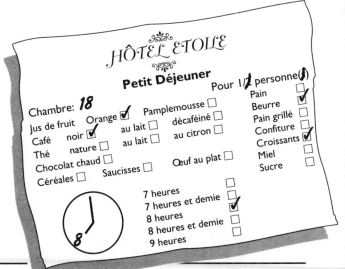

À VOUS!

Jeanne a commandé du jus d'orange, du café noir, du beurre et des croissants pour 8 heures.

If you were staying at the Hôtel Etoile, what would you order and for what time?

ET VOUS?

Qu'est-ce que vous prenez? Prenez-vous le petit déjeuner à l'anglaise ou à la française?

Moi, je prends . . .

— Un peu de grammaire —

There is some . . .
Il y a du fromage (m.).
de la soupe (f.).
de l'eau (before a vowel).
de l'huile (before an h).
des frites (pl.).

There isn't any . . .
Il n'y a pas de fromage.
de soupe.
d'eau.
d'huile.
de frites.

There isn't any more . . . (left)
Il n'y a plus de fromage.
de soupe.
d'eau.
d'huile.
de frites.

 GRAMMAIRE 5b

Exercices

A   Complete the other customers' more modest shopping lists by using the pictures.

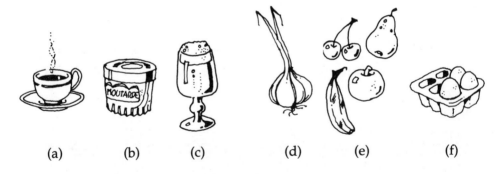

(a)   (b)   (c)   (d)   (e)   (f)

1   Je voudrais **(a)** du thé, **(b)** de la moutarde, **(c)** de la bière, **(d)** de l'_____, **(e)** __ _____ et **(f)** __ _____.

(a)   (b)   (c)   (d)   (e)   (f)

2   Je voudrais **(a)** de la crème, **(b)** de la viande, **(c)** du _____, **(d)** du _____ **(e)** __ _____ et **(f)** __ _____.

(a)   (b)   (c)   (d)   (e)   (f)

3   Je voudrais **(a)** de l'huile, **(b)** des bonbons, **(c)** de la _____, **(d)** du _____, **(e)** __ _____ et __ __ _____.

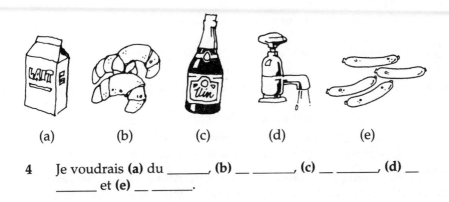

(a)   (b)   (c)   (d)   (e)

4   Je voudrais **(a)** du _____, **(b)** __ _____, **(c)** __ _____, **(d)** __ _____ et **(e)** __ _____.

B   Now imagine you are trying to order some of the items above, in the following situations:

1   at the grocer's
2   having breakfast in a French café
3   having a meal in a restaurant

C   The lady who owns the house you are renting hasn't stocked up the fridge as she promised. There's no butter, cheese, eggs, meat, beer or milk. Continue this note to her.

Madame,
Dans le frigidaire il n'y a pas de . . .

D   Fill in the gaps with **du, de la, de l', des, de** or **d'**:

Marchand	Bonjour monsieur. Vous désirez?
Client	Je voudrais **1**____ huile d'olive, s'il vous plaît.
Marchand	Je suis désolé, je n'ai plus **2**____ huile d'olive.
Client	Je voudrais **3**____ pain.
Marchand	Désolé, je n'ai pas **4**____ pain.
Client	Je voudrais de la bière.
Marchand	Je n'ai pas **5**____ bière, j'ai seulement **6**____ vin.
Client	**7**____ bordeaux?
Marchand	Oui, monsieur, voilà!
Client	Merci. Avez-vous **8**____ salade?
Marchand	Non, je n'ai pas **9**____ salade, mais j'ai **10**____ fruits et **11**____ légumes.
Client	Avez-vous **12**____ moutarde?
Marchand	Oui, j'ai **13**____ moutarde de Dijon.
Client	Très bien. Je voudrais aussi **14**____ thé.
Marchand	Je suis désolé, je n'ai plus **15**____ thé, mais j'ai **16**____ café.
Client	Alors **17**____ café. Avez-vous **18**____ lait?
Marchand	Je n'ai pas **19**____ lait aujourd'hui, mais j'ai **20**____ fromage.
Client	Non, merci, pas dans le café!
Marchand	Alors, c'est cent francs, monsieur.
Client	Oh, je suis désolé, mais je n'ai pas **21**____ argent!

E   Re-read the dialogue of Exercise D carefully. Make a list of the items the shopkeeper cannot provide, and a list of the items the customer could get if he had the money.

———— Écoutez bien! 🎧 ————

You will hear 15 very brief conversations about food and drink. Listen carefully and, for each of them, complete the statements below:

1   The lady orders roast _____ and _____.
2   For breakfast, this man eats croissants or _____.
3   Today's dessert is _____.
4   The children drink _____ or _____ for breakfast.
5   To start with, the customer wants some _____ soup.
6   Today, bananas and _____ are available.
7   The _____ is in the fridge, but nobody knows where the _____ is!
8   The customer chooses _____ juice.
9   Sorry, there isn't any _____ today.
10   Antoine is thirsty; he would like a _____.

11 The customer asks for some _____ with his cold meat.
12 Sorry, there is no _____ left.
13 The sandwiches available are _____ or _____.
14 Sylvie prefers _____.
15 This hungry person would like some _____ and _____.

Lecture

You have been asked to recommend restaurants to tourists staying in two areas: Fouesnant, in Brittany, and Savoie. Look at the advertisements and answer the following questions.

Which Breton restaurants would you suggest for the following tourists:
1   A group wanting to eat in rustic surroundings.
2   A couple with young children wanting to eat at lunchtime.
3   A group wanting a wide variety of sweet and savoury pancakes.

Which restaurants in Savoy would you suggest for the following:
4   A couple wanting a view of the waterfall.
5   A family liking salads and grilled meat in the open air.
6   Somebody with a sweet tooth, wanting to try the local bilberry and
     raspberry tarts.
7   Someone wanting to try Savoie ham.
8   A couple wanting snails and fondue.
9   A large family wanting a wide choice, including sirloin, trout and
     pancakes.
10   A couple wanting a snack high up in the mountains.

Sixième UNITÉ

Guillaume is now asking people about their ages.

À VOUS!

Complétez. *Fill in the gaps.*

1 Paul _____ onze ans.
2 Elisabeth _____ sept _____.
3 Quel âge _____ Paul et Elisabeth?
4 Quel âge _____ -vous?
5 Nous _____ onze ans et sept ans.
6 Moustache a six _____.
7 Quel âge _____-tu?
8 J'_____ quinze ans.
9 Quel _____ a Jeanne?
10 Je ne sais pas _____ âge elle _____!

Travaillez avec un / une partenaire. *Work with a partner.* Ask your partner about the ages of his / her close relatives and pets.

example – Quel âge a votre mari?   – Il a cinquante-six ans.
        – Quel âge a votre femme?   – Elle a trente ans.

À VOUS!

- Vous avez de la chance!
- Non, je n'ai pas de chance.
- Vous avez sommeil?
- Non, je n'ai pas sommeil.

1 Deny the following in the same way.
 – Vous avez peur!
 – Vous avez chaud?

2 How would you say in French: *I'm cold, I'm hungry and I'm thirsty.*

3 And how would you tell a close friend: *I'm right and you're wrong!*

At the hotel in the evening, François is having a shower and Marie cannot find her keys.

Marie	François, j'ai perdu mes clés! Tu sais où elles sont?
François	Dans ton sac, peut-être?
Marie	Non!

François	Sur la table de nuit?
Marie	Non!

François	Sous le journal, alors?
Marie	Non plus!

François	Tu es sûre qu'elles ne sont pas par terre?
Marie	Ahhh!

| François | Qu'est-ce qu'il y a? |
| Marie | Il y a une énorme araignée, au plafond! |

François	Et derrière le radiateur?
Marie	Une araignée, derrière le radiateur!
François	Mais non, les clés!

Marie	Pourquoi derrière le radiateur? Pourquoi pas sur le balcon, devant la fenêtre ou au mur, derrière le tableau!
François	Je ne sais pas, moi!
Marie	Ah, les voilà, entre le sac et la valise.

MOTS ET EXPRESSIONS UTILES

j'ai perdu mes clés	*I have lost my keys*
dans	*in*
sur	*on*
sous	*under*
par terre	*on the ground*
au plafond / mur	*on the ceiling / wall*
derrière	*behind*
devant	*in front of*
les voilà	*there they are*
entre	*between*
pourquoi (pas)	*why (not)*

Avez-vous compris?

Répondez en français. *Answer in French.*

1   Est-ce que les clés sont dans le sac?
2   Est-ce qu'elles sont sur la table de nuit?
3   Est-ce qu'elles sont sous le journal?
4   Qu'est-ce qu'il y a au plafond?
5   Les clés, sont-elles sur le balcon, devant la fenêtre?
6   Est-ce que les clés sont au mur, derrière le tableau?
7   Où sont les clés?
8   Est-ce qu'elles sont par terre?

À VOUS! _____

Complétez. *Fill in the gaps.*

example
Il y a un avion **dans** le ciel.

1 Il y a des lettres _____ le tiroir.

2 Il y a une dame _____ le parapluie.

3 Il y a une carte _____.

4 Il y a _____ contre le mur de l'école.

5 Il y a un oiseau _____ la branche.

6 Il y a des journaux et des magazines _____.

7 Il y a une araignée _____.

8 Il y a un fauteuil ____ la porte.

9 Il y a une auto ____ le camion et le car.

10 Qu'est-ce qu'il y a ____ la boîte?

The tourists have given Guillaume some photos as souvenirs. He shows them to his friend Julien.

Guillaume	Ça, c'est Moustache, le chat d'Henri.
Julien	Henri?
Guillaume	Oui, Henri **le** pharmacien.
Julien	Ah! C'est le chat **du** pharmacien de Nuits-Saint-Georges. Et ça, qui est-ce?
Guillaume	Annette et Simon, les enfants de Josée, **la** Martiniquaise.
Julien	Ils sont mignons les enfants **de la** Martiniquaise! Ça, c'est une photo de Strasbourg, non?

Guillaume	Oui, c'est la ville de François et de Marie.
Julien	François et Marie?
Guillaume	Oui, l'ingénieur et l'infirmière.
Julien	Ah! C'est la ville **de** l'ingénieur et **de** l'infirmière. Ils ont de la chance! Et ça, qu'est-ce que c'est?
Guillaume	Ça, c'est le restaurant d'Antoine et de Dominique, **les** cuisiniers corses.
Julien	Il est sympa, le restaurant **des** cuisiniers!

MOTS ET EXPRESSIONS UTILES

mignon	*sweet, cute*
sympa(thique)	*nice*

Avez-vous compris?

Répondez vrai ou faux. *Answer true or false.*

1 L'ami de Guillaume s'appelle Gilles.
2 Strasbourg est la ville du pharmacien.
3 *Les Flots Bleus* est le nom du restaurant des cuisiniers corses.
4 Le restaurant d'Antoine et de Dominique est sympathique.
5 Annette et Simon sont les enfants de l'infirmière et de l'ingénieur.
6 Moustache est le chat des enfants.

À VOUS! _____

Match the following French book titles with their English equivalents.

1 La femme du boulanger. (Pagnol)
2 Les contes du lundi. (Daudet)
3 Le silence de la mer. (Vercors)
4 La maison de Claudine. (Colette)
5 L'école des femmes. (Molière)
6 Journal d'un curé de campagne. (Bernanos)
7 Le bal des voleurs. (Anouilh)
8 Le médecin de campagne. (Balzac)
9 L'école des maris. (Molière)
10 Les fleurs du mal. (Baudelaire)

a The silence of the sea.
b Diary of a country priest.
c Claudine's house.
d Monday's tales.
e The school for wives.
f The baker's wife.
g The country doctor.
h The thieves' ball.
i The flowers of evil.
j The school for husbands.

Who owns what? Do the puzzle below to find out.

example　Le bateau du pêcheur.

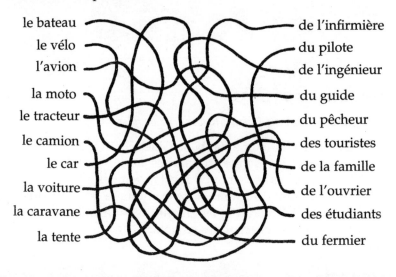

le bateau	de l'infirmière
le vélo	du pilote
l'avion	de l'ingénieur
la moto	du guide
le tracteur	du pêcheur
le camion	des touristes
le car	de la famille
la voiture	de l'ouvrier
la caravane	des étudiants
la tente	du fermier

── Un peu de grammaire ──

Expressions with avoir

J'ai vingt ans.	*I am twenty* (lit. I have twenty years).
J'ai faim / soif.	*I am hungry / thirsty* (lit. I have hunger / thirst).
J'ai froid / chaud.	*I am cold / hot.*
J'ai raison / tort.	*I am right / wrong.*
J'ai sommeil / peur.	*I am sleepy / afraid.*
J'ai de la chance.	*I am lucky.*

Possessives

L'ami de Guillaume.	*Guillaume's friend.*
La voiture de mon mari.	*My husband's car.*
Les lunettes du professeur / de la secrétaire / de l'infirmière / des étudiants.	*The teacher's / secretary's / nurse's / students' glasses.*

　GRAMMAIRE 4d, 5a, 7

Exercices

A   Fill in the gaps with the correct words.

1 Elle a ____.

2 Il a ____.

3 Elle a ____.

4 Il a ____.

5 Ils ont ____.

6 Il a ____.

Now make the sentences negative.

B   Look at the picture and answer the questions in French.

1 Qu'est-ce qu'il y a derrière l'arbre?
2 Où est l'oiseau?
3 Qu'est-ce qu'il y a devant la moto?
4 Où est le hamac?
5 Où sont les enfants?

C   Look at the picture and make up sentences about it.

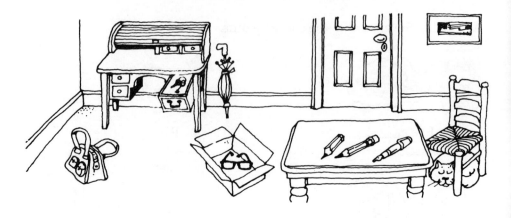

D   Fill in the gaps in the mini-conversations with **de, du, de la, de l'** or **des**.

–   Qui est-ce?
–   C'est la femme   **1** ____ Lucien.
–   Lucien?
–   Le médecin.
–   Ah, c'est la femme   **2** ____ médecin.

–   Où sont les clés?
–   Quelles clés? Les clés   **3** ____ maison?
–   Non, les clés   **4** ____ voiture.

–   Les étudiants ont sommeil?
–   Quels étudiants? Les étudiants   **5** ____ professeur de français?
–   Oui, les étudiants   **6** ____ Madame Michaud.

–   Le car   **7** ____ touristes est devant l'hôtel?
–   Oui, mais la moto   **8** ____ guide est entre le car et le mur
     9 ____ hôtel!

Turn to the reference section on page 343 and study the cardinal numbers. Then, say or write the following numbers and complete the sequences.

E   1   30, 50, 70, ____.
     2   40, 60, ____, ____.
     3   6, 12, 24, 48, ____.
     4   11, 21, 31, 41, 51, ____, ____, ____, ____.
     5   100, 95, 90, 85, 80, ____, ____, ____, ____.

Écoutez bien!

Première partie

Listen to the series of short dialogues, then complete the sentences.

1   Charlotte is _____ years old and Juliette is _____
2   The girl is _____ years old and her brother is _____
3   Henry's cat is _____ old.
4   Marie is lucky because she doesn't have any _____
5   The children are _____
6   Chantal is _____

Deuxième partie

Now listen to each of the next two dialogues, then answer the questions.

1   Who is Monsieur Leclerc looking for?
2   What subject does she teach?
3   Where is she?

4   What is Madame Leclerc looking for?
5   Are they in her desk or on the table?
6   Where are they finally found?

Faites le point!
UNITÉS 4–6

1   Pick the odd one out.

a   Which is not a means of transport?

bateau
vélo
parapluie
camion
moto

b   Which of these would you not be able to fit into a handbag?

clés   crayons   stylos   douches   lunettes

c   Who would not normally be working in a town?

fonctionnaire
pêcheur
médecin
professeur
coiffeuse

d   Which is not edible?

riz   poulet   poisson   carte   poire

e   Which is not a building?

église
grand magasin
champignon
palais
tour

f   Which structure is not normally part of a room?

plafond   mur   porte   fenêtre   pont

g   Which of these can you not drink?

citron pressé
eau
fleur
thé
chocolat

h   Which of these would you be unlikely to find in a hotel?

couloir   escalier   ascenseur   embouteillage   balcon

2 Here is a dialogue taking place at a hotel reception where a client hopes to book in a group. Fill in the gaps with words from the box.

faim		ascenseur	désirez	soif
étage	seize	il y a	chance	clés	dix-sept

Réceptionniste	Bonjour, messieurs-dames. Vous **a** ____ ?
Client	Bonjour, madame. **b** ____ des chambres libres?
Réceptionniste	Oui, monsieur.
Client	Nous sommes **c** ____ .
Réceptionniste	Il y a seulement **d** ____ chambres!
Client	Ah, nous avons de la **e** ____ , Paul et Paulette sont mariés! À quel **f** ____ sont les chambres?
Réceptionniste	Il y a des chambres sur douze étages, mais il y a un **g** ____ .
Client	Ah, très bien. Nous avons **h** ____ . Est-ce qu'il y a un restaurant?
Réceptionniste	Oui, monsieur.
Client	Et nous avons **i** ____ . Il y a un bar?
Réceptionniste	Oui, monsieur, là. Et voici les **j** ____ .

3 Fill in the gaps.

Dans la chambre, il y a _____

_____ et _____

Il y a _____

_____ et _____ sur la table.

Dans le magasin, il y a _____

_____ et _____

Dans un restaurant, il y a _____

_____ et _____

4   Tick the types of food that are on the menu for today.

du poisson   du fromage
des légumes   des œufs
de la charcuterie   de la viande
des fruits   des gâteaux

5   Fill in the gaps.

Où sont les animaux?
a   L'oiseau est _____ la branche.
b   Le chien est _____ l'arbre.
c   La souris est _____ l'arbre.
d   Le chat est _____ la souris et le lapin.

6   Whose is it? Fill in the gaps using the word for each person's profession.

a   C'est le stylo _____
b   C'est le bateau _____
c   C'est le téléphone _____
d   C'est le sac _____
e   Ce sont les lunettes _____

7   Fill in the gaps.

a      _____ est dans la soupe.

b   _____ est au mur.

c   _____est derrière la valise.

d   La lettre est dans _____

e   Le vase est sur _____

Septième UNITÉ

The tourists are trying to find their way around.

Antoine	Dites-moi, Guillaume, j'ai faim. Est-ce qu'il y a une boulangerie près d'ici?
Guillaume	Probablement. Tiens, voilà une pâtisserie, juste en face.
Antoine	Oh, une pâtisserie! Je voudrais un gros gâteau à la crème!
Sylvie	Moi, j'ai besoin de dentifrice et de shampooing. Il y a une pharmacie par ici?
Guillaume	Oui, là-bas, à cent mètres.
Sylvie	Ah oui, merci.
Dominique	Je n'ai plus de cigarettes, où est le bureau de tabac?
Guillaume	Je ne sais pas, mais il y a des cigarettes au café.
Dominique	Ah, très bien.
Jeanne	J'ai besoin de timbres pour mes cartes postales. Où est la poste? C'est loin?
Guillaume	Non, à côté du café.
Jeanne	Ah, oui, je vois.
Guillaume	Et moi, je cherche une librairie, pour acheter un livre. Mais je ne sais pas où elle est!
Jeanne	C'est tout près, à cinq minutes!

MOTS ET EXPRESSIONS UTILES

une boulangerie	*a baker's*
une pâtisserie	*a cakeshop*
le dentifrice	*toothpaste*
le bureau de tabac	*the tobacconist's*
la poste	*the post office*
une librairie	*a bookshop*
Il y a . . . par ici / près d'ici . . . ?	*Is there . . . round here / near here?*
J'ai besoin (de) . . .	*I need . . .*
un timbre	*a stamp*
C'est tout près.	*It's very near.*
je vois (voir) 〽	*I see (to see)*
Je cherche . . .	*I am looking for . . .*

You will see this 〽 symbol wherever an irregular verb is introduced, to help your learning. (See pages 338–341).

Avez-vous compris?

1 Why is Antoine enquiring about a baker's?
2 Which shop does Guillaume then spot?
3 How far away is the chemist's?
4 Why does Guillaume direct Dominique to a café?
5 Where is the post office?
6 Is the bookshop far away?

À VOUS! _____

What do all these people want? Choose the correct alternative, to link the object with the place where it will be found.

1 J'ai besoin de fromage / de dentifrice; je cherche une pharmacie / une école.
2 Je n'ai plus d'argent / d'eau; je cherche une église / une banque.
3 J'ai besoin de timbres / de shampooing; je cherche une pâtisserie / la poste.
4 Pardon, monsieur, je cherche une salle de bain / une chambre pour deux nuits. Il y a une tour / un hôtel près d'ici?
5 Je n'ai plus de légumes / de crayons. Où est le musée / le marché, s'il vous plaît?
6 J'ai très peur / soif. Il y a une pâtisserie / une café par ici?
7 J'ai besoin de pain / de lunettes. Il y a un hôpital / une boulangerie près d'ici?
8 Je cherche le centre culturel / une librairie, pour acheter un livre / du vin.

9 J'ai très froid / faim. Je voudrais un château / un gâteau à la crème.
10 Pardon, madame, j'ai besoin de ma petite voiture / de ma petite cigarette. Il y a un bureau de tabac / un bureau de change par ici?

As many English-speaking visitors come to Planville, the tourist office has decided to produce a bilingual version of their street map.

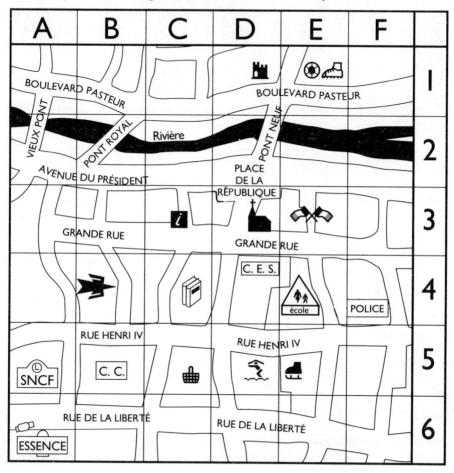

LÉGEND

 la bibliothèque
(library)

C. C. le centre commercial
(shopping centre)

le château
(castle)

C. E. S. le collège
(secondary school)

POLICE le commissariat de police
(police station)

l'école
(school)

la mairie/l'hôtel de ville
(town hall)

ESSENCE la station-service
(petrol station)

 la patinoire
(ice rink)

 la piscine
(swimming-pool)

i le Syndicat d'Initiative/
l'Office du Tourisme
(tourist office)

la poste
(post office)

le stade
(stadium)

le supermarché
(supermarket)

l'église
(church)

SNCF la gare SNCF
(railway station)

À VOUS!

Travaillez avec un / une partenaire. *Work with a partner.* Use the **plan de la ville** and take it in turns to ask where various places are,

example – Où est la poste?
        – B quatre.

or see how quickly you can respond.

example – A cinq.
        – La gare.

Make sure you know how to say the letters in French before you start.

Add some of the places below to the map. Produce your own symbols if you wish.

la banque	le garage	le parking
le café	l'hôpital	la pharmacie
le camping	l'hôtel	le restaurant
le cinéma	le parc	les toilettes

——— Jeu de rôles ———
(PARTENAIRE A)

(Partner B should refer to page 88.)

A1 Ask your partner if the places on the list below are far.
example **La mairie, c'est loin?**
Make some notes.

la mairie	15 mn.
le commissariat de police	
le supermarché	
l'Office du Tourisme	
la piscine	
la bibliothèque	

A2 Answer your partner using the information on the diagram below.
(Start with **C'est à . . .**)

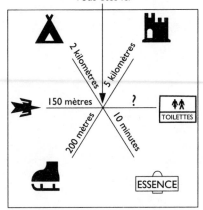

Vous êtes ici

2 kilomètres
5 kilomètres
150 mètres
?
TOILETTES
200 mètres
10 minutes
ESSENCE

In the street, a lady is asking a policeman the way.

La dame	Pardon, monsieur l'agent, pour aller au cinéma Rex, s'il vous plaît?
L'agent de police	C'est très facile.
La dame	C'est loin?
L'agent de police	Non, c'est à cinq minutes à pied. Allez tout droit jusqu'au croisement . . .
La dame	Il y a des feux?
L'agent de police	Oui. Vous traversez. Vous prenez la deuxième rue à gauche, puis la première à droite. Continuez tout droit jusqu'à l'église, et vous y êtes!
La dame	Non, c'est le cinéma Magic; moi, je cherche le Rex.
L'agent de police	Mais, madame, le Rex est juste en face du Magic.
La dame	Ah bon! Merci bien, monsieur l'agent.
L'agent de police	A votre service, madame.

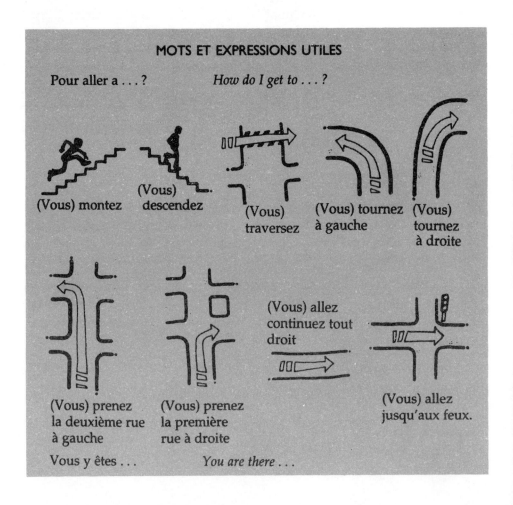

MOTS ET EXPRESSIONS UTILES

Pour aller a . . . ?   *How do I get to . . . ?*

(Vous) montez

(Vous) descendez

(Vous) traversez

(Vous) tournez à gauche

(Vous) tournez à droite

(Vous) prenez la deuxième rue à gauche

(Vous) prenez la première rue à droite

(Vous) allez continuez tout droit

(Vous) allez jusqu'aux feux.

Vous y êtes . . .   *You are there . . .*

Avez-vous compris?

The lady is looking for **1**_____. It is not **2**_____, it is
3_____ on foot. There are some **4**_____ at the crossroads.
The lady must **5**_____, take the second street **6**_____,
then the first **7**_____. She must carry **8**_____
to the church. The Rex is **9**_____ the Magic.

À VOUS! _____

Complétez. *Fill in the gaps.* Use the diagram and the vocabulary in the box.

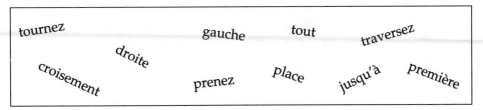

tournez   gauche   tout   traversez
droite
croisement   prenez   Place   jusqu'à   Première

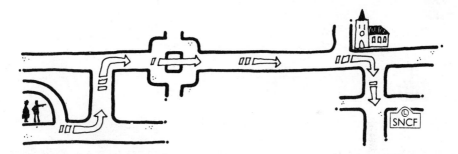

Pour aller à la gare, **1** ____ la deuxième rue à **2** ____ , puis la
3 ____ à **4** ____ . **5** ____ la **6** ____ , continuez
7 ____ droit **8** ____ l'église. **9** ____ à droite. Allez jusqu'au
10 ____ . La gare est là.

Travaillez avec un / une partenaire. *Work with a partner.* Turn back to the
map on page 84. Imagine that you have just arrived in the town, and have
stopped at the petrol station in the rue de la Liberté. Ask the way to various
places of interest. Start with **Pour allez au / à la / à l'aux ... ?** as
appropriate.

Jeu de rôles
(PARTENAIRE B)

(Partner A should refer to page 85.)

B1 Answer your partner using the information on the diagram below. (Start with **C'est à . . .**)

B2 Ask your partner if the places on the list below are far. *example* **La poste, c'est loin?** Make some notes.

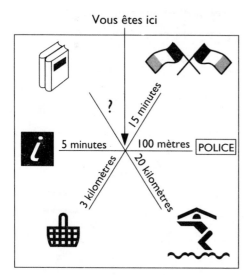

Vous êtes ici

?
15 minutes
5 minutes   100 mètres   POLICE
3 kilomètres
20 kilomètres

la poste	150 m.
les toilettes	
la station-service	
la patinoire	
le château	
le camping	

Josée and Lucien are asking Guillaume about various things to see in Paris.

Josée   Guillaume, est-ce que le jardin des Tuileries est loin de l'hôtel?

Guillaume Non, il est entre la place de la Concorde, au bout des Champs-Elysées, et le Louvre.

Lucien   Vous avez visité le Louvre récemment?

| Guillaume | Non, il y a trop de monde, mais j'ai visité le musée d'Orsay. C'est formidable! |
| Josée | Dites-moi, Guillaume, c'est bien l'obélisque de Louqsor qui est au milieu de la place de la Concorde? |

Guillaume	C'est ça.
Josée	Et, où est la rue de Rivoli?
Guillaume	Elle est à côté des Tuileries.

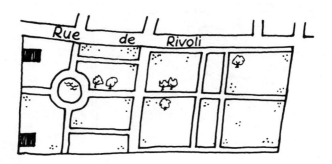

| Lucien | Et l'Ecole Militaire? |
| Guillaume | Elle est en face de la tour Eiffel près du palais de l'Unesco. |

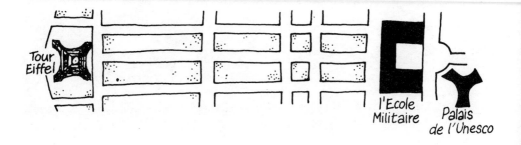

Josée   Est-ce qu'il y a des choses intéressantes autour de l'Opéra?
Guillaume   Oui, il y a la Madeleine, la place Vendôme, le boulevard
     Haussmann et les grands magasins . . .

Josée   Les grands magasins! Alors Lucien, c'est décidé, viens vite!
Lucien   Où est la station de métro?
Guillaume   La station de métro et l'arrêt d'autobus sont dans la première
     rue à droite de l'hôtel.

Josée   Merci Guillaume. A ce soir!
Guillaume   Bonne journée!

MOTS ET EXPRESSIONS UTILES

trop de monde	*too many people*
au bout (de)	*at the end (of)*
au milieu (de)	*in the middle (of)*
à côté (de)	*next (to)*
autour (de)	*around*
en face (de)	*opposite*

Viens vite! (venir 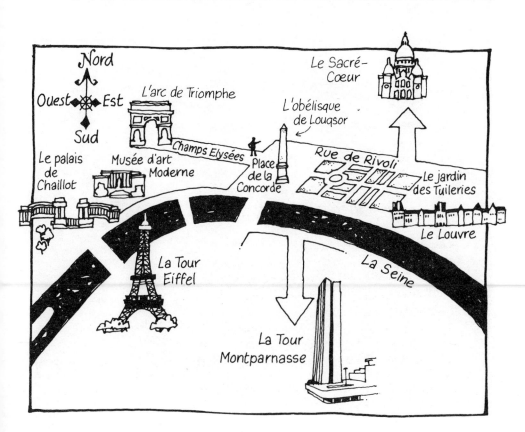)	*Come quickly! (to come)*
la station de métro	*the metro station*
l'arrêt d'autobus	*the bus stop*
A ce soir	*See you tonight*
Bonne journée!	*Have a nice day!*

Avez-vous compris?

1   Où est le jardin des Tuileries?
2   Qu'est-ce qu'il y a au milieu de la place de la Concorde?
3   La rue de Rivoli est-elle loin des Tuileries?
4   Où est le palais de l'Unesco?
5   Qu'est-ce qu'il y a autour de l'Opéra?
6   Où sont la station de métro et l'arrêt d'autobus?

À VOUS!

Help a group of tourists plan their visit to Paris by describing the position of some of the places of interest as accurately as you can. Use **loin de, près de, à côté de, en face de** and **au milieu de**.

example
Le Sacré-Cœur est loin de la tour Eiffel.

Use **du / de la / de l' / des** . . . as appropriate. Refer to **Un peu de grammaire** below before you start.

ET VOUS? _____

Vous avez visité Paris, Londres, Rome, New York, etc?
Qu'est-ce que vous avez visité?

example
A Londres, j'ai visité le Palais de Buckingham.

── Un peu de grammaire ──

De + le / la / l' / les (*of the*)

au milieu de la piscine	*in the middle of the swimming pool*
à côté de l'hôpital	*next to the hospital*
but de + masculine = **du**	
de + plural = **des**	
en face du musée	*opposite the museum*
près des toilettes	*near the toilets*

A + le / la / l' / les (*to the*)

Pour aller à la gare?	*How do I get to the station?*
Je vais à l'hôpital.	*I am going to the hospital.*
but à + masculine = **au**	
à + plural = **aux**	
Pour aller au château?	*How do I get to the castle?*
Allez jusqu'aux feux.	*Go up to the traffic lights.*

⇨   GRAMMAIRE 5c, 6a

Exercices

A   Write the dialogues in full.

1   – Je cherche la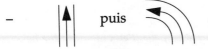
       –

2   – Pour aller au , S.V.P.?

       –  puis .

3   – Il y a une par ici?

       – Oui, 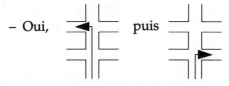 puis .

4   – Où est la SNCF , S.V.P.?

       –  , et .

B   Complete the conversation below using the cues given.

Vous	(**1** *Stop a lady in the street and tell her that you are looking for the shopping centre.*)
Passante	Pas de problème, il est en face de l'hôpital.
Vous	(**2** *Ask how to get to the hospital.*)
Passante	Alors, continuez tout droit, traversez la rivière . . .
Vous	(**3** *Ask if it's far.*)
Passante	C'est à cinq ou six kilomètres.
Vous	(**4** *Tell her that you are on foot and ask if there is a bus.*)
Passante	Oui, c'est le numéro douze.
Vous	(**5** *Ask where the stop is.*)
Passante	En face du cinéma.
Vous	(**6** *Ask where the cinema is.*)
Passante	Il est dans la deuxième rue à gauche.
Vous	(**7** *Thank her and say goodbye.*)

C   Turn back to the **plan de la ville** on page 84. Work out which places
     are referred to.
     1   _____ est place de la République, près de la mairie.
     2   _____ est à côté de la patinoire.
     3   _____ est au nord de la ville, pas loin du château.
     4   _____ est entre la bibliothèque et l'école.
     5   Il y a _____ au sud-ouest de la ville, en face de la gare.

D   Imagine that you are working in your local tourist office. Some French
     tourists are trying to find their way around. Answer their questions
     using the cues given.

Touriste 1	Où est la bibliothèque, s'il vous plaît?
Vous	(1 *Say it's next to the school.*)
Touriste 2	Je cherche une pharmacie.
Vous	(2 *Say that there is a chemist's opposite the baker's.*)
Touriste 3	Il y a une banque par ici?
Vous	(3 *Say yes, it's near the car park.*)
Touriste 4	Est-ce que le camping est près d'ici?
Vous	(4 *Say no, it's far from here, north of the town, ten kilometres away.*)
Touriste 5	Où est l'église?
Vous	(5 *Say it's in the middle of the square.*)
Touriste 6	Pour aller au commissariat de police, s'il vous plaît?
Vous	(6 *Tell him to go up to the lights, turn left, then take the second on the right.*)
Touriste 7	C'est loin?
Vous	(7 *Say it's five minutes on foot.*)
Touriste 8	Pardon, je cherche l'Office du Tourisme.
Vous	(8 *They are there!*)

——— Écoutez bien! ———

Première partie

Listen to the conversations carefully. Match the places and the
distances.

1	le château	a	à 150 mètres
2	une boulangerie	b	à 3 kilomètres
3	la bibliothèque	c	à 15 minutes
4	le centre commercial	d	?

5	la gare	e	à 20 kilomètres
6	les toilettes	f	à 5 minutes

Deuxième partie

Listen to the conversations and look at the diagrams. Do they correspond to the instructions?

Are they correct ☑ or incorrect ☒?

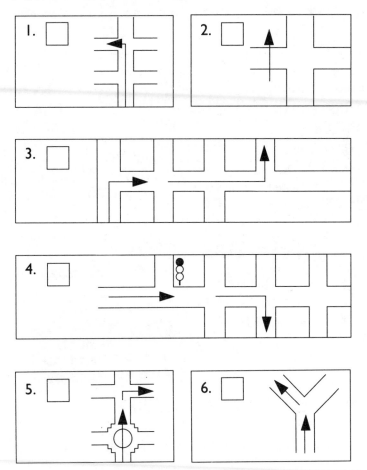

Lecture

Imagine that you have just arrived in Savoie in the French Alps. You have picked up a useful magazine with information about the region, including these advertisements for hotels and restaurants

LA ROTONDE

- GRILL • BAR
- RESTAURANT • PIZZERIA
- MENUS-CARTE
- SPECIALITES

Av. de Joux-Plane - Face
stade du Pleney

Tél. 50 79 16 30

ALPEN ROC**

Chambres

Petits
déjeuners

74110 MORZINE
℃ . 50 79 11 67
Fax. 50 75 97 09

LA COMBE HUMBERT

Hôtel sans restaurant
Route des Gets
℃. 50 79 06 70
Fax. 50 79 25 03
Chambre : avec T.V., balcon
mini-bar, bains/W.C.

Le Clin d'Oeil

**BAR - RESTAURANT
PIZZERIA**

Réservations :
Tél. 50 79 03 10
MORZINE (face à la poste)
English spoken

FleuR des Neiges

HÔTEL
Piscine couverte - Tennis
Sauna - Musculation
Tél. 50 79 01 23
Fax 50 75 95 75

HOTEL - RESTAURANT
LES DENTS BLANCHES **
LOGIS DE FRANCE
BANQUETS   50.79.08.42
CHAMBRES AVEC TERRASSE
W.C - BAINS et TEL DIRECT
EXPOSE PLEIN SUD - PARKING

Dixie Bar

PUB - VIDEO BAR
PALAIS DE LA BIERE
KARAOKE BAR

Tél. 50 79 27 83

Le Bourg

HOTEL **
Les Fleurs
Piscine - Ascenseur
Parking pour autocars
74110 MORZINE
Tél. 50 79 11 30
Fax. 50 75 95 60

Where would you go:

1 if you were a coach party and wanted to stay at a reasonably priced hotel?
2 if you wanted a room but no main meals?
3 if you were a health and fitness fanatic?
4 if you wanted a hotel where you could invite lots of friends for a special meal to celebrate your birthday?
5 if you liked beer and singing?
6 if you felt hungry
  a coming out of the post office?
  b after watching or taking part in a football match?

Huitième UNITÉ

Avez-vous compris?

Répondez vrai ou faux. *Answer true or false.*

1 Guillaume travaille à Paris.
2 Les Muller travaillent en Bretagne.
3 Sylvie travaille dans une usine.
4 Les Cousin travaillent à Fort-de-France.
5 Henri travaille dans un restaurant.

ET VOUS? _____

Où travaillez-vous?

En Angleterre? à Londres? dans un bureau? en plein air?

Laurent and Chantal are young people from Rouen in Normandy. Let's see who they are and how they meet for the first time:

Voilà Laurent.   Où habitent-ils?   Voilà Chantal.

Il habite à Rouen, en France.   Elle habite dans la banlieue de Rouen.

Où travaillent-ils?

Il est employé de banque, il travaille   Elle est vendeuse, elle travaille dans
dans un bureau.   un magasin.

Où mangent-ils le midi?

Il mange un sandwich, au café.   Elle mange à la cantine.

MOTS ET EXPRESSIONS UTILES

habiter	*to live*
manger	*to eat*
le midi	(here) *at lunchtime*

Avez-vous compris?

Répondez vrai ou faux. *Answer true or false.*

1 Laurent et Chantal habitent en France.
2 Laurent travaille dans une usine.
3 Chantal travaille dans un magasin.
4 Le midi il mange à la cantine.
5 Le midi elle mange au restaurant.

À VOUS! _____

Travaillez en groupe. *Work in groups.* One person in the group is the interviewer and one or two of the others in the group listen and take notes in order to report back later. The rest choose a town or region, a place of work and a place to eat at lunchtime (from the box below). The interviewer asks each of them the following questions:

Où habitez-vous?	J'habite . . .
Où travaillez-vous?	Je travaille . . .
Où mangez-vous le midi?	Je mange . . .

à Paris	dans un bureau	à la maison
en banlieue	dans une usine	à la cantine
en Angleterre	dans un grand magasin	au restaurant
en Normandie	dans un hôpital	au café
à Londres	dans une clinique	au bureau
en Bretagne	dans un collège	
	dans une école	je ne mange pas

Now let's find out how Chantal and Laurent spend their evenings.

Le soir, ils restent à la maison.

Il regarde la télévision et il lit le journal.

Elle écoute la radio ou des disques.

Une fois par semaine, le jeudi soir, ils étudient l'anglais.

Laurent étudie l'anglais. Il parle un peu l'anglais.

Chantal étudie aussi l'anglais. Elle parle assez bien l'anglais.

Dans la classe, Laurent remarque Chantal.

A la pause-café, il parle à Chantal.

Au laboratoire de langues, il regarde Chantal.

MOTS ET EXPRESSIONS UTILES

le soir	*in the evening(s)*
une fois par semaine	*once a week*
regarder	*to watch*
il lit (lire)	*he reads (to read)*
écouter	*to listen (to)*
étudier	*to study*
remarquer	*to notice*
parler	*to speak*

Avez-vous compris?

Répondez vrai ou faux. *Answer true or false.*

1 Le soir, Chantal regarde la télévision.
2 Laurent écoute la radio.
3 Le jeudi soir, ils étudient l'anglais.
4 Laurent parle bien l'anglais.
5 Laurent parle à Chantal à la pause-café.

À VOUS! _____

Link the sentences to the symbols representing the activities.

1 J'étudie le russe.
2 Qu'est-ce que tu manges?
3 J'habite à Bordeaux.
4 Les enfants regardent la télé.
5 Nous écoutons de la musique pop.
6 Vous parlez allemand?

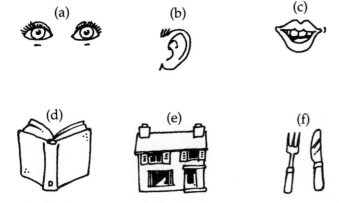

(a)   (b)   (c)

(d)   (e)   (f)

Let's observe Claire Ouate at work.
We find her in a street in Rouen,
interviewing various people.

Claire Ouate interviewe
CHANTAL ET LAURENT

Mme Ouate	Excusez-moi messieurs-dames, je travaille pour la SNES et . . .
Laurent	Qu'est-ce que c'est que la SNES?
Mme Ouate	C'est la Société Nationale d'Enquêtes par Sondages. Je fais une enquête sur les Français et le poisson et je voudrais vous poser quelques questions.
Chantal	Ah bon, d'accord.
Mme Ouate	Habitez-vous à Rouen?
Laurent	Oui, nous habitons à Rouen.
Mme Ouate	Travaillez-vous aussi à Rouen?
Chantal	Oui, nous travaillons à Rouen tous les deux.
Mme Ouate	Mangez-vous souvent du poisson?
Laurent	Je mange quelquefois de la morue.
Chantal	Moi, je préfère les sardines, j'en achète régulièrement.
Mme Ouate	Alors, vous aimez le poisson. Parfait! Goûtez ceci.
Laurent	Hmm, c'est délicieux!
Chantal	C'est affreux! Qu'est-ce que c'est?
Mme Ouate	En fait, ce n'est pas du poisson. C'est du soja. C'est très riche en protéines et c'est bon pour la santé.

MOTS ET EXPRESSIONS UTILES

souvent	*often*
quelquefois	*sometimes*
préférer	*to prefer*
acheter	*to buy*
aimer	*to like*
la morue	*cod*
goûter	*to taste / try*
le soja	*soya*
je voudrais vous poser quelques questions	*I would like to ask you a few questions*
tous les deux	*both*
bon pour la santé	*good for the health*

Avez-vous compris?

Choisissez la bonne réponse. *Choose the correct alternative.*

1   Mme Ouate travaille pour la SNIP / la SNES.
2   Laurent et Chantal habitent à Rouen / Dieppe.
3   Ils travaillent à Cabourg / Rouen.
4   Laurent mange quelquefois du poisson / de la viande.
5   Chantal préfère les sardines / la morue.
6   Ils aiment le poisson / le soja.

À VOUS! _____

Now imagine you are telling the interviewer where you and a close friend
live, work and eat. Use: **nous habitons, nous travaillons, nous
mangeons . . .**

ET VOUS? _____

Answer the questions below. Try to use the following in some of your
answers: **un peu, (assez) bien, quelquefois, régulièrement, souvent, le
midi, le soir, une fois par semaine.**

Parlez-vous le français / l'allemand / l'espagnol?
Aimez-vous le poisson?
Achetez-vous souvent du poisson?
Est-ce que vous écoutez la radio?
Est-ce que vous regardez la télévision?
Préférez-vous la radio ou la télévision?

___ Claire Ouate interviewe ___
UN OUVRIER D'USINE

Mme Ouate	Bonjour, monsieur. Vous habitez Rouen?
L'ouvrier	Comment?
Mme Ouate	Habitez-vous à Rouen?
L'ouvrier	Parlez plus fort, je suis un peu sourd.
Mme Ouate	Est-ce que vous habitez à Rouen?
L'ouvrier	Ah non, madame, je n'habite pas ici, j'habite à Dieppe.

Mme Ouate	Travaillez-vous aussi à Dieppe?
L'ouvrier	Non, je ne travaille pas à Dieppe, je travaille ici.
Mme Ouate	Vous habitez au bord de la mer. Aimez-vous le poisson?
L'ouvrier	Le poison!!!
Mme Ouate	Non, non, pas le poison, le poisson.
L'ouvrier	Ah, le poisson! Ah, non, madame, je n'aime pas le poisson, je ne mange jamais de poisson, je déteste le poisson!
Mme Ouate	Alors, tant pis! Merci, monsieur, au revoir.
L'ouvrier	Comment?
Mme Ouate	Au revoir!

MOTS ET EXPRESSIONS UTILES

Comment?	*What?, Pardon?*
Parlez plus fort!	*Speak louder!*
sourd	*deaf*
jamais	*never*
Tant pis!	*Too bad!*

Avez-vous compris?

Répondez oui ou non aux questions suivantes. *Answer yes or no to the following questions.*

1 L'ouvrier, habite-t-il à Rouen?
2 Travaille-t-il à Rouen?
3 Aime-t-il le poisson?
4 Mange-t-il souvent du poisson?

À VOUS! _____

Travaillez avec un / une partenaire. *Work with a partner.* Fill in the questionnaire, then ask each other questions. Begin: **Aimez-vous . . ?**

examples   Aimez-vous les fruits?
Oui, j'aime les fruits. / Non, je déteste les fruits.

Aimez-vous le soja?
Je ne sais pas!

j'aime	je n'aime pas	je déteste	
			la crème
			l'eau minérale
			les fruits
			le lait
			les légumes
			la moutarde
			le poisson
			les pommes frites
			le soja
			la viande
			le vin
			le whisky

Claire Ouate interviewe
UNE CONCIERGE, MME RAGOT

Mme Ouate	Bonjour, madame, vous habitez Rouen?
Mme Ragot	Bien sûr! Je suis concierge ici depuis vingt-cinq ans!
Mme Ouate	Avez-vous des enfants?
Mme Ragot	Oui, j'ai deux filles.
Mme Ouate	Quel âge ont-elles?
Mme Ragot	Elles ont dix-neuf et vingt ans. Elles étudient à l'université.
Mme Ouate	Elles habitent aussi à Rouen?
Mme Ragot	Non, elles habitent à Paris maintenant.
Mme Ouate	Aiment-elles la vie parisienne?
Mme Ragot	Ah, oui beaucoup, elles préfèrent Paris.
Mme Ouate	Ont-elles des passe-temps?
Mme Ragot	Elles aiment le sport et la musique.
Mme Ouate	Vraiment?
Mme Ragot	Elles aiment la natation, elles jouent au tennis. Sophie aime la musique moderne, elle joue de la guitare et elle adore

danser. Nicole préfère la musique classique; elle joue du piano.

Mme Ouate	Et vous, vous êtes musicienne aussi?
Mme Ragot	Non, mais je chante les airs de Sacha Distel: *Toute la pluie tombe sur moi, la la la la . . .'*
Mme Ouate	A propos, aimez-vous le poisson?
Mme Ragot	Drôle de question! Oui, j'aime bien le poisson, pourquoi?

MOTS ET EXPRESSIONS UTILES

Je suis concierge ici depuis vingt-cinq ans.	*I have been a caretaker here for twenty-five years.*
un passe-temps	*a hobby*
la natation	*swimming*
musicien(ne)	*musical*
j'aime bien . . .	*I quite like . . .*
à propos	*by the way*
drôle de question	*what a funny question*

Avez-vous compris?

1 Est-ce que Mme Ragot habite Rouen depuis longtemps?
2 Elle a combien d'enfants?
3 Quel âge ont-elles?
4 Travaillent-elles?
5 Où habitent-elles?
6 Sont-elles musiciennes?

À VOUS!

Travaillez avec un / une partenaire. *Work with a partner.* Take it in turns to answer the questions below about the twins, Martin and Martine, according to the cues given: (Remember: don't sound the **-ent** ending of the verbs!)

– Martin et Martine sont étudiants?
– (**1** *Yes, they study at the University of Dijon.*)
– Ils ont un appartement à Dijon?
– (**2** *Yes, they live in Dijon.*)
– Ils aiment Dijon?
– (**3** *They prefer Paris.*)
– Ont-ils des passe-temps?
– (**4** *They like sport, they play tennis.*)
– Ils sont musiciens?
– (**5** *Martin plays the guitar and Martine sings.*)

— Un peu de grammaire —

Present tense of regular –er verbs:

TRAVAILLER	to work
je travaille	I work / am working
tu travailles	you work / are working
il travaille	he works / is working
elle travaille	she works / is working
nous travaillons	we work / are working
vous travaillez	you work / are working
ils travaillent (m. or mixed)	they work / are working
elles travaillent (f.)	they work / are working

Question forms

Vous travaillez?
Travaillez-vous?   *Do you work? Are you working?*
Est-ce que vous travaillez?

Il travaille?
Travaille-t-il?   *Does he work? Is he working?*
Est-ce qu'il travaille?

jouer (à)   *to play* (a game or with a toy)
Je joue au tennis.   *I play / am playing tennis.*
jouer (de)   *to play* (a musical instrument)
Je joue du piano / de la guitare.   *I play / am playing the piano / the guitar.*

  GRAMMAIRE 5e, 6c, 8, 9

Exercices

A   Prepare a list of questions that, as an interviewer, you might ask a
famous personality. Ask him / her where they live, work, whether
they like sport, play the piano, watch television, often eat fish and so
on.

B   Answer the questions below in full, selecting the appropriate part of
     the verb and using the expressions in the bubbles. Each word or phrase
     can only be used once.

     example   Sylvie, où mangez-vous le midi? Je . . .
                  Je mange à la cantine.

     1   Où est-ce qu'ils travaillent? Ils . . .
     2   Où est-ce que vous habitez, monsieur? J' . . .

     3   Quelle sorte de musique aime-t-elle? Elle . . .
     4   Qu'est-ce que Chantal et Laurent étudient? Ils . . .
     5   Vous jouez d'un instrument de musique, les enfants? Nous . . .
     6   Quand Laurent parle-t-il à Chantal? Il . . .
     7   Quand regardez-vous la télé? Je . . .
     8   Les enfants, vous écoutez la radio ou des disques? Nous . . .
     9   Où est-ce que Chantal achète le poisson? Elle . . .
    10   Qu'est-ce que tu manges le midi? Je . . .

C   Write a short letter to your new French friend.

     Tell him / her about yourself. Don't forget to ask a few questions.

     Start with: **Cher** (m.) or **Chère** (f.), followed by their first name, and
     end the letter with **Amicalement**, before your signature.

Écoutez bien!

Listen to the four short dialogues, then choose the correct alternatives.

1   a   The young lady lives in Rouen / Paris.
     b   She works in Paris / Rouen.
     c   She works in a clinic / hospital.
     d   She is a doctor / nurse.

2   a   The man works in Dieppe / Rouen.
     b   He works in a factory / office.
     c   He is an architect / engineer.
     d   He lives in Dieppe / Rouen.

3   a   The woman lives in Rouen / Paris.
     b   She has been living there for 20 / 15 years.
     c   She works in a hotel / department store.
     d   She is a saleswoman / a receptionist.

4   a   The young man works in Rouen / Lille.
     b   The interviewer guesses he is an actor / artist.
     c   In fact, he is a fireman / hairdresser.

Neuvième UNITÉ

7

8

9

MOTS ET EXPRESSIONS UTILES

faire	*to do / to make*
faire les devoirs	*to do homework*
faire du bruit	*to make a noise*
faire la cuisine	*to cook*
faire du vélo	*to cycle*
faire du ski	*to ski*
bavarder	*to chat*
tricoter	*to knit*
l'été (m.)	*(in) summer*
l'hiver (m.)	*(in) winter*
les informations (f.)	*the news*
une erreur	*a mistake*

Avez-vous compris?

1   Que fait la maman?
2   Qui fait les devoirs?
3   Qui fait du bruit?
4   Que font les garçons?
5   Que fait Antoine?
6   Annick fait la cuisine?
7   Que font les enfants Dupré?
8   Julien, qu'est-ce qu'il fait pendant les vacances?
9   Est-ce que les enfants font les devoirs?
10   Et Madame Dupré, qu'est-ce qu'elle fait?

À VOUS!

Complétez. *Fill in the gaps.* Use the correct form of **faire**.

Maman	Qu'est-ce que vous **1**_____, les filles?
Filles	Nous **2**_____ les devoirs.
Maman	Et les garçons, qu'est-ce qu'ils **3**_____?
Filles	Ils jouent au football. Ils **4**_____ beaucoup de bruit! Et toi, qu'est-ce que tu **5**_____?
Maman	Moi, je **6**_____ la cuisine, naturellement.
Filles	Est-ce que tu **7**_____ un gâteau?
Maman	Non, je **8**_____ seulement une omelette.
Filles	Et Papa, qu'est-ce qu'il **9**_____?
Maman	Je ne sais pas!

Look at the pictures on pages 110–11 again. The statements below refer to each of them. Read them and answer **vrai** or **faux** accordingly:

1 La maman ne tricote pas.
2 Les enfants ne font pas les devoirs.
3 Paul et Elisabeth ne font pas de bruit.
4 Les garçons ont raison.
5 Antoine ne regarde pas la télévision.
6 Annick ne fait pas un gâteau.
7 Les enfants ne jouent pas au tennis.
8 Julien ne fait pas de vélo pendant les vacances.
9 Les enfants ne bavardent pas.
10 Madame Dupré ne fait pas la cuisine.

This is a simple family tree. Look at it carefully, working out the relationships. Then listen to the song, about Cécile and Céline, written and sung by Anne Sylvestre.

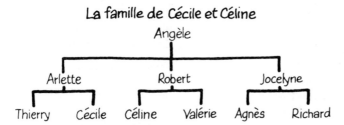

La famille de Cécile et Céline

Cécile et Céline	Cécile and Céline
Ce sont deux cousines	Are two cousins
Qui s'entendent bien	Who get on well
Qui ont le même œil coquin	Who have the same cheeky look
Cécile et Céline	Cécile and Céline
Ont – ça se devine –	Have – as you can guess –
Des parents qui ont	Parents who have
Grandi dans la même maison	Grown up in the same house
Cécile est (c'est chouette)	Cécile is (that's great)
La fille d'Arlette	Arlette's daughter
La sœur de Robert	Robert's sister
Qui de Céline est le père	Who is Céline's father
Ça serait facile	It would be easy
Si avant Cécile	If before Cécile
Il n'y avait Thierry	There wasn't Thierry
Qui est le cousin de Valérie	Who is Valérie's cousin

Valérie Céline	*Valérie Céline*
Thierry sa frangine	*Thierry his sister*
Ont aussi Agnès	*Also have Agnès*
Qui de leurs parents est la nièce	*Who is their parent's niece*
Elle est leur cousine	*She is their cousin*
Fille de Jocelyne	*Jocelyne's daughter*
Qui est la dernière	*Who is the youngest*
La sœur d'Arlette et de Robert	*Arlette's and Robert's sister*
Donc dans la famille	*So in the family*
Il y a quatre filles	*There are four girls*
Mais il y a aussi	*But there is also*
Le petit cousin de Thierry	*Thierry's little cousin*
Agnès en est fière	*Agnès is proud of him*
C'est son petit frère	*He is her little brother*
Il s'appelle Richard	*His name is Richard*
Et il est né un peu plus tard	*And he was born a little later*
Richard et Céline	*Richard and Céline*
Ont d'autres cousines	*Have other cousins*
Et d'autres cousins	*Boys and girls*
Et puis des cousins de cousins	*And then cousins of cousins*
Mais ma ritournelle	*But my sing-song*
S'arrête à Angèle	*Stops at Angèle*
Qui est leur grand-mère	*Who is their grandmother*
Et qui fait tous leurs pull-overs	*And makes all their jumpers*
Si ça te fait rire	*If it makes you laugh*
Essaie de me dire	*Try and tell me*
Comment tes cousins	*How your cousins*
Ont pu te ressembler si bien	*Could look so much like you*
Et après tu chantes	*And afterwards you sing*
De qui est la tante	*Of whom your mother's*
La sœur de ta mère	*Sister is the aunt*
Et la fille de ton grand-père	*And the daughter of your grandfather*
Muriel et Marine	*Muriel and Marine*
Ce sont deux cousines	*Are two cousins*
Qui ont trois cousins	*Who have three cousins*
Rodolphe, Gilles et Sébastien	*Rodolphe, Gilles and Sébastien*
A toi de le dire	*Your turn to say it*
A toi de l'écrire	*Your turn to write it*
Tu le feras bien	*You will do it well*
Car moi je n'y comprends plus rien . . .	*Because I am now thoroughly confused . . .*

MOTS ET EXPRESSIONS UTILES

le père / la mère	*the father / the mother*
le frère / la sœur	*the brother / the sister*
le neveu / la nièce	*the nephew / the niece*
l'oncle (m.) / la tante	*the uncle / the aunt*
les petits-enfants	*the grand-children*
le beau-frère / père / fils	*the brother / father / son-in-law*
la belle-mère / soeur / fille	*the mother / sister / daughter-in-law*
les beaux-parents	*the parents-in-law*

À VOUS!

Complétez. *Fill in the gaps.*

1 Cécile et Céline sont deux _____.
2 Arlette est la _____ de Cécile.
3 Le _____ d'Arlette s'appelle Robert.
4 Robert est le _____ de Céline.
5 La _____ de Richard s'appelle Agnès.
6 Agnès est la _____ d'Arlette et de Robert.
7 Jocelyne est la _____ de Cécile et de Céline.
8 Angèle, la _____, fait tous les pull-overs des enfants.

L'arbre généalogique de la famille Dupré

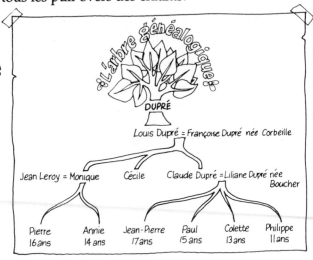

Avez-vous compris?

Look at the Dupré family tree until you are familiar with all the members. Overleaf, a few sentences explain the family relationships; there are some mistakes. Find them and correct them.

1   Colette a deux frères.
2   La sœur de Pierre a treize ans.
3   Jean Leroy est le beau-frère de Claude Dupré.
4   Louis et Françoise ont cinq petits-enfants.
5   Annie a une cousine.
6   Cécile Dupré a quatre neveux et deux nièces.
7   Monique est la belle-sœur de Liliane.
8   Pierre et Annie ont deux oncles.
9   Les beaux-parents de Jean Leroy et Liliane Dupré s'appellent Louis et Françoise.
10   Françoise n'est pas la tante de Cécile.
11   Les petites-filles de Louis s'appellent Anne et Nicole.
12   Cécile est la belle-fille de Louis et Françoise.

ET VOUS?

Avez-vous des frères, des sœurs, des cousins, une belle-mère, des petits-enfants, etc?

—— La maison des Dupré ——

Avez-vous compris?

Look at the Duprés' house and answer these questions in French.

1   Où est Monsieur Dupré? Que fait-il?
2   Où est tante Cécile? Ecoute-t-elle la radio?
3   Où est Colette? Est-ce qu'elle étudie?
4   Dans quelle pièce est Madame Dupré? Travaille-t-elle?
5   Où est grand-mère? Que fait-elle?
6   Est-ce que Paul est dans sa chambre? Qu'est-ce qu'il fait?
7   Où est Philippe? Est-ce qu'il joue de la guitare?
8   Où est grand-père? Qu'est-ce qu'il chante?
9   Est-ce que Jean-Pierre est dans le jardin? Joue-t-il?
10   Où est le chat? Attrape-t-il un oiseau?
11   Qui est dans le jardin? Après qui aboie-t-il?
12   Qui est à la cave? Qu'est-ce qu'il fait?

1
Au grenier le chat attrape une souris.

2
Au deuxième étage Colette danse dans sa chambre.

4
Au premier étage grand-mère fume en cachette dans sa chambre.

6
Au rez-de-chaussée Madame Dupré regarde la télé au salon, Monsieur Dupré fait le ménage dans la salle à manger.

9
Dans le jardin le chien aboie après le facteur qui apporte une lettre.

3
Paul fait des devoirs et Philippe joue de la trompette.

5
Grand-père chante dans la salle de bain, et tante Cécile fait une patience.

7
Dans la cuisine Jean-Pierre épluche les pommes de terre.

8
A la cave l'oncle Jean goûte le cidre.

MOTS ET EXPRESSIONS UTILES

le grenier	*the attic*
le salon	*the lounge*
la salle à manger	*the dining room*
la salle de séjour	*the living room*
la cuisine	*the kitchen*
la cave	*the cellar*
le rez-de-chaussée	*the ground floor*
faire le ménage	*to do the housework*
faire une patience	*to play patience*
en cachette	*in secret / hiding*
attraper	*to catch*
aboyer	*to bark*
apporter	*to bring* (something)
éplucher	*to peel*

À VOUS! _____

Vingt questions

Here is a game to play in small groups. One student chooses a part of the house and an activity, and writes them down without showing the others.

example   **Je suis dans le jardin. Je joue au football.**

The rest of the group tries to guess both by asking questions in turn.

example   **Vous êtes dans une chambre? Vous écoutez la radio?**

If defeated, the group should find out the answers by asking:
Où êtes-vous? and **Qu'est-ce que vous faites?**

——— Quel temps fait-il? ———

Les quatre saisons

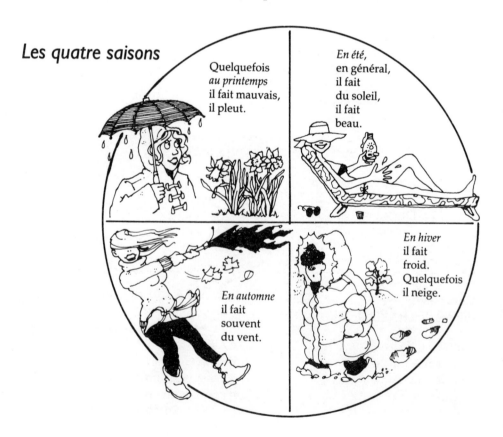

Quelquefois *au printemps* il fait mauvais, il pleut.

En *été*, en général, il fait du soleil, il fait beau.

En *automne* il fait souvent du vent.

En *hiver* il fait froid. Quelquefois il neige.

Dans le désert
il fait
très chaud.

Quelquefois, la nuit,
il fait du brouillard.

MOTS ET EXPRESSIONS UTILES

Quel temps fait-il?	*What's the weather like?*
le printemps	*spring*
l'automne (m.)	*autumn*
quand	*when*

Avez-vous compris?

1 Quel temps fait-il en hiver?
2 Quel temps fait-il au printemps?
3 Quand fait-il beau?
4 Où fait-il très chaud?
5 Quand fait-il souvent du vent?
6 Quand neige-t-il quelquefois?
7 Quand fait-il du soleil en général?
8 Quel temps fait-il dans le désert?
9 Quand fait-il froid?
10 Quand est-ce qu'il pleut?

À VOUS! _____

Complétez. *Fill in the gaps.* Look at the map and the key overleaf to see what the weather is like in different areas of France.

1 En Bretagne . . .	6 A Nice . . .
2 A Paris . . .	7 En Corse . . .
3 En Normandie . . .	8 Dans les Pyrénées . . .
4 A Strasbourg . . .	9 A Bordeaux . . .
5 Dans les Alpes . . .	10 A La Rochelle . . .

–Quel temps fait-il en France?–

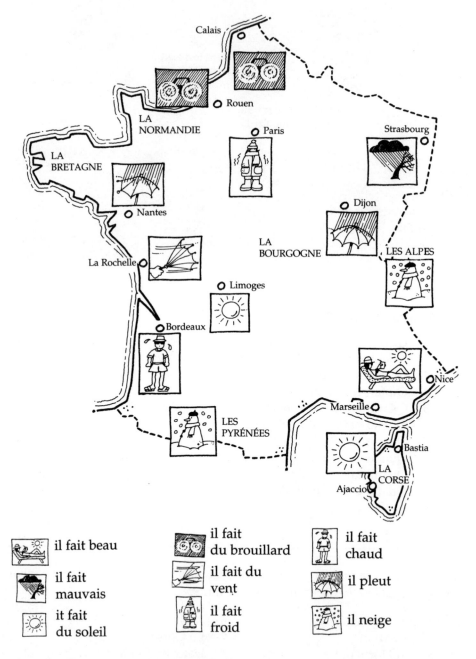

Travaillez avec un / une partenaire. *Work with a partner.* Ask each other what the weather is like in various parts of France.

Un peu de grammaire

FAIRE	to do / to make
je fais	I do / am doing / make / am making
tu fais	you do / are doing / make / are making
il / elle fait	he / she does / is doing / makes / is making
nous faisons	we do / are doing / make / are making
vous faites	you do / are doing / make / are making
ils / elles font	they do / are doing / make / are making

➪ GRAMMAIRE 4, 8

Exercices

A   Qu'est-ce qu'ils font?

example   **1** Elle chante.

B   You are a famous personality, and you have to fill in a questionnaire in preparation for a radio interview:

Imagine you are Jean / Jeanne, a famous opera singer, living in Nice with your family, but working in Paris. You prefer the theatre to television. In the evening you stay at home and do the cooking or listen to records, but don't often watch television.

You like sport, especially swimming. So do your two sons, Gérard and Jean-Pierre, who go cycling and play tennis in the summer. In winter they go skiing and play football. Gérard is also musical; he plays the guitar, and the saxophone (**le saxophone**). Jean-Pierre doesn't like music.

1   Où habitez-vous maintenant?
2   Travaillez-vous en Italie?
3   Préférez-vous le théâtre ou la télévision?
4   Vos enfants, sont-ils musiciens?
5   Sont-ils sportifs?
6   Est-ce que vous aimez le sport?
7   Restez-vous à la maison le soir?
8   Est-ce que vous regardez souvent la télévision?

Now apply the questionnaire to your own family situation, changing the questions where necessary.

C   Look at the family tree on page 115 and fill in the gaps accordingly.

    1   Claude est le _____ de Liliane.
    2   Pierre est le _____ d'Annie.
    3   Annie est la _____ de Colette.
    4   Colette est la _____ de Françoise et de Louis.
    5   Jean Leroy est le _____ de Cécile.
    6   Cécile est la _____ de Paul.
    7   Paul est le _____ de Monique.
    8   Monique est la _____ de Jean Leroy.
    9   Liliane est la _____ de Françoise et Louis.
    10 Cécile et Monique sont les _____ de Claude.

D   You are now being interviewed about your home. Answer the
    questions according to the cues given:

    –   Où habitez-vous?
       (**1**   *You live in the suburbs of London.*)
    –   Vous habitez une maison ou un appartement?
       (**2**   *You live in a flat.*)
    –   Il est à quel étage?
       (**3**   *It's on the second floor.*)
    –   C'est grand?
       (**4**   *No, it's small. Ask what 'living room' is in French.*)
    –   Une salle de séjour.
       (**5**   *Thank her, and tell her there is a living room, one bedroom, a*
       kitchen and a bathroom.)
    –   Vous avez un garage?
       (**6**   *No, but there is a car park.*)
    –   Il y a un jardin?
       (**7**   *No, but there is a tree in the middle of the car park!*)

E   Prepare a list of questions to interview your partner about his / her
    home.

F   Draw a plan of your ideal home, naming each part in French. Compare
    it with your partner's.

Écoutez bien!

Listen to the seven short conversations and fill in the table below:

	FAMILY RELATIONSHIP	PLACE	ACTIVITY
1	brother	garden	playing football
2			
3			
4			
5			
6			
7			

Lecture

Your company has asked you to produce an English version of their **gîte** (holiday home) brochure. They are particularly interested in the accommodation available, and the distance of each **gîte** from local amenities. Look at the two extracts given here, and draft an English equivalent for each one. Both houses are typical examples of traditional Breton homes.

GOURIN
7 / 8 PERS. / 47 M^2
Demeure bretonne bien restaurée,
située dans un village.
Rez-de-chaussée: Séjour, cuisine
équipée, cheminée, coin-salon, coin-
repas, WC, salle de bains, machine à
laver.
Etage: 1 chambre 1 lit 2 personnes, 1
chambre 1 lit 2 personnes, 1 chambre
3 lits 1 personne. Grenier aménagé en
salle de jeux.
Jardin clos, mobilier de jardin.
Commerces, piscine, tennis: Gourin.
Plage: Le Pouldu.

PLOURAY
2 / 4 PERS. / 48 M^2
Demeure bretonne agréablement
restaurée, située en pleine campagne
au bout d'un petit chemin.
Rez-de-chaussée: Vaste séjour avec
cheminée, mobilier salon, canapé-lit 2
personnes, coin-repas, coin-cuisine
équipé, salle de bains, WC séparés.
Étage: 1 chambre 1 lit 2 personnes, 1
chambre 2 lits 1 personne.
Jardin, 1 animal accepté.
Commerces: Plouray 5 km.

Faites le point!
UNITÉS 7–9

1 Look at the picture, and fill in the gaps using these expressions:

par terre	autour	au milieu

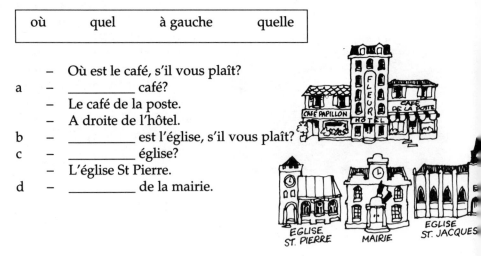

Guide

a – Où est le guide? – Il est ____ des touristes.
b – Où sont les touristes? – Ils sont ____ du guide.
c – Où sont les clés du guide? – Elles sont ____.

2 Look at the picture, and fill in the gaps using these expressions:

où	quel	à gauche	quelle

– Où est le café, s'il vous plaît?
a – _____ café?
– Le café de la poste.
– A droite de l'hôtel.
b – _____ est l'église, s'il vous plaît?
c – _____ église?
– L'église St Pierre.
d – _____ de la mairie.

3 Complete the dialogue.

Vous	(**a** *Stop a passer-by politely and ask him how to get to the station.*)
Le passant	C'est facile. Vous êtes à pied?
Vous	(**b** *Say yes, but ask if it is far.*)
Le passant	Non, c'est à cinq minutes. Traversez le pont et prenez la première à gauche. La gare est au bout de la rue.
Vous	(**c** *Ask if there is a hotel near the station.*)

Le passant	Non, mais il y a un café juste en face.
Vous	(**d** *Ask if there is a hotel nearby.*)
Le passant	Oui, il y a un hôtel dans la deuxième rue à droite.
Vous	(**e** *Thank him and say goodbye.*)

4 Fill in the gaps with the following vocabulary.

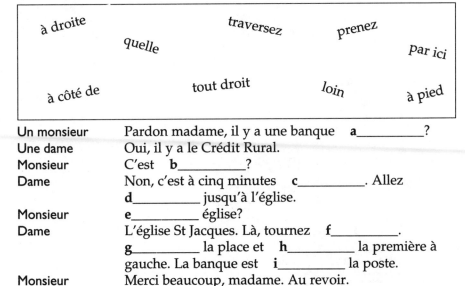

à droite   traversez   prenez

quelle   Par ici

à côté de   tout droit   loin   à pied

Un monsieur	Pardon madame, il y a une banque **a**_____?
Une dame	Oui, il y a le Crédit Rural.
Monsieur	C'est **b**_____?
Dame	Non, c'est à cinq minutes **c**_____. Allez **d**_____ jusqu'à l'église.
Monsieur	**e**_____ église?
Dame	L'église St Jacques. Là, tournez **f**_____. **g**_____ la place et **h**_____ la première à gauche. La banque est **i**_____ la poste.
Monsieur	Merci beaucoup, madame. Au revoir.

5 Look at the family tree and choose the correct answer.

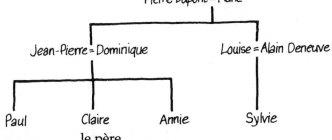

Pierre Dupont = Marie

Jean-Pierre = Dominique   Louise = Alain Deneuve

Paul   Claire   Annie   Sylvie

a   Jean-Pierre est $\frac{\text{le père}}{\text{le frère}}$ de Claire.

b   Marie est $\frac{\text{la belle-mère}}{\text{la grand-mère}}$ de Sylvie.

c   Claire est $\frac{\text{la sœur}}{\text{la femme}}$ d'Annie.

d   Alain est $\frac{\text{le neveu}}{\text{le mari}}$ de Louise.

e   Louise est $\frac{\text{la tante}}{\text{la nièce}}$ de Paul.

6 What's the weather like?

7 What are they doing? Complete the sentences using **faire**.

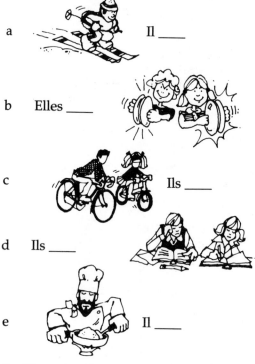

a   Il ___

b   Elles ___

c   Ils ___

d   Ils ___

e   Il ___

8 The actress' answers to these interview questions have got muddled up. Can you match them?

    a   Où habitez-vous maintenant?
    b   Travaillez-vous en Angleterre?
    c   Préférez-vous le cinéma ou la télévision?
    d   Et vos filles, aiment-elles aussi le cinéma?
    e   Sophie, joue-t-elle d'un instrument de musique?
    f   Et Anne, joue-t-elle aussi du piano?
    g   Est-ce que vous aimez le sport?
    h   Jouez-vous au tennis?
    i   Vous restez à la maison le soir?
    j   Regardez-vous souvent la télévision?

(i)   Non. Sophie préfère la musique et Anne est sportive.
(ii)   Nous habitons dans une villa en Californie, au bord de la mer.
(iii)   Oui, elle joue du piano, et elle chante.
(iv)   Oui, nous aimons beaucoup le sport.
(v)   Je préfère le cinéma.
(vi)   Non, je ne travaille plus en Europe.
(vii)   Non, elle n'est pas musicienne.
(viii) Les filles jouent au tennis, mais moi je joue au badminton.
(ix)   Non, je préfère écouter la radio.
(x)   Oui. Nous écoutons des disques compacts ou nous jouons au scrabble.

9 Look at the picture and decide if the following are true or false.

a   Madame Poivron est dans la cuisine.
b   Elle tricote.
c   Il y a un enfant sur la chaise.
d   Madame Poivron et l'enfant écoutent la radio.
e   La radio est par terre.
f   Il y a une pendule au mur.
g   Le chat est sous la table.
h   Il attrape une souris.
i   L'oiseau est devant la fenêtre.
j   L'oiseau aboie.
k   Madame Poivron et l'enfant sont derrière la table.
l   Il y a du pain, de l'eau et des fruits sur la table.
m   Il y a un jardin derrière la maison.
n   Il y a un arbre dans le jardin.
o   Il fait beau.

Dixième UNITÉ

Aujourd'hui, Claire Ouate fait une enquête
sur les Français et les loisirs.

Claire interviewe
UN JEUNE GARÇON

Claire	Pardon, petit, je voudrais te poser quelques questions.
Garçon	Oui, m'dame!
Claire	As-tu des frères et des sœurs?
Garçon	Oui madame, j'ai une grande sœur et un petit frère.
Claire	Est-ce que tu joues souvent avec ton petit frère?
Garçon	Après l'école, on joue presque toujours avec des voisins.
Claire	A quoi jouez-vous?
Garçon	Quelquefois, on joue au ballon, aux billes. Moi je préfère jouer aux gendarmes et aux voleurs!
Claire	Et quand il ne fait pas beau?
Garçon	En général, on regarde la télé, quelquefois on joue au ping-pong, au train électrique, aux fléchettes . . .
Claire	Tu as un ordinateur?
Garçon	Oui, j'adore jouer avec l'ordinateur.
Claire	Et ta sœur, elle joue avec toi, de temps en temps?
Garçon	Oh non, elle ne joue plus, elle est trop vieille!
Claire	Ah oui, quel âge a-t-elle?
Garçon	Elle a quinze ans!

Avez-vous compris?

1   Le jeune garçon a-t-il des frères et des sœurs?
2   A quoi joue-t-il avec les voisins après l'école?
3   Que font-ils quand il fait mauvais?
4   Aime-t-il jouer avec l'ordinateur?

5 Pourquoi la sœur ne joue-t-elle plus?
6 Quel âge a-t-elle?

MOTS ET EXPRESSIONS UTILES

aujourd'hui	*today*
les loisirs (m.)	*leisure activities*
on joue	*we play*
un voisin	*a neighbour*
jouer au ballon / aux billes	*to play with a ball / marbles*
jouer aux gendarmes et aux voleurs	*to play cops and robbers*
jouer aux fléchettes	*to play darts*
(presque) toujours	*(nearly) always*
en général	*generally*
un ordinateur	*a computer*
vieille (f.)	*old*

À VOUS! _____

Imagine that you are a child. Tell Claire what you do with your neighbours after school.

examples   On joue au ballon, aux billes, aux gendarmes et aux voleurs.

Use the familiar **on** for *we*.

Claire interviewe
UN HOMME À LA RETRAITE

Claire	Pardon, monsieur, je fais une enquête sur les Français et les passe-temps.
Homme	Tiens, pourquoi donc?
Claire	Je travaille pour la SNES. Que faites-vous quand vous avez du temps libre?
Homme	J'ai beaucoup de temps libre maintenant, je suis à la retraite depuis trente ans. Quand il fait beau, je fais du jardinage.

Claire	Vous avez un grand jardin?
Homme	Assez grand. Il y a des fleurs et des légumes.
Claire	Est-ce que vous aimez le jardinage?
Homme	Oui, beaucoup, mais je préfère aller à la pêche et quand il pleut j'aime aller aux escargots. J'adore les escargots!

MOTS ET EXPRESSIONS UTILES

tiens!	*oh, really!*
le temps libre	*free time*
être à la retraite	*to be retired*
faire du jardinage	*to do some gardening*
aller à la pêche	*to go fishing*
un escargot	*a snail*

Avez-vous compris?

1 Pourquoi le monsieur a-t-il beaucoup de temps libre?
2 Que fait-il quand il fait beau?
3 Qu'est-ce qu'il y a dans le jardin?
4 Il préfère la pêche ou le jardinage?
5 Qu'aime-t-il faire quand il pleut? Pourquoi?

À VOUS! _____

Travaillez avec un / une partenaire. Take it in turns to answer the questions below according to the cues given.

– Bonjour monsieur / madame. Quel âge avez-vous?
– (**1** *You are 70.*)
– Vous êtes à la retraite?
– (**2** *Yes, you've been retired for 5 years.*)
– Alors, vous avez beaucoup de temps libre!
– (**3** *Yes, you are lucky!*)
– Qu'est-ce que vous faites quand il fait beau?
– (**4** *You do some gardening.*)
– Qu'est-ce qu'il y a dans votre jardin?
– (**5** *There are flowers and vegetables.*)
– Quel est votre passe-temps préféré?
– (**6** *To go fishing.*)

Claire n'a pas fini l'interview.

Claire	Êtes-vous très occupé le dimanche?
Homme	Non, rarement. Le matin, je vais à la messe, et après je bois l'apéritif au café avant de déjeuner. Mais le samedi soir, je joue de l'accordéon avec le groupe musical du village.
Claire	Ce sont des professionnels?
Homme	Oh non, des amateurs bien sûr!
Claire	Et le soir, que faites-vous?
Homme	Tous les soirs, sauf le samedi, je joue aux cartes avec des amis au café.
Claire	Et à la maison?
Homme	Quand je rentre à la maison, je prépare le dîner, puis je regarde la télé.
Claire	Quelles émissions préférez-vous?
Homme	Je regarde tout, mais je préfère les films policiers et j'adore les émissions pour les enfants.
Claire	Je ne voudrais pas être indiscrète, mais quel âge avez-vous?
Homme	J'ai 95 ans!

MOTS ET EXPRESSIONS UTILES

(elle) n'a pas fini	*(she) hasn't finished*
occupé	*busy*
le samedi / dimanche	*on Saturdays / Sundays*
je vais / il va (aller) 〰	*I go / he goes (to go)*
avant (de)	*before*
après	*after*
je bois (boire) 〰	*I drink (to drink)*
tous les soirs	*every night* (lit. all the evenings)
sauf	*except*
une émission	*a programme* (TV or radio)

Avez-vous compris?

1 Le dimanche matin, il va à la messe ou au café?
2 Qu'est-ce qu'il fait le samedi soir?
3 Où et avec qui joue-t-il aux cartes?
4 Que fait-il le soir à la maison?
5 Quelles émissions préfère-t-il?
6 Quel âge a-t-il?

À VOUS! _____

Travaillez avec un / une partenaire. Continue with the interview.

- Et pendant le week-end?
- (**1** *You are very busy.*)
- Qu'est-ce que vous faites le dimanche matin?
- (**2** *You go to mass.*)
- Et après?
- (**3** *You have a drink in the café.*)
- Que faites-vous le samedi soir?
- (**4** *You play cards with friends.*)
- Vous aimez faire la cuisine?
- (**5** *No, but you prepare the evening meal every night.*)
- Tous les soirs?
- (**6** *Yes, except Saturdays.*)

Maintenant Claire interviewe
UNE JEUNE FEMME

Claire	Pardon, madame, je fais une enquête sur les Français et les passe-temps. Avez-vous beaucoup de temps libre?
Jeune femme	Excusez-moi, mais je suis très pressée ce matin.
Claire	Est-ce que vous travaillez?
Jeune femme	Oui, mais seulement à mi-temps, et comme j'ai des enfants, j'ai beaucoup de travail à la maison.
Claire	Qu'aimez-vous faire quand vous avez un peu de temps?
Jeune femme	J'aime lire le journal et faire les mots croisés. J'aime bien aussi faire du crochet et de la couture.
Claire	C'est très utile! Et votre mari, qu'est-ce qu'il aime faire?
Jeune femme	Lui, il fait collection de timbres.
Claire	Et est-ce que vous êtes sportive?
Jeune femme	Moi, pas tellement! Je fais du yoga une fois par semaine, et le dimanche toute la famille aime faire une promenade dans les bois. Nous aimons ramasser des champignons.
Claire	Les enfants, font-ils beaucoup de sport?
Jeune femme	Oh oui! Les garçons font du judo et les filles font de la danse. Et ils aiment tous la natation.
Claire	Et votre mari?
Jeune femme	Il ne fait jamais de sport. Il préfère regarder le sport à la télévision!

MOTS ET EXPRESSIONS UTILES

Je suis pressé(e).	*I am in a hurry.*
à mi-temps	*part-time*
les mots croisés (m.)	*crosswords*
faire du crochet / de la couture	*to crochet / sew*
faire collection (de) / faire une promenade	*to collect / to go for a walk*
la natation	*swimming*
ramasser	*to pick up, to gather*

Avez-vous compris?

1 Est-ce que la jeune femme travaille?
2 Pourquoi a-t-elle beaucoup de travail à la maison?
3 Quels sont les passe-temps de la jeune femme?
4 Quel est le passe-temps du mari de la jeune femme?
5 La jeune femme, fait-elle du sport?
6 Et les enfants?
7 Le mari, est-il aussi sportif? Pourquoi?

À VOUS!

Help Claire talk about the young woman by filling in the gaps with the following vocabulary:

lire   semaine   mi-temps

travail   pressée   mots croisés

La jeune femme est très   **1**_____ ce matin, parce qu'elle a beaucoup de
2_____ à la maison. Elle travaille aussi à   **3**_____. Elle aime
4_____ le journal et faire les   **5**_____. Elle fait du yoga une fois
par   **6**_____.

This time, help Claire talk about the young woman's family by filling in the gaps with the following vocabulary:

natation   timbres   télévision   Promenade   sport   bois

Le dimanche, la famille aime faire une   7_____ dans les
8_____. Le mari fait collection de   9_____. Les enfants font
beaucoup de   10_____. Ils aiment tous la   11_____. Mais le mari
préfère regarder le sport à la   12_____.

ET VOUS? _____

Avez-vous des passe-temps? Êtes-vous sportif / sportive?
Vous jouez au squash? au golf? au rugby?
Vous faites de l'aérobic? de la natation? du yoga?

Claire has also been handing out some questionnaires. Here's one for you to fill in.

Questionnaire SNES: Cochez ☑ les cases correspondant à vos goûts				
Je déteste	Je n'aime pas	J'aime bien	J'adore	ÂGE: . . . ANS SEXE: MASC. / FEM.
				NOURRITURE
				aller au restaurant
				essayer un nouveau plat
				manger des gâteaux à la crème
				manger des plats exotiques
				manger des escargots et des cuisses de grenouilles
				boire du vin à table
				VACANCES
				aller à l'étranger
				aller à la montagne
				voyager en voiture
				rester à la maison
				faire du camping
				visiter les endroits intéressants
				LE SOIR
				regarder la télévision
				écouter la radio
				passer des disques
				jouer aux cartes
				aller au lit tôt
				sortir
				À LA MAISON
				faire la vaisselle
				passer l'aspirateur
				repasser
				bricoler

Je déteste	Je n'aime pas	J'aime bien	J'adore	ÂGE: . . . ANS SEXE: MASC./FEM.
				Questionnaire SNES: Cochez ☑ les cases correspondant à vos goûts
				faire la cuisine
				faire la lessive
				LE DIMANCHE
				rester au lit tard
				faire une promenade
				lire le journal
				inviter des amis
				faire le jardinage
				laver la voiture

After filling in the questionnaire, be prepared to ask your partner some questions, and to answer his / hers. You may prefer to limit yourself to one or two categories. Give extra information if you wish.

example
- Vous aimez regarder la télévision?
- J'adore regarder la télévision. Je regarde la télévision tous les soirs.
- Vous aimez faire la cuisine?
- Non, je déteste faire la cuisine. Je ne fais jamais la cuisine.
- Vous aimez manger des escargots et des cuisses de grenouilles?
- Non, je suis végétarien(ne).

—— L'alphabet de l'amitié ——

A   J'aime mon ami avec un A parce qu'il est autrichien, il habite à Aigen, il mange de l'ail et il boit de l'alcool, il joue de l'accordéon et il fait de l'alpinisme.

J'aime mon amie avec un A parce qu'elle est anglaise, elle habite à Aylesbury, elle mange des abricots et elle boit de l'anisette, elle joue de l'alto et elle fait de l'athlétisme.

B J'aime mon ami avec un B parce qu'il est belge, il habite à Bruxelles, il mange des biftecks et il boit du beaujolais, il joue au bridge et il fait du bruit.

J'aime mon amie avec un B parce qu'elle est brésilienne, elle habite à Brasilia, elle mange des bonbons et elle boit de la bière, elle joue au badminton et elle fait de la bicyclette.

C J'aime mon ami avec un C parce qu'il est canadien, il habite à Chicoutimi-Jonquière, il mange du camembert et il boit du calvados, il joue de la clarinette et il fait la cuisine.

J'aime mon amie avec un C parce qu'elle est chinoise, elle habite à Canton, elle mange des champignons et elle boit du champagne, elle joue de la contrebasse et elle fait du couscous.

À VOUS! _____

Continue, using some other letters of the alphabet in the same way.

J'aime mon ami(e) avec un D parce qu'il / elle . . .

── Un peu de grammaire ──

Aimer / adorer / préférer / détester

+ **noun**	J'aime le sport.	*I like sport.*
	Ils adorent les frites.	*They love chips.*
	Il préfère la musique.	*He prefers music.*
	Nous détestons les devoirs.	*We hate homework.*
+ **verb**	J'aime lire.	*I like reading.*
	Elle adore manger au restaurant.	*She loves eating out.*
	Tu préfères aller au cinéma?	*Do you prefer to go to the cinema?*
	Il déteste faire du jardinage.	*He hates gardening.*

on *means one (generally)*

À la Martinique on parle français.   *In Martinique one speaks French.*

on *means we (familiar)*

On joue au badminton le jeudi.   *We play badminton on Thursdays.*

 GRAMMAIRE 10, 23a

─────── Exercices ───────

A   Express your personal tastes by telling someone:

1   that you hate ironing, washing up, hoovering.
2   that you don't like going for a walk when it rains, going to bed early, reading the paper.
3   that you quite like doing crosswords, gardening when the weather is fine, playing cards with friends.
4   that you prefer going on holiday abroad, travelling by car, watching sport on television.
5   that you love inviting friends, pottering around, staying in bed late on Sundays.

B   Delete words and phrases from the following, so that the sentences best reflect your own lifestyle.

Je vais quelquefois / souvent / rarement au théâtre. Je vais quelquefois / souvent / rarement au cinéma. Je vais quelquefois / souvent / rarement au restaurant. Je fais du sport de temps en temps / une fois par semaine / une fois par mois. Je ne fais jamais de sport.
Je fais du jardinage de temps en temps / deux fois par semaine / trois fois par mois. Je ne fais jamais de jardinage.
En général / quelquefois je fais une promenade le dimanche.
Je regarde la télé tous les soirs / quatre fois par semaine / une fois par semaine.
J'écoute quelquefois / souvent la radio. Je n'écoute jamais la radio.
Une fois par mois / de temps en temps / quelquefois je joue aux cartes.

Now add a few more sentences of your own.

C   The answers of the interview are in the right order, but the questions have been mixed up. Number the questions so that they match the answers. The first one has been done for you.

Réponses	Questions
Dans la banlieue de Nantes.	Qu'aimez-vous faire le soir?
Je travaille seulement le matin.	Quand travaillez-vous?
En général, à la maison, mais quelquefois, à la cantine.	Où mangez-vous le midi?
J'aime lire le journal et faire de la couture.	Qu'est-ce que vous faites quand vous avez du temps libre?
Nous n'avons pas beaucoup de temps libre, mais moi, j'adore jouer au badminton.	Est-ce que votre mari est sportif?
Pas du tout. Il préfère regarder le sport à la télé.	Quelles émissions préfère-t-il?
Le sport, et puis les films policiers.	Votre fille, fait-elle beaucoup de sport?
Oui, un fils et une fille.	Est-ce que vous avez des enfants?
Michel et Anne-Marie.	Comment s'appellent-ils?
Michel a dix-sept ans et Anne-Marie a quinze ans.	**1** Où habitez-vous?
Oui, elle est très sportive. Elle adore la natation.	Qui prépare le dîner?
Elle joue au tennis.	A quoi joue-t-elle?
Toujours le dimanche soir.	Quand restez-vous à la maison?
Mon fils, parce qu'il adore faire la cuisine.	Quel âge ont-ils?

D   Write a second letter to your French penfriend telling him / her about your interests. (There is a suggested answer in the Study Guide.)

—— Écoutez bien! ——

Study the interviewer's chart carefully, before listening to the dialogue. Then tick the boxes as if you were conducting the interview. The first one has been done for you.

LES LOISIRS	jamais	rarement	quelquefois	de temps en temps	régulièrement	souvent	une fois par semaine	le samedi soir	le dimanche	tous les soirs
aller à la piscine			✓							
lire le journal										
aller au cinéma										
faire la cuisine										
faire la vaisselle										
aller à la montagne										
aller à l'étranger										
faire le jardinage										
jouer aux cartes										
aller à la pêche										

Onzième UNITÉ

La journée d'une mère de famille

1   A sept heures, je prépare le petit déjeuner.

2   A huit heures, je passe l'aspirateur.

3   A huit heures et quart, je fais les lits.

4   A huit heures et demie, je fais la vaisselle.

5   A neuf heures, je fais ma toilette.

6   A neuf heures et demie, je fais les courses.

7 Si je rencontre des amies, je bavarde avec elles, mais je les quitte vers dix heures vingt.

8 A onze heures moins le quart, je rentre à la maison.

9 A onze heures moins dix, je range les achats.

12 Puis, comme je travaille à mi-temps, je me prépare à aller à l'hôpital . . .

10 A onze heures, je fais la lessive ou je repasse.

11 Je déjeune vers midi et demi.

où je commence à deux heures.

Avez-vous compris?

1 A quelle heure Marie prépare-t-elle le petit déjeuner?
2 Que fait-elle à 8 heures?
3 A quelle heure fait-elle les lits?
4 Que fait-elle à 8 h 30?
5 A quelle heure fait-elle sa toilette?
6 A quelle heure fait-elle les courses?
7 Que fait-elle quand elle rentre à la maison?
8 Que fait-elle à 11 heures?
9 Que fait-elle vers midi et demi?
10 A quelle heure commence-t-elle à l'hôpital?

MOTS ET EXPRESSIONS UTILES

la journée	*the day*
faire la vaisselle	*to do the washing up*
Je fais ma toilette.	*I have a wash.*
faire les courses	*to do the shopping*
ranger (les achats)	*to tidy away (the shopping)*
quitter	*to leave*
rencontrer	*to meet*
rentrer à la maison	*to return home*
commencer	*to begin*
déjeuner	*to have lunch*
vers	*at about*
je me prépare	*I get ready*

ET VOUS?

Comment passez-vous une journée? *How do you spend a day?*

1   Préparez-vous le petit déjeuner? Passez-vous l'aspirateur? Faites-vous les lits? la vaisselle? Si oui, tous les jours? Et à quelle heure?
2   Quand faites-vous les courses?
3   Bavardez-vous quelquefois avec des amis? Quand et où?
4   Faites-vous souvent la lessive ou la cuisine?
5   Repassez-vous quelquefois?
6   Travaillez-vous? Si oui, à quelle heure commencez-vous?

—— Marie chez le boucher ——

Marie a des invités ce soir, donc elle a décidé de faire les courses.

La bouchère	Bonjour, Madame Muller, vous désirez?
Marie	Je voudrais des côtelettes d'agneau.
Bouchère	Oui, combien en voulez-vous?
Marie	Quatre.
Bouchère	Voilà! Et avec ça?

Marie	Un beau rôti de bœuf pour six personnes.
Bouchère	Comme ça?
Marie	Très bien. Je voudrais aussi un pot de rillettes et un petit saucisson sec.
Bouchère	Vous avez des invités ce soir?
Marie	Oui, d'anciens voisins qui habitent maintenant à Colmar.

Bouchère	Voilà! Ça sera tout?
Marie	Oui merci, ça fait combien?
Bouchère	Alors . . . 376 francs.
Marie	Voilà!
Bouchère	Merci et bonne soirée!

MOTS ET EXPRESSIONS UTILES

chez le boucher	at the butcher's
une côtelette d'agneau	a lamb chop
un beau rôti de bœuf / porc	a nice joint of beef / pork
un pot de rillettes	a pot of minced pork, goose
d'anciens voisins	former neighbours
des invités	guests
Combien en voulez-vous?	How much / many do you want?
Et avec ça?	Anything else?
Ça sera tout?	Will that be all?
Ça fait combien?	How much does that come to?
Bonne soirée!	Have a good evening.

Avez-vous compris?

1 Combien de côtelettes d'agneau Marie achète-t-elle?
2 Quelle sorte de rôti achète-t-elle?
3 Est-ce un gros rôti?
4 Quelle charcuterie achète-t-elle?
5 Pourquoi achète-t-elle beaucoup de viande?

À VOUS!

Travaillez avec un / une partenaire. Provide the butcher's part of the dialogue.

Boucher / bouchère	1 ....?
Client(e)	Je voudrais un rôti de bœuf.
Boucher / bouchère	2 ....?
Client(e)	Oui, très bien.
Boucher / bouchère	3 ....?
Client(e)	C'est tout, merci, ça fait combien?
Boucher / bouchère	4 ....?

Using this dialogue as a model, now ask for a joint of pork, then a chicken, and finally, two lamb chops.

——— Marie à la crémerie ———

La crémière	Bonjour, madame, vous désirez?
Marie	Je voudrais un choix de fromages: un camembert, une tranche de roquefort, un beau morceau de gruyère . . .
Crémière	Combien de gruyère?
Marie	Environ une demi-livre.
Crémière	Bien, et avec ceci?
Marie	Un petit fromage de chèvre.
Crémière	Voilà.
Marie	Je voudrais aussi des yaourts.
Crémière	Natures ou aux fruits?
Marie	Natures.

Crémière	Oui, combien?
Marie	Huit . . . Merci. Je voudrais aussi un litre de lait et un petit pot de crème fraîche. Et ça sera tout.
Crémière	Bien madame, ça fait 172 francs.
Marie	Oh pardon! Il me faut aussi une douzaine d'œufs et une demi-livre de beurre.
Crémière	Quel beurre préférez-vous?
Marie	Du beurre doux des Charentes.
Crémière	Voilà. C'est tout?
Marie	Oui, cette fois c'est tout!

MOTS ET EXPRESSIONS UTILES

à la crémerie	*at the dairy*
un choix de	*a selection of*
une tranche de	*a slice of*
un beau morceau de	*a nice piece of*
une demi-livre de	*half a pound of*
Et avec ceci?	*Anything else?*
ça fait	*that comes to, is*
c'est tout	*that's all*
il me faut	*I need*

Avez-vous compris?

1 Combien de sortes de fromages Marie achète-t-elle?
2 Combien de gruyère demande-t-elle?
3 Achète-t-elle des yaourts aux fruits?
4 Combien achète-t-elle de lait? de crème fraîche?
5 Achète-t-elle du beurre de Normandie?

À VOUS!

Travaillez avec un / une partenaire. Provide the client's part of the dialogue, using the cues given, then read the conversation.

Crémier / crémière	Bonjour monsieur / madame. Vous désirez?
Client(e)	(**1** *Say you would like a camembert, a slice of roquefort, and a nice piece of gruyère.*)
Crémier / crémière	Combien de gruyère?
Client(e)	(**2** *Say about half a pound.*)
Crémier / crémière	Bien, et avec ceci?

Client(e)	(3 *Say you want some yogurts.*)
Crémier / crémière	Nature ou aux fruits?
Client(e)	(4 *Say plain.*)
Crémier / crémière	Oui, combien?
Client(e)	(5 *Say nine. You also want a pot of fresh cream.*)
Crémier / crémière	Bien monsieur / madame. Ça sera tout?
Client(e)	(6 *Say yes. Then ask how much it comes to.*)
Crémier / crémière	Ça fait 170 francs.

Marie chez le marchand
DE PRIMEURS

Le marchand	A qui le tour?
Marie	C'est à moi! Je voudrais cinq kilos de pommes de terre, s'il vous plaît.
Une vieille dame	Pardon! C'est mon tour!
Marchand	Je crois que Madame Muller a raison, madame.
Vieille dame	Eh bien ça c'est un comble! De mon temps monsieur . . .
Marchand	Alors, cinq kilos de pommes de terre . . . Voilà.
Marie	Merci! Je voudrais faire une salade de fruits. Donnez-moi un kilo de pommes, un kilo d'oranges, trois bananes et une livre de raisin.
Marchand	Voilà! Et avec ceci?
Marie	C'est combien, les pamplemousses?
Marchand	Neuf francs la pièce, madame.
Marie	Alors deux pamplemousses, un chou-fleur, un kilo de carottes, un peu de persil et 150 grammes de champignons.
Vieille dame	Ce n'est pas possible! Elle achète le magasin!
Marchand	Vous désirez autre chose?
Marie	Non, c'est tout pour aujourd'hui, merci. Au revoir messieurs-dames!

Avez-vous compris?

Choisissez la bonne réponse.

1 Marie achète cinq livres / kilos de pommes de terre.
2 Elle achète beaucoup de fruits pour faire une tarte / une salade de fruits.
3 Elle achète un kilo / une livre de carottes.

4   Elle achète 150 grammes / livres de champignons.

5   Elle achète / n'achète pas le magasin.

MOTS ET EXPRESSIONS UTILES

chez le marchand de primeurs	*at the greengrocer's*
A qui le tour?	*Whose turn is it?*
C'est à moi!	*It's mine!*
C'est mon tour!	*It's my turn!*
Je crois que . . .	*I think that . . .*
Ça c'est un comble!	*That's the last straw!*
le raisin	*grapes*
C'est combien . . .?	*How much is / are . . . ?*
neuf francs la pièce	*nine francs each*
un chou-fleur	*a cauliflower*
le persil	*parsley*

À VOUS! _____

Fill in the gaps with the following vocabulary.

voilà	tout	voudrais	combien
	désirez		deux
	un	livre	grammes

Cliente	Je **1**_____ des pommes de terre.
Marchand	Oui, **2**_____?
Cliente	Trois kilos.
Marchand	**3**_____. Et avec ça?
Cliente	**4**_____ pamplemousses, **5**_____ beau chou-fleur et deux cents **6**_____ de champignons.
Marchand	Et avec ceci?
Cliente	Une **7**_____ de raisin.
Marchand	Voilà! Vous **8**_____ autre chose?
Cliente	Non, c'est **9**_____, merci.

— Marie chez le boulanger —

La boulangère	Vous désirez?
Marie	Je voudrais trois baguettes, s'il vous plaît.
Boulangère	Voilà, et avec ça?
Marie	Je voudrais des gâteaux, six gâteaux.
Boulangère	Oui madame.
Marie	Hmmm, voyons, . . . deux éclairs au chocolat . . .
Boulangère	Je suis désolée, je n'ai plus d'éclairs au chocolat. Au café?
Marie	Alors au café. Deux mille-feuilles . . .
Boulangère	Deux mille-feuilles aussi! Faites attention à votre ligne Madame Muller!
Marie	C'est parce que nous avons des invités ce soir.
Boulangère	Ah bon! Je comprends. Et avec ceci?
Marie	Il me faut deux tartes.
Boulangère	Pommes, prunes, abricots . . .
Marie	Non, deux tartes aux fraises, s'il vous plaît.
Boulangère	Oui, voilà, et avec ça?
Marie	Ce sera tout, merci. Ça fait combien?
Boulangère	Alors, avec les trois baguettes, ça fait 85 francs 50, madame.

MOTS ET EXPRESSIONS UTILES

chez le boulanger	*at the baker's*
un mille-feuille	*a cream slice*
Faites attention à votre ligne!	*Watch your figure!*
je comprends (comprendre)	*I understand (to understand)*
Ah bon!	*Really!*

À VOUS!

Travaillez avec un / une partenaire.

You work in a **boulangerie-pâtisserie**, and are responsible for pricing the items at the top of page 152. Decide how much they would cost, and then be prepared to answer your partner's / customer's queries. The customer says **c'est combien?** to ask the price, and **ça fait combien?** to ask for the final bill.

example C'est combien les mille-feuilles?
Dix francs.

Quelques problèmes!

Il a beaucoup de travail.

Il y a trop de nourriture
dans le frigidaire

Il n'a pas assez d'argent.

À VOUS!

1   Ils ont _____ enfants.

2   Il y a _____ gens dans la voiture.

3   Il n'y a pas _____ hommes.

—— Des dates et des fêtes ——

Claire	Pardon, madame, je ne voudrais pas être indiscrète, mais, c'est quand, votre anniversaire?
Rouennaise	C'est le 17 mars.
Claire	Et votre fête?
Rouennaise	Je m'appelle Catherine. La Sainte Catherine est fin novembre, le 25 exactement.
Claire	Et à quelles dates êtes-vous en vacances?
Rouennaise	En général, je suis en vacances au mois d'août. Cette année je pars début août, du premier au quinze.
Claire	Êtes-vous mariée?
Rouennaise	Oui, depuis douze ans.
Claire	A quelle date est votre anniversaire de mariage?
Rouennaise	C'est le 12 juin. Nous le fêtons tous les ans. Je prépare un repas spécial et mon mari m'achète toujours un cadeau.
Claire	Et dites-moi, c'est quand, l'anniversaire de votre mari?
Rouennaise	Je ne sais pas! J'oublie toujours!

MOTS ET EXPRESSIONS UTILES

les jours de la semaine	the days of the week
lundi	Monday
mardi	Tuesday
mercredi	Wednesday
jeudi	Thursday
vendredi	Friday
samedi	Saturday
dimanche	Sunday
votre anniversaire (m.)	your birthday
votre anniversaire de mariage	your wedding anniversary
votre fête (f.)	your name day / saint's day
fêter	to celebrate
du ... au ...	from the ... to the ...
fin novembre	at the end of / late November
début août	at the beginning of August / early August
cette année	this year
tous les ans	every year
je pars (partir)	I go away (to go away, to leave)
oublier	to forget

Avez-vous compris?

1   Quand est l'anniversaire de la Rouennaise?
2   Quelle est la date de la Sainte Catherine?
3   Quand Catherine est-elle en vacances?
4   A quelle date est l'anniversaire de mariage de Catherine?
5   Quand est l'anniversaire du mari de Catherine?

À VOUS! _____

Look at the French calendar opposite, then complete the activity on page 156.

CALENDRIER

JANVIER	FÉVRIER	MARS	AVRIL	MAI	JUIN
1V JOUR DE L'AN	1L s* Ella	1L s Aubin	1J s Hugues	1S Fête du Travail	1M s Justin
2S s Basile	2M Présent. Seign.	2M s Charles le B.	2V s* Sandrine	2D s Boris	2M s* Blandine
3D Epiphanie	3M s Blaise	3M s Guénolé	3S s Richard		3J s Kévin
	4J s* Véronique	4J s Casimir	4D Rameaux	3L ss Jacq./Phil.	4V s* Clotilde
4L s Odilon	5V s* Agathe	5V s* Olive		4M s Sylvain	5S s* Igor
5M s Edouard	6S s Gaston	6S s* Colette	5L s* Irène	5M s* Judith	6D Fête des Mères
6M s Melaine	7D s* Eugénie	7D s* Félicité	6M s Marcellin	6J s* Prudence	
7J s Raymond			7M s J.-B. Salle	7V s* Gisèle	7L s Gilbert
8V s Lucien	8L s* Jacquel.	8L s Jean de Dieu	8J s* Julie	8S VICTOIRE 1945	8M s Médard
9S s* Alix	9M s* Apolline	9M s* Françoise	9V Vendredi Saint	9D F. Jeanne d'Arc	9M s* Diane
10D Bapt. du Christ	10M s Arnaud	10M s Vivien	10S s Fulbert		10J s Landry
	11J N.-D. Lourdes	11J s* Rosine	11D PÂQUES	10L s* Solange	11V s Barnabé
11L s Paulin	12V s Félix	12V s* Justine		11M s* Estelle	12S s Guy
12M s* Tatiana	13S s* Béatrice	13S s Rodrigue	12L s Jules	12M s Achille	13D Fête Dieu
13M s* Yvette	14D s Valentin	14D s* Mathilde	13M s* Ida	13J s* Rolande	
14J s* Nina			14M s Maxime	14V s Matthias	14L s Elisée
15V s Remi	15L s Claude	15L s* Louise	15J s Paterne	15S s* Denise	15M s* Germaine
16S s Marcel	16M s* Julienne	16M s* Bénédicte	16V s Benoît Labre	16D s Honoré	16M s J.-F. Régis
17D s* Roseline	17M s Alexis	17M s Patrice	17S s Anicet		17J s Hervé
	18J s* Bernadette	18J s Mi-Carême	18D s Parfait	17L s Pascal	18V Sacré-Cœur
18L s* Prisca	19V s Gabin	19V s Joseph		18M s Eric	19S s Romuald
19M s Marius	20S s* Aimée	20S PRINTEMPS	19L s* Emma	19M s Yves	20D Fête des Pères
20M s Sébastien	21D s Pierre Dam.	21D s* Clémence	20M s* Odette	20J ASCENSION	
21J s* Agnès			21M s Anselme	21V s Constantin	21L ÉTÉ
22V s Vincent	22L s* Isabelle	22L s* Léa	22J s Alexandre	22S s Emile	22M s Alban
23S s Barnard	23M Mardi Gras	23M s Victorien	23V s Georges	23D s Didier	23M s* Audrey
24D s François S.	24M Cendres	24M s* Catherine	24S s Fidèle		24J s Jean-Baptiste
	25J s Roméo	25J Annonciation	25D Souv. Déportés	24L s Donatien	25V s Prosper
25L Conv. s. Paul	26V s Nestor	26V s* Larissa		25M s* Sophie	26S s Anthelme
26M s* Paule	27S s* Honorine	27S s Habib	26L s* Alida	26M s* Bérenger	27D s Fernand
27M s* Angèle	28D Carême	28D s Gontran	27M s* Zita	27J s Augustin C.	
28J s Thomas Aq.			28M s* Valérie	28V s Germain	28L s Irénée
29V s Gildas		29L s* Gwladys	29J s* Catherine S.	29S s Aymar	29M ss Pierre/Paul
30S s* Martine		30M s Amédée	30V s Robert	30D PENTECÔTE	30M s Martial
31D s* Marcelle		31M s Benjamin		31L Visitation	

JUILLET	AOÛT	SEPTEMBRE	OCTOBRE	NOVEMBRE	DÉCEMBRE
1J s Thierry	1D s Alphonse	1M s Gilles	1V s* Thérèse E.-J.	1L TOUSSAINT	1M s* Florence
2V s Martinien		2J s* Ingrid	2S s Léger	2M Défunts	2J s* Viviane
3S s Thomas	2L s Julien	3V s Grégoire	3D s Gérard	3M s Hubert	3V s Francois-X.
4D s Florent	3M s* Lydie	4S s* Rosalie		4J s Charles Bor.	4S s* Barbara
	4M s JM Vianney	5D s* Raïssa	4L s Franc. A.	5V s* Sylvie	5D s Gérald
5L s Ant.-M.	5J s Abel		5M s* Fleur	6S s* Bertille	
6M s* Marietta	6V s Transfiguration	6L s Bertrand	6M s Bruno	7D s* Carine	6L s Nicolas
7M s Raoul	7S s Gaétan	7M s* Reine	7J s Serge		7M s Ambroise
8J s Thibaut	8D s Dominique	8M Nativité N.-D.	8V s* Pélagie	8L s Geoffroy	8M Imm. Concept.
9V s* Amandine		9J s Alain	9S s Denis	9M s Théodore	9J s Pierre Fourier
10S s Ulrich	9L s Amour	10V s* Inès	10D s Ghislain	10M s Léon	10V s Romaric
11D s Benoît	10M s Laurent	11S s Adelphe		11J ARMISTICE	11S s Daniel
	11M s* Claire	12D s Apollinaire	11L s Firmin	1918	12D s* J.-F. Chantal
12L s Olivier	12J s* Clarisse		12M s Wilfried	12V s Christian	
13M ss Henri/Joël	13V s Hippolyte	13L s Aimé	13M s Géraud	13S s Brice	13L s* Lucie
14M Fête Nationale	14S s Evrard	14M Sainte Croix	14J s Juste	14D s Sidoine	14M s* Odile
15J s Donald	15D ASSOMPTION	15M s Roland	15V s* Thérèse d'A.		15M s* Ninon
16V ND Mt Carmel		16J s* Edith	16S s* Edwige	15L s Albert	16J s* Alice
17S s* Charlotte	16L s Armel	17V s Renaud	17D s Baudouin	16M s* Marguerite	17V s Judicaël
18D s Frédéric	17M s Hyacinthe	18S s* Nadège		17M s* Elisabeth	18S s Gatien
	18M s* Hélène	19D s* Emilie	18L s Luc	18J s* Aude	19D s Urbain
19L s Arsène	19J s Jean Eudes		19M s René	19V s Tanguy	
20M s* Marina	20V s Bernard	20L s* Adeline	20M s* Adeline	20S s Edmond	20L s Théophile
21M s Victor	21S s Christophe	21M s Matthieu	21J s* Céline	21D Christ Roi	21M HIVER
22J s* Marie-Mad.	22D s Fabrice	22M s Maurice	22V s* Salomé		22M s* Françoise-X.
23V s* Brigitte		23J AUTOMNE	23S s Jean de C.	22L s* Cécile	23J s Armand
24S s* Christine	23L s* Rose	24V s* Thècle	24D s Florentin	23M s Clément	24V s* Adèle
25D s Jacques M.	24M s* Barthélemy	25S s Hermann		24M s* Flora	25S NOËL
	25M s Louis	26D ss Côme/Damien	25L s Crépin	25J s* Catherine L.	26D Sainte Famille
26L ss Anne/Joa. 30	26J s* Natacha		26M s Dimitri	26V s* Delphine	
27M s* Nathalie	27V s* Monique	27L s Vincnet P. 39	27M s Emeline	27S s* Séverin	27L s Jean Ap.
28M s Samson	28S s Augustin	28M s Venceslas	28J ss Simon/Jude	28D Avent	28M ss Innocents
29J s* Marthe	29D s* Sabine	29M ss Michel/Gabriel	29V s Narcisse		29M s David
30V s* Juliette		30J s Jérôme	30S s* Bienvenue	29L s Saturnin	30J s Roger
31S s Ignace de L.	30L s Fiacre		31D s Quentin	30M s André	31V s Sylvestre
	31M s Aristide				

First, look up these dates to find out what they are in French, and try to give their English equivalents.

	DATE	FRANÇAIS	ANGLAIS
1	dimanche 14 février	la Saint Valentin	Valentine's Day
2	mardi 23 février	. . .	. . .
3	dimanche 11 avril	. . .	. . .
4	samedi 1er mai	. . .	. . .
5	dimanche 6 juin	. . .	. . .
6	dimanche 20 juin	. . .	. . .
7	mercredi 14 juillet	. . .	. . .
8	lundi 1er novembre	. . .	. . .
9	samedi 25 décembre	. . .	. . .
10	vendredi 31 décembre	. . .	. . .

Now answer the following questions:

11   La Saint Dominique, la Saint Laurent et la Sainte Claire sont début août. Quels jours de la semaine sont ces fêtes exactement?

12   A quelles dates sont le premier jour du printemps / le premier jour de l'été / le premier jour de l'automne / le premier jour de l'hiver?

ET VOUS?

Maintenant, utilisez un calendrier de cette année. Cherchez quels jours de la semaine sont Noël / votre anniversaire / l'anniversaire de votre mari – ou femme – si vous êtes marié(e), etc. Cherchez les dates de Pâques / du premier jour du printemps / de l'été, etc.

—— Un peu de grammaire ——

L'heure

Quelle heure est-il?
Il est dix heures.
Il est dix heures et quart.
Il est dix heures et demie.
Il est onze heures moins le quart.
Il est onze heures moins dix / vingt.
Il est onze heures dix / vingt.
Il est midi / minuit.

the time

What's the time?
It's ten o'clock.
It's a quarter past ten.
It's half past ten.
It's a quarter to eleven.
It's ten / twenty to eleven.

It's ten / twenty past eleven.
It's midday / midnight.

Expressing quantity

assez de / beaucoup de / trop de	*enough / a lot of / too much, too many*
Trop de pommes.	*Too many apples.*
but	
Assez d'argent.	*Enough money.*
Beaucoup d'hommes.	*A lot of men.*

 GRAMMAIRE 5d, 6b

Exercices

A   **Quelle heure est-il?** *What time is it?*
Il est . . .

B   Describe the food and drink by matching words from the two boxes overleaf. Use each word only once. The first one has been done for you.

example   **1**   un verre de vin

1

2

3

4

5

6

7   8   9   10   11   12

une bouteille ☐   un bol ☐

un verre 1

un tonneau ☐   une tasse ☐

un pot ☐   une assiette ☐

des boîtes ☐

un litre ☐

un paquet ☐

une livre ☐   une cuillerée ☐

de bonbons ☐   de raisin ☐

de bière ☐   d'huile ☐

de café ☐   de soupe ☐

de cidre ☐

d'eau ☐

de thé ☐

de vin 1

de confiture ☐

de lait ☐

C   In each of the four recipes below, the quantity of one ingredient is obviously wrong. Find the mistake and correct it if you can:

1 VINAIGRETTE

3 cuillerées à soupe d'huile
1 cuillerée à soupe de vinaigre
1 pot de moutarde
sel, poivre

2 *Pâte à crêpes*

250 grammes de farine
1 douzaine d'œufs
$\frac{1}{2}$ litre de lait
1 cuillerée à café d'huile
1 cuillerée à soupe de cognac
1 pincée de sel

3 GRATIN DAUPHINOIS

1 livre de pommes de terre
40 grammes de beurre
1 petit pot de crème fraîche
150 litres de lait
1 gousse d'ail
sel, poivre, noix de muscade

4 *Madeleines*

200 kilos de farine
3 œufs
150 grammes de sucre
125 grammes de beurre
1 cuillerée à dessert de jus de citron
1 pincée de sel

D   You are at the grocer's in France. Use the cues provided to do your shopping.

Epicier	A qui le tour?
Vous	(1 *Say it is your turn, and tell him you would like a tin of sardines in oil.*)
Epicier	Voilà. Et avec ça?
Vous	(2 *Tell him that you'd like a bottle of water and a litre of red wine.*)
Epicier	Voilà. Vous désirez autre chose?
Vous	(3 *Say yes, and tell him you would also like half a pound of coffee and a kilo of sugar.*)
Epicier	Voilà. Et avec ceci?
Vous	(4 *Ask him if he has any bread.*)
Epicier	Je suis désolé, je n'ai pas de pain.
Vous	(5 *Ask him if he has any cheese.*)
Epicier	Oui. Quel fromage voulez-vous?
Vous	(6 *Ask him for a slice of roquefort, a small goat's cheese and a piece of gruyère.*)
Epicier	Alors voilà. Et avec ça?
Vous	(7 *Tell him that it is all, and ask him how much it is.*)

E   You are being asked to give details of important dates in your life by Claire. Answer her questions according to the cues given:

Claire	Votre anniversaire, c'est quand?
Vous	(1 *It's February 29th.*)
Claire	Vous n'avez pas de chance! Et votre fête?
Vous	(2 *Tell her your name is Dominique; it's August 8th.*)
Claire	Vous êtes marié(e)?
Vous	(3 *No, you are single.*)
Claire	Quand partez-vous en vacances?
Vous	(4 *At the beginning of July.*)
Claire	A quelles dates exactement?
Vous	(5 *From the 1st to the 15th.*)
Claire	Tous les ans?
Vous	(6 *Sometimes you go away at Christmas or at Easter.*)
Claire	Pourquoi?
Vous	(7 *Because you love skiing.*)

Écoutez bien!

Première partie

Listen to a man trying to buy some presents in a souvenir shop in
Alsace. Find out how much each article costs. Before you start, practise
saying all the prices.

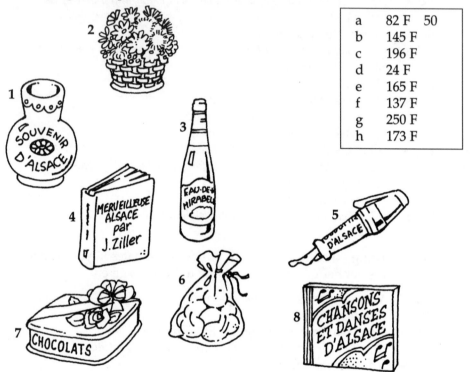

a	82 F	50
b	145 F	
c	196 F	
d	24 F	
e	165 F	
f	137 F	
g	250 F	
h	173 F	

Deuxième partie

Choose six out of the 12 times given in the box below. Enter your
chosen times on the first lotto card (**Jeu numéro 1**). Then, listen to the
recording and cross out the times on your card when you hear them
mentioned. Say **Loto!** as soon as your six times have been crossed out.
Practise saying the times you have chosen in the traditional way the game.
(6.40 = sept heures moins vingt) before you start

1.05	2.50	3.45	4.20	5.55	6.20
7.05	8.25	9.10	10.30	11.15	12

Have another go by filling in the second card (**Jeu numéro 2**) with a
different set of times, and listen to the second game on the recording.

JEU NUMERO 1		

JEU NUMERO 2		

Lecture

The following quiz appears in a French magazine. Fill it in and find out how fit you are!

SPECIAL JEU ● Des tests pour vous

Choisissez la bonne réponse, selon vos goûts et vos habitudes:

1 Combien de gâteaux ou gâteaux secs mangez-vous par jour . . . ?
   (a) 0–5   ☐
   (b) 5–10   ☐
   (c) plus de 10   ☐

2 Combien de verres de vin buvez-vous par semaine . . . ?
   (a) 0–7   ☐
   (b) 7–14   ☐
   (c) plus de 14   ☐

3 Combien de cigarettes fumez-vous par jour . . . ?
   (a) 0   ☐
   (b) 1–5   ☐
   (c) plus de 10   ☐

4   Combien de fois par jour / par semaine mangez-vous des
fruits et des légumes . . . ?

    (a)   à chaque repas ☐

    (b)   une ou deux fois par jour ☐

    (c)   une ou deux fois par semaine ☐

5   Quand mangez-vous des bonbons ou du chocolat . . . ?

    (a)   tous les jours ☐

    (b)   une ou deux fois par semaine ☐

    (c)   rarement ☐

6   Vous faites de la marche à pied . . .

    (a)   tous les jours ☐

    (b)   une fois par semaine ☐

    (c)   rarement ☐

7   Vous faites du sport (football, tennis, natation, etc.) . . .

    (a)   régulièrement ☐

    (b)   de temps en temps ☐

    (c)   jamais ☐

8   Pour aller au travail . . .

    (a)   vous prenez le train / la voiture ☐

    (b)   vous y allez à pied ☐

    (c)   vous y allez en vélo ☐

LES RÉPONSES

Combien de points avez-vous?   **1** (a) 3, (b) 2, (c) 1. **2** (a) 3, (b) 2, (c) 1. **3**
(a) 3, (b) 2, (c) 1. **4** (a) 3, (b) 2, (c) 1. **5** (a) 1, (b) 2, (c) 3. **6** (a) 3, (b) 2, (c) 1. **7** (a) 3,
(b) 2, (c) 1. **8** (a) 1, (b) 3, (c) 2.

Plus de vingt points   Bravo! Vous êtes en bonne santé!

Entre quinze et vingt points   Très bien. En général vous mangez bien, vous ne
mangez pas trop de bonbons, vous mangez assez de légumes.

Entre douze et quinze points   Ça va, mais faites attention à votre ligne!

Moins de dix points   Oh là là! Franchement vous mangez trop et vous buvez trop!
Vous mangez trop de bonbons, trop de gâteaux, mais vous ne mangez pas assez de fruits et de
légumes. En plus, vous ne faites pas assez de sport.

Douzième UNITÉ

Laurent et Chantal décident de
passer un week-end au bord
de la mer. Ils prennent le train,
car la voiture de Laurent est
en panne.

1 Chantal attend le taxi.

2 A elle entend la voiture.

3 Elle prend l'appareil photo
et le sac de voyage.

4 Puis elle descend vite l'escalier.

5 Dans le taxi Laurent attend
Chantal pour aller à la gare.

MOTS ET EXPRESSIONS UTILES

passer	*to spend (time)*
en panne	*broken down*
l'appareil (m.) photo	*the camera*
le sac de voyage	*the travelling bag*
j'attends	*I wait for*
j'entends	*I hear*
je descends	*I go down, get out of*
prendre 〰	*to take*

Avez-vous compris?

1 Que fait Chantal?
2 Qu'est-ce qu'elle entend?
3 Qu'est-ce qu'elle prend?
4 Comment descend-elle l'escalier?
5 Pourquoi Laurent attend-il Chantal?

Chantal achète les billets au guichet.

Chantal	Pardon, monsieur, le prochain train pour Dieppe part à quelle heure?
Employé	A huit heures, mademoiselle.
Chantal	De quel quai?
Employé	Quai numéro trois.
Chantal	Et il arrive à Dieppe à quelle heure?
Employé	A huit heures et demie.
Chantal	Alors, deux billets, s'il vous plaît.
Employé	Aller simple?
Chantal	Non, aller et retour.
Employé	Vous rentrez quand?
Chantal	Demain soir. Il y a un train vers huit heures?
Employé	Attendez un instant, mademoiselle. Voyons, 18h50, 19h20, 19h50. Voilà! Vous avez un train à 19h50.
Chantal	Et il arrive à Rouen à quelle heure?
Employé	A 20h20.
Chantal	Et le suivant?
Employé	Le train suivant est à 20h50.
Chantal	Merci, monsieur.

MOTS ET EXPRESSIONS UTILES

le billet	*the ticket*
le guichet	*the ticket office*
le quai	*the platform*
prochain	*next*
suivant	*following, one after*
un aller et retour	*a return ticket*
un aller simple	*a single ticket*
Le train part / arrive à quelle heure?	*What time does the train leave / arrive?*

Avez-vous compris?

Répondez vrai ou faux.

1 Le prochain train pour Dieppe part à huit heures moins dix.
2 Le train part du quai numéro trois.
3 Il arrive à Dieppe à huit heures et demie.
4 Chantal prend deux aller simples.
5 Laurent et Chantal rentrent dimanche soir.

À VOUS! _____

Travaillez avec un / une partenaire. Choose a destination. Then, using the table, practise asking what time the next train is, the platform number, and when the train arrives. You set out from Paris on a Monday.

train	803	807	833*	811	821*
quai	13	14	15	16	17
PARIS	7.00	7.40	8.29	10.23	13.24
LYON	9.00				15.30
AVIGNON	10.50				
MARSEILLE		12.35			
TOULON			13.46	15.58	
NICE			15.27	17.58	20.25

Notes: *le train numéro 833 ne circule pas les lundis.
         *le train numéro 821 ne circule pas les vendredis.

Laurent et Chantal sont maintenant sur le quai.

1   Comme ils sont un peu en avance, ils attendent le train.

2   Ils prennent le train à huit heures et demie exactement. Dans le train, ils admirent la campagne.

3   Une demi-heure plus tard, le train arrive à Dieppe. Ils descendent du train. Enfin ils sont au bord de la mer.

4   Ils prennent un taxi. Ils arrivent à l'hôtel et ils y laissent les bagages.

5 Ils prennent l'appareil photo, les maillots de bain et une serviette.

MOTS ET EXPRESSIONS UTILES

un maillot de bain	*a swimming costume*
une serviette	*a towel*
enfin	*finally*
un peu en avance	*a little early*
les bagages (m.)	*luggage*

Avez-vous compris?

1 A quelle heure prennent-ils le train?
2 Que font-ils quand ils arrivent à Dieppe?
3 Où sont-ils enfin?
4 Que laissent-ils à l'hôtel?
5 Que prennent-ils?

A la réception Laurent demande des renseignements sur Dieppe.

Réceptionniste	Monsieur, qu'y a-t-il pour votre service?
Laurent	Je voudrais des renseignements sur Dieppe.
Réceptionniste	Je peux vous donner quelques dépliants, si vous voulez.
Laurent	Merci mademoiselle . . . Mmm . . . Le château est loin d'ici?
Réceptionniste	Le château-musée? Non. C'est très facile. En sortant de l'hôtel, vous tournez à gauche. Vous descendez le boulevard de Verdun . . .
Laurent	Alors, je descends le boulevard de Verdun . . .
Réceptionniste	Oui, jusqu'au bout. Le château est juste en face.
Laurent	Ah, très bien. Et il est ouvert aujourd'hui?
Réceptionniste	Oui, en ce moment, il est ouvert tous les jours. Il est fermé le mardi du 1er octobre au 31 mai.
Laurent	Il ouvre à quelle heure?
Réceptionniste	A dix heures, je crois. Mais attention, il ferme de midi à deux heures.
Laurent	Et il ferme à quelle heure le soir?
Réceptionniste	A dix-huit heures.
Laurent	Merci, mademoiselle. Au revoir!

MOTS ET EXPRESSIONS UTILES

un dépliant	*a leaflet*
des renseignements (m.)	*information*
en sortant (de)	*when you come out of*
Qu'y a-t-il pour votre service?	*What can I do for you?*
Je peux (pouvoir) ⋀	*I can*
Si vous voulez (vouloir) ⋀	*If you like / want*
Je vous en prie.	*Don't mention it.*
ouvrir ⋀	*to open*
Le château ouvre à quelle heure?	*At what time does the castle open?*
Le château ferme à quelle heure?	*At what time does the castle close?*
Le château est ouvert / fermé.	*The castle is open / closed.*
le matin / le midi / l'après-midi / le soir	*in the morning / at lunchtime / in the afternoon / in the evening*
de ... heure(s) à ... heure(s)	*from ... until ...*

Avez-vous compris?

Répondez vrai ou faux.

1 Laurent demande des renseignements sur Dieppe.
2 Le château-musée est facile à trouver.
3 Il est ouvert seulement le mardi.
4 Il est ouvert à l'heure du déjeuner.
5 Il ferme à six heures du soir.

À VOUS! _____

Look at the details of the opening times of some of the monuments and museums in Rouen. Now tell an English friend when he / she can visit them. For instance, the belfry is open from Easter till the first Sunday in October. (Note that **un jour férié** is *a public holiday*.)

Beffroi: Ouvert Pâques au 1er dimanche d'octobre de 10h à 12h et de 14h à 18h. Fermé le mercredi matin et le mardi.

Musée des Beaux-Arts: Visite de 10h à 12h et de 14h à 18h. Fermé le mercredi matin et le mardi.

Musée Jeanne d'Arc: Ouvert de 9h 30 à 18h 30 du 1er avril au 15 octobre; de 10h à 12h et de 14h à 18h 30 le reste de l'année.

Musée Corneille: Visite de 10h à 12h et de 14h à 18h; fermé le jeudi, le vendredi matin, en novembre et certains jours fériés.

Jeu de rôles

(PARTENAIRE A)

(Partner B should refer to page 171)

A1 Use the signs below to answer your partner's questions.

> ### Château de la Brossellerie
>
> **Ouvert de 10h à 12h et de 14h à 17h**
>
> **Fermé le mardi**
>
> **Entrée . . . 15F**
> **Visites guidées**

> ### Bibliothèque municipale
>
> **Mardi, jeudi et vendredi
> Ouverte de 12h 30 à 19h 15**
>
> **Mercredi et samedi
> Ouverte de 10h à 19h**
>
> **Fermée le lundi**

A2 Get the information required by asking your partner. Make a note of his / her answers.

At the museum

1 Find out about the opening times.
2 Make sure it does not close at lunchtime.
3 Ask if it is open every day.

At the post office

1 Ask at what time it opens.
2 Ask at what time it closes.
3 Check whether this is the case every day.

Laurent et Chantal décident de visiter le château plus tard.

1 D'abord ils font une promenade sur la plage. Il fait très beau, le soleil brille.

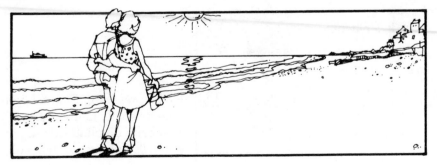

2   Ils prennent beaucoup de photos.

4   Enfin ils comprennent: la pellicule est finie.

3   Tout à coup l'appareil ne marche plus. Ils sont très surpris. Ils examinent l'appareil. Chantal interroge Laurent, mais il ne répond pas.

5   Sur la plage un jeune garçon vend des glaces. Laurent et Chantal achètent chacun un esquimau.

6   L'après-midi, Chantal prend un bain de soleil. Laurent prend beaucoup de photos de sa petite amie. Ils oublient le château!

MOTS ET EXPRESSIONS UTILES

la pellicule	*the (roll of) film*
sa petite amie	*his girlfriend*
d'abord	*at first*
tout à coup	*suddenly*
comprendre 〰	*to understand*
prendre un bain de soleil	*to sunbathe*
répondre	*to answer*
l'appareil ne marche plus	*the camera doesn't work any more*
chacun(e)	*each*
un esquimau	*an ice-cream* (on a stick)

Avez-vous compris?

1 Que font Chantal et Laurent d'abord?
2 Quel temps fait-il?
3 Que font-ils avec l'appareil photo?
4 Pourquoi l'appareil ne marche-t-il plus tout à coup?
5 Où achètent-ils des esquimaux?
6 Que font-ils l'après-midi?

—— Jeu de rôles ——
(PARTENAIRE B) 😊😊

(Partner A should refer to page 169)

B1 Get the information required by asking your partner. Make a note of his / her answers.

B2 Use the signs below to answer your partner's questions.

At the castle

1 Find out about the opening times in the mornings.
2 Find out about the opening times in the afternoons.
3 Ask if it is open every day.

Musée
Ouvert de 10h 30 à 18h 30
Fermé le lundi et mardi
Entrée 6F
Visite libre

At the library

1 Ask if it is open every day.
2 Ask if it is open in the morning.
3 Ask what time it shuts.

Postes et télécommunications

Heures d'ouverture

du lundi au vendredi
8h–19h

samedi 8h–12h

Fermé dimanches et jours fériés

Plus tard le couple retourne à l'hôtel.

1 Le soir, au bar de l'hôtel, ils bavardent avec d'autres clients.

2 Le dimanche matin, ils visitent Dieppe et le midi, ils déjeunent dans un petit restaurant du port.

3 La radio marche. Ils écoutent les informations.

4 Ils apprennent une mauvaise nouvelle: les cheminots sont en grève!

MOTS ET EXPRESSIONS UTILES

un cheminot	*railway worker*
une nouvelle	*a news item*
en grève	*on strike*
apprendre	*to learn*

Avez-vous compris?

Répondez en français.

1 Que font Laurent et Chantal le soir?
2 Que font-ils le dimanche matin?
3 Où déjeunent-ils?
4 Qu'est-ce qu'ils écoutent à la radio?
5 Est-ce qu'ils apprennent une bonne nouvelle?

À VOUS!

Help a friend say how she spends her weekends by filling in the gaps with the following vocabulary:

promenade	sac de voyage	bagages	beau	pellicule
				mer
escalier	campagne	gare	appareil photo	

Tous les week-ends, s'il fait **1**_____, nous prenons le train pour aller au bord de la **2**_____ ou à la **3**_____. Quand j'entends la voiture de Michel, je prends l' **4**_____ et le **5**_____, et je descends vite l' **6**_____. Nous laissons la voiture au parking de la **7**_____. Quand nous arrivons, nous laissons les **8**_____ à l'hôtel et nous faisons une **9**_____. Nous prenons beaucoup de photos, et souvent, le soir, la **10**_____ est finie.

— Un peu de grammaire —

Present tense of —re verbs

Vendre type (attendre *to wait for*   descendre *to go down, get off*
entendre *to hear*   répondre *to reply*)

je vends	*I sell / am selling*
tu vends	*you sell / are selling*
il / elle vend	*he / she sells / is selling*
on vend	*one sells / is selling*
nous vendons	*we sell / are selling*
vous vendez	*you sell / are selling*
ils / elles vendent	*they sell / are selling*

Prendre type (apprendre *to learn*   comprendre *to understand*)

je prends	*I take / am taking*
tu prends	*you take / are taking*
il / elle prend	*he / she takes / is taking*
on prend	*one takes / is taking*
nous prenons	*we take / are taking*
vous prenez	*you take / are taking*
ils / elles prennent	*they take / are taking*

    GRAMMAIRE 11, 15c

Exercices

A   Use the following verbs to fill in the story of Paul, a compact disc salesman.

> prend   vend   descend   répond   comprend   apprend   attendre

Paul   **1**＿＿＿＿＿ le français parce qu'il voyage souvent en France
pour son travail. Il   **2**＿＿＿＿＿ des disques compacts. Il ne parle pas
très bien, mais il   **3**＿＿＿＿＿. Il   **4**＿＿＿＿＿ toujours l'avion. En
général, il   **5**＿＿＿＿＿ dans un petit hôtel à Paris. Quand la
réceptionniste parle à Paul, il   **6**＿＿＿＿＿ en anglais. Il n'aime pas
7＿＿＿＿＿, alors il prend souvent le métro parce qu'il y a beaucoup
d'embouteillages.

B   Match up the following questions and answers.

1   Est-ce que vous vendez du pain?
2   Qu'est-ce que tu prends?
3   Qu'est-ce qu'elle attend?
4   Pourquoi ne répondent-elles pas?
5   Vous prenez une douche le soir?
6   Vous entendez la musique?
7   Tu apprends l'anglais ou l'allemand?
8   Où est-ce que je descends?

a   Non, je préfère prendre un bain.
b   J'apprends l'espagnol.
c   Non, je suis un peu sourd.
d   Le bus pour la piscine.
e   Non, seulement des gâteaux.
f   Devant le cinéma.
g   Un kir, j'adore le kir!
h   Elles ne comprennent pas le français.

C   You are making enquiries about train times at the station. Use the cues given.

Vous	(1 *Ask what time the next train for Dijon leaves.*)
Employé(e)	A dix-sept heures vingt-cinq.
Vous	(2 *Ask when it arrives in Dijon.*)
Employé(e)	A dix-neuf heures quarante.
Vous	(3 *Enquire what platform.*)
Employé(e)	Quai numéro deux.
Vous	(4 *Ask for three tickets.*)
Employé(e)	Aller simple ou aller et retour?
Vous	(5 *Say return, and ask how much it is.*)
Employé(e)	Vous rentrez quand?
Vous	(6 *Say Monday evening.*)
Employé(e)	Alors, ça fait quarante-cinq francs soixante.

D   **Complétez les conversations.** Fill in the gaps with the correct forms of the verbs to complete the conversations. Use **attendre, descendre, entendre, répondre** or **vendre**.

1   –   Qui _____ - vous?
     –   Nous _____ le professeur de français. Et toi?
     –   Moi, j'_____ le prof de maths.

2   –   Qu'est-ce que vous _____?
     –   Je _____ des fruits et des légumes. Et vous?
     –   Nous _____ des livres et des journaux.

3   –   Est-ce que vous _____ du bruit?
    –   Oui, nous _____ des enfants qui jouent.
    –   Moi, j'_____ un chien qui aboie.

4   –   Pourquoi est-ce que vous ne _____ pas?
    –   Nous ne _____ pas parce que nous ne comprenons pas la question.
    –   Je ne _____ pas parce que je suis timide.

5   –   Où est-ce que vous _____?
    –   Je vais à Notre-Dame; je _____ à la station Cité. Et vous?
    –   Nous _____ à Odéon.

Do the same, but this time use **apprendre**, **comprendre** or **prendre**.

6   –   Qu'est-ce que vous _____?
    –   Je _____ un café.
    –   Nous _____ un thé.

7   –   Vous _____ le français?
    –   Oui, nous _____ le français depuis deux ans. Et vous?
    –   Moi, j'_____ l'espagnol.

8   –   Est-ce que vous _____?
    –   Non, nous ne _____ pas, vous parlez trop vite!
    –   Moi, je _____ tout, c'est facile!

─────── Écoutez bien! 🎧 ───────

Première partie

À la gare

You are in the Gare de Lyon in Paris and hear some announcements about the TGV (Train à Grande Vitesse – *High speed train*) departure and arrival times. Check your timetable and make all the necessary alterations.

Destinations	Départs	Arrivées
	PARIS	
ANNECY	7.24	11.59
LAUSANNE	12.25	16.06

Destinations	Départs PARIS	Arrivées
DIJON	14.10	15.56
MACON	4.32	6.13
GENÈVE	17.42	21.30
BERNE	18.06	22.47

Deuxième partie

À la radio

Listen to the radio announcements about forthcoming programmes.
Then link the titles or names of programmes (**émissions**) with their
time of broadcasting (**heures**) and their English summaries (**résumés**).

émissions

1 Jacqueline et Compagnie
2 Résultat de l'enquête sur le
   cinéma
3 La route en chansons
4 Info-Déjeuner
5 Le Hit-Parade

heures

a midi
b 14 heures à 16 heures
c 21 heures 30
d 6 heures à 10 heures
e 15 heures

résumés

(i)
Top of the Pops with Léo

(ii)
The news read by Didier Gallet

(iii)
A young journalist talks of her adventures in Africa

(iv)
Traffic report and music

(v)
Results of the survey about the cinema in France

Lecture

You love old castles, but can't decide whether to visit the **Château de Clermont** or the **Château de Menthon**, as you haven't time to see both. Which one would you choose:

1   if you wanted to be able to get light refreshments?
2   if you were going at Easter?
3   if you wanted to visit the birthplace of Saint Bernard, patron saint of climbers and skiiers?
4   if you wanted a guided tour for a group?
5   if you were interested in old books and period furniture?
6   if you were going in October?
7   if you were staying near Lake Annecy?
8   if you were only there for a weekend or a bank holiday?

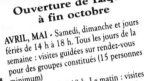

CHÂTEAU DE CLERMONT

74270 CLERMONT
☎ 50 69 63 15
ou 50 33 50 48

Ouverture de Pâques à fin octobre

AVRIL, MAI - Samedi, dimanche et jours fériés de 14 h à 18 h. Tous les jours de la semaine : visites guidées sur rendez-vous pour des groupes constitués (15 personnes minimum)

JUIN - De 14 h à 18 h. Le matin : visites guidées pour des groupes constitués (15 personnes minimum)

JUILLET, AOÛT, SEPTEMBRE - Tous les jours de 10 h 30 à 19 h.

OCTOBRE - Samedi, dimanche et jours fériés de 14 h à 18 h. Tous les jours de la semaine : visites guidées sur rendez-vos pour les groupes constitués (15 personnes minimum).

CHÂTEAU DE MENTHON
Heures d'ouverture

Visites en mai, juin et septembre : jeudi, samedi, dimanche et jours fériés de 14 h à 18 h. Juillet et août : tous les jours de 12 h à 18 h. Restauration légère sur place.

50 60 12 05

Depuis le Xe siècle, le Château de Menthon a toujours été habité par la même famille et a vu la naissance, en 1008, de saint Bernard de Menthon, patron des alpinistes et des skieurs. La forteresse médiévale, transformée au XVIIIe en une riche demeure seigneuriale, fut épargnée par les guerres et la Révolution française, puisqu'elle se trouvait alors dans le duché de Savoie.

Le Château renferme toujours son riche mobilier et sa décoration d'époque, ainsi qu'une importante bibliothèque que vous découvrirez au cours de la visite guidée.
De ses terrasses surplombant le lac d'Annecy, vous admirerez un vaste et superbe panorama.

Faites le point!
UNITÉS 10–12

1 Tell a friend that:

    a   you generally are on holiday in June.

    b   you often take pictures.

    c   you sometimes go for a walk on Sundays.

    d   you rarely play tennis.

    e   you have a bath everyday.

    f   you cook from time to time.

    g   you never take the bus.

    h   you do the shopping in the morning.

    i   you do not watch television on Saturdays.

    j   you often play the guitar.

    k   you study French once a week.

    l   you always do homework.

2 Write full sentences. **Quelle heure est-il? Il est . . .**

  a   **b**   **c**   **d**   **e**

3 Finish the sentences. **La matinée d'une ménagère.**

    a   A neuf heures moins vingt elle . . .

    b   A dix heures elle . . .

    c   A dix heures et quart elle . . .

    d   et elle . . .

    e   A midi elle . . .

4 Fill in the gaps with the correct word.

a   une ____ de thé
b   des ____ de bière
c   une ____ de vin
d   un ____ d'eau
e   une ____ de roquefort

f   un ____ de crème fraîche
g   un ____ de bonbons
h   un ____ de cidre
i   un ____ de café
j   une ____ de soupe

5 Write full sentences. **Quelle date est-ce?**

a   2–5
b   23–4
c   14–6
d   17–7
e   1–1

f   4–2
g   19–9
h   21–10
i   29–11
j   10–12

6 In the following series of questions and answers, give the correct form of the verbs in brackets.

a   Qu'est-ce que vous ____? (vendre)
    Nous ____ beaucoup de choses.
b   Qu'est-ce que vous ____? (prendre)
    Je ____ un verre de vin. Et vous?
c   Qu'est-ce qu'il ____? (attendre)
    Il ____ le train.
d   Est-ce qu'ils ____? (comprendre)
    Non, ils ne parlent pas français, ils ne ____ rien!
e   Est-ce que vous ____ du pain? (vendre)
    Oui, mais les boulangers ____ du pain frais.
f   Où ____-vous? (descendre)
    Je ____ à la station Odéon.
g   Est-ce que vous ____ l'allemand? (apprendre)
    Non, j'____ l'espagnol.
h   Est-ce que tu ____ à la lettre de Mary en anglais? (répondre)
    Non, je ____ en français.

7 Give the correct form of the verbs.

Christine   **a**____ (attendre) son ami Michel. Quand elle   **b**____
(entendre) la voiture, elle   **c**____ (prendre) son sac et ses lunettes et elle
d____ (descendre) vite l'escalier. Michel   **e**____ (attendre) Christine
pour aller au cinéma.

8 What are they doing? Complete the
sentences.

a Ils ____ le bus.

b Ils ____ beaucoup de photos.

c Elles ____ l'escalier.

d Ils ____ un bain.

e Ils ne ____ pas.

9 You are at the greengrocer's. Complete the following conversation:

Vous	(**a** *Say hello to the greengrocer.*)
Marchand	Bonjour. Vous désirez?
Vous	(**b** *Tell him you'd like a kilo of apples.*)
Marchand	Voilà. Et avec ça?
Vous	(**c** *Ask for a pound of grapes.*)
Marchand	Vous désirez autre chose?
Vous	(**d** *Ask for two grapefruit, a cauliflower and 200 grams of mushrooms.*)
Marchand	Voilà. Avec ceci?
Vous	(**e** *Say that's all and ask how much it is.*)
Marchand	Alors ça fait vingt-huit francs cinquante.
Vous	(**f** *Give him the money and say goodbye.*)

10 Name the food. Use **un**, **une**, **des** or **du** as appropriate.

Treizième UNITÉ

Lucien et Josée regardent des vêtements dans un catalogue par correspondance.

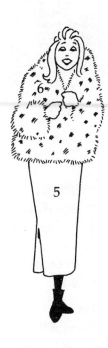

1 CHEMISIER
Soie (100%)
17 R 212 Blanc
17 R 213 Champagne
Lavage à la main
600 F

2 JUPE
Laine (100%)
Ecossaise
33 P 170
Nettoyage à sec
550 F

3 TAILLEUR
Polyester (55%), Laine (45%)
84 W 316 Brun
84 W 317 Bleu marine
84 W 318 Rouge
Nettoyage à sec
2000 F

4 PULL-OVER
Mohair (100%)
52 J 121 Beige
52 J 122 Gris clair
Lavage à la main
830 F

5 ROBE
Coton (100%)
75 H 207 Vert amande
75 H 208 Abricot
Lavage en machine
740 F

6 VESTE
Fourrure synthétique
17 G 618
Nettoyage à sec
1200 F

7 IMPERMÉABLE
Polyester (65%), Coton (35%)
63 K 113 Gris foncé
63 K 114 Kaki
Lavage en machine
950 F

8 CORSAGE
Coton (100%)
95 x 402 A fleurs orange / jaune
Lavage en machine
320 F

9 PANTALON
Velours
24 D 198 Noir
24 D 199 Marron
Lavage en machine
400 F

10 MANTEAU
Tweed
14 T 211
Nettoyage à sec
2500 F

11 ROBE DU SOIR
Satin
Longue, décolletée
dans le dos
62 Y 530 Rose
Nettoyage à sec
1800 F

TAILLES: 36   38   40   42   44   46   48

MOTS ET EXPRESSIONS UTILES

des vêtements (m.pl.)	*clothes*
un corsage	*a blouse*
une jupe	*a skirt*
un tailleur	*a suit* (for women)
un pull-over	*a jumper*
une robe (du soir)	*(evening) dress*
une veste	*a jacket*
un imperméable	*a raincoat*
un chemisier	*a shirt* (for women)
un pantalon	*trousers*
un manteau	*a coat*
soie (f.)	*silk*
laine (f.)	*wool*
coton (m.)	*cotton*
fourrure (f.)	*fur*
velours (m.)	*velvet*
blanc / blanche	*white*
marron (inv.)	*brown*
brun(e)	*brown*
bleu(e) marine	*navy blue*
rouge	*red*
gris(e)	*grey*
vert(e)	*green*
jaune	*yellow*
noir(e)	*black*
rose	*pink*
clair	*light*
foncé	*dark*
écossais(e)	*tartan*
à fleurs	*with flowers*
long / longue	*long*
décolleté(e) dans le dos	*low-cut at the back*
la taille	*size*
lavage à la main	*hand-wash*
nettoyage à sec	*dry cleaning*
lavage en machine	*machine wash*

Try to learn this vocabulary before attempting the **Avez-vous compris?** and **À vous!** on the next page. First cover the English, then the French.

Avez-vous compris?

Imagine that you are working for a fashion house to help promote sales in France. Your first job is to match the English and French equivalents.

1	a blouse	a	un chemisier
2	a coat	b	un corsage
3	a dress	c	un imperméable
4	a jacket	d	une jupe
5	a jumper	e	un manteau
6	a raincoat	f	un pantalon
7	a shirt	g	un pull-over
8	a skirt	h	une robe
9	a suit	i	un tailleur
10	trousers	j	une veste

Now write in the English equivalent, or colour the sample chart below.

ÉCHANTILLON DE COULEURS

blanc	noir	bleu ciel	gris souris	jaune citron

marron	rose bonbon	rouge cerise	vert pomme	lilas

À VOUS! _____

You have done well and have been promoted to a job where you have to use your initiative.

First, you have to decide which of the colours on the chart best suits each item of clothing. Write a list.

example   une veste jaune citron

Use the feminine forms **blanche** and **noire** for the feminine items, but do not alter any of the other adjectives above.

 GRAMMAIRE 12c

You now have to decide on a suitable material for each of these items. Use **en** in front of the material.

example   une veste en coton

Finally you must make sure that the correct washing / cleaning symbols are used on the labels. Write the correct instructions in French next to the symbols below.

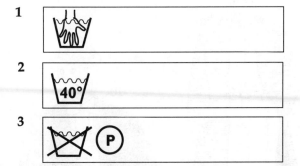

1

2

3

Maintenant, Josée et Lucien regardent les vêtements d'hommes.

I   BLOUSON
Polyester (50%), Laine (50%)
CK 77 85 Rouge, à carreaux
950 F

2   BLUE-JEAN
BK 93 18
420 F

3   COSTUME
Polyester (100%)
LK 79 84 Gris
LK 79 85 Bleu marine
2320 F

4   CHEMISE À RAYURES
Polyester (65%), Coton (35%)
RK 38 43 Bleue et blanche
RK 38 44 Rose et blanche
360 F

5   CRAVATE
Soie
JK 34 81 Bordeaux
JK 34 82 Vert bouteille
275 F

6   PARDESSUS
Pure laine vierge
HK 19 42 Gris
HK 19 43 Brun
3200 F

7   CHEMISE UNIÉ
Coton (100%)
VK 16 54 Blanche
VK 16 55 Bleue
340 F

8   SMOKING
Polyester (45%), Laine (55%)
ZK 22 97 Noir
1950 F

9   CHEMISE À JABOT DE DENTELLE
TK 12 36 Blanche
TK 12 37 Crème
765 F

10   NŒUD PAPILLON
Soie
SK 47 88 Uni
SK 47 89 A pois
345 F

TAILLES: **P** (petit)   **M** (moyen)   **G** (grand)

MOTS ET EXPRESSIONS UTILES

un blouson	*a windcheater*
un blue-jean	*jeans*
un costume	*a suit* (for men)
une chemise	*a shirt* (for men)
une cravate	*a tie*
un pardessus	*an overcoat*
un smoking	*a dinner jacket*
un nœud papillon	*a bow tie*
à carreaux	*checked*
à rayures	*with stripes*
à dentelle	*with lace*
à pois	*with polka dots*
uni(e)	*plain*

Avez-vous compris?

Check the French translation of the items of clothing below. If you find any mistakes, correct them; otherwise, put a tick.

1 *jeans* = un pantalon
2 *windcheater* = un pull-over
3 *shirt* = une chemise
4 *dinner jacket* = une veste
5 *tie* = une cravate
6 *bow tie* = un nœud papillon
7 *overcoat* = un imperméable
8 *suit* = un costume

Now, label this sample of patterns for a client. The first one has been done already.

à dentelle

À VOUS!

Complete the order form below. You will find the information you need in Lucien and Josée's mail-order catalogue.

BON DE COMMANDE								
M/Mme/Mlle		NOM:			ADRESSE:			
CODE POSTAL:					TÉLÉPHONE:			
Numéro de catalogue						Article	Taille	Couleur	Prix (Francs)
						Robe		Abricot	
3	3	P	1	7	0				
2	4	D	1	9	9				400
						Imperméable		Gris foncé	
V	K	1	6	5	5				
						Cravate		Bordeaux	
								Total	

Maintenant Josée regarde les accessoires, et en particulier les articles en cuir.

MAROQUINERIE

1   **CEINTURE**
DA 58 73 Rouge
DA 58 74 Bleue
DA 58 75 Verte
260 F

2   **GANTS**
DE 21 96 Noirs
DE 21 97 Bruns
DE 21 98 Beiges
325 F

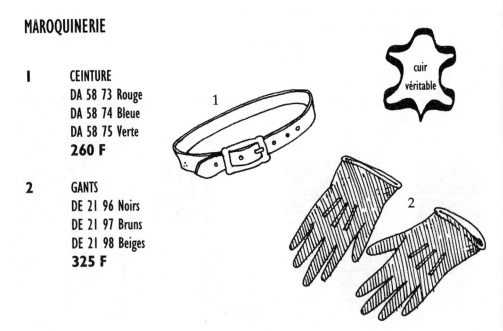

cuir véritable

3 SAC À MAIN
DI 11 52 Bordeaux
DI 11 53 Lilas
DI 11 54 Fuchsia
430 F

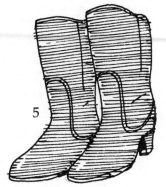

4 CHAPEAU
DU 36 49 Noir
DU 36 50 Rouge
840 F

5 BOTTES
Daim
DY 06 17 Vert olive
DY 06 18 Rouge brique
1350 F

6 CHAUSSURES
Cuir verni
DO 07 10 Noires
675 F

MOTS ET EXPRESSIONS UTILES

accessoires (m.)	*accessories*
maroquinerie (f.)	*fine leather goods*
cuir (véritable) (m.)	*(real) leather*
une ceinture	*a belt*
des gants (m.)	*gloves*
un sac (à main)	*a (hand)bag*
un chapeau	*a hat*
des bottes (f.)	*boots*
des chaussures (f.)	*shoes*
daim (m.)	*suede*
cuir verni (m.)	*patent leather*

Avez-vous compris?

Complete the French list so that it matches the English items.

1	un sac à main en cuir ____	a	an olive green hat
2	une ____ en daim	b	maroon leather boots
3	des ____ en cuir marron	c	real leather gloves
4	des gants en cuir ____	d	a suede belt
5	un ____ vert olive	e	a patent-leather bag
6	des ____ en cuir bordeaux	f	brown leather shoes

À VOUS! _____

Travaillez avec un / une partenaire.   Imagine that you want to order several items from Lucien and Josée's catalogue. You know what you want and you have the order form, but you have lent the catalogue to a friend. Give him / her a ring to find out the reference numbers and prices. Write them down.

example – Le pantalon noir, c'est quel numéro?
– C'est le vingt-quatre D cent quatre-vingt-dix-huit (24 D 198).
– Et c'est combien?
– Quatre cents francs (400 F).

– Les bottes, c'est quel numéro?
– C'est le D Y zéro six dix-sept (DY 06 17).
– Et c'est combien?
– Mille trois cent cinquante francs (1350 F).

Take turns, and make sure you revise your numbers and the French alphabet before you start.

Pendant leur visite à Paris Josée et Lucien décident d'acheter des vêtements. Lucien a besoin d'un pantalon.

Vendeuse	Bonjour messieurs-dames. Vous désirez?
Lucien	Je cherche un pantalon.
Vendeuse	Voyons . . . Ce pantalon en pure laine vierge est de très belle qualité.
Lucien	Je porte surtout du coton. Nous habitons à la Martinique, et en général, la laine c'est trop chaud.
Vendeuse	Ce modèle vous plaît?
Lucien	Non, je n'aime pas la couleur.
Vendeuse	Ce pantalon-là est très chic.

Lucien	Oui, mais il est trop élégant.
Vendeuse	Et celui-ci?
Lucien	Je déteste les pantalons à carreaux!
Josée	Combien coûte ce pantalon gris clair?
Vendeuse	750 francs, madame.
Lucien	Oh là là! Vous avez quelque chose de moins cher?
Vendeuse	Celui-ci fait 520 francs.
Lucien	Ah oui, il me plaît. Je peux l'essayer?
Vendeuse	Mais certainement, monsieur. Vous faites quelle taille?
Lucien	Du 46.
Vendeuse	44, 48, 50 . . .

Je suis désolée, monsieur, mais je n'ai pas votre taille.

Oh, quel dommage!

MOTS ET EXPRESSIONS UTILES

je porte	*I wear*
Combien coûte / fait . . ?	*How much does . . . cost?*
Il / Elle coûte / fait . . . francs.	*It is . . . francs.*
. . . vous plaît?	*Do you like . . . ?*
quelque chose de moins cher	*something less expensive*
Il / Elle me plaît.	*I like it* (m. / f.)
Je peux l'essayer?	*Can I try it on?*
Vous faites quelle taille?	*What size are you?*
celui-ci (m.)	*this one*

Avez-vous compris?

Write a list of all Lucien's reasons for rejecting the various pairs of trousers offered to him by the shop assistant.

À VOUS! _____

Travaillez avec un / une partenaire.   You go into a shop to buy a raincoat.
Take it in turns to act as the customer and shop assistant. Respond
according to the cues given.

- Vous désirez, m . . . ?
- (**1** *You are looking for a raincoat.*)
- Celui-ci vous plaît?
- (**2** *You hate the colour.*)
- Alors, ce modèle?
- (**3** *Ask for something less expensive.*)
- Celui-ci peut-être?
- (**4** *Say you like it.*)
- Oui, il est très élégant.
- (**5** *Ask if you can try it on.*)
- Certainement. Vous faites quelle taille?
- (**6** *Give your size.*)
- Voilà, m . . .
- (**7** *Thank him / her and ask how much it costs.*)
- Il fait 1000 francs.

Dans un magasin de chaussures, Josée cherche des sandales.

Vendeuse	Bonjour, madame, vous désirez?
Josée	Je peux essayer les sandales rouges que vous avez en vitrine?
Vendeuse	Les sandales à 695 francs?
Josée	Oui, c'est ça.
Vendeuse	Quelle est votre pointure?
Josée	38.
Vendeuse	Bien, madame. Asseyez-vous.

Quelques instants plus tard . . .

Vendeuse	Voilà, madame.
Josée	Elles sont en cuir?
Vendeuse	Oui, bien sûr.
Josée	Elles sont très élégantes, elles me plaisent, mais elles sont un peu étroites.
Vendeuse	Voulez-vous essayer la pointure au-dessus?
Josée	S'il vous plaît.

Quelques instants plus tard . . .

Vendeuse	Voilà, madame.
Josée	Ah oui, elles sont très confortables. Je les prends.
Vendeuse	Nous avons le sac assorti, si vous voulez.
Josée	Oh, il est adorable. Il coûte combien?
Vendeuse	975 francs.
Josée	Non, malheureusement, c'est un peu trop cher pour moi!

MOTS ET EXPRESSIONS UTILES

en vitrine	*in the (display) window*
Quelle est votre pointure?	*What is your (shoe) size?*
Asseyez-vous.	*Sit down.*
Ils / Elles me plaisent.	*I like them.*
étroit(e)	*narrow*
la pointure / taille au-dessus	*the next size up*
je le / la / les prends	*I'll take it (m./f.)/ them*
assorti(e)	*matching*
malheureusement	*unfortunately*

Avez-vous compris?

Choisissez la bonne réponse.

1 Josée achète des sandales rouges / jaunes / vertes.
2 Elles coûtent six cent quatre-vingt-cinq / six cent soixante-quinze / six cent quatre-vingt-quinze francs.
3 Josée prend du trente-sept / trente-huit / trente-neuf.
4 Les sandales sont en cuir synthétique / laine / cuir véritable.
5 Les premières sandales sont trop chères / étroites / chics.
6 Le sac assorti est trop cher / grand / étroit.

À VOUS! _____

Lucien also spotted some leather shoes that he liked in the window. They cost 745 francs.

Complétez la conversation.

Vendeur	1 ...
Lucien	Je voudrais essayer les chaussures marron que vous avez en vitrine.

Vendeur	2 . . .
Lucien	Oui, c'est ça.
Vendeur	3 . . .
Lucien	Quarante-six.
Vendeur	4 . . .

Quelques instants plus tard . . .

Vendeur	5 . . .
Lucien	Elles sont en cuir?
Vendeur	6 . . .
Lucien	Elles sont très confortables, elles me plaisent. Je les prends.

ET VOUS?

Que portez-vous aujourd'hui? De quelle couleur est votre veste / votre pantalon?, etc.

Quelle est votre couleur préférée?

── Un peu de grammaire ──

un chapeau **noir**	*a black hat*
une robe **verte**	*a green dress*
des bottes **grises**	*grey boots*

But

une robe **vert bouteille** (inv.)	*a bottle-green dress*
des bottes **marron** (inv.)	*brown boots*

ce chapeau (m.)	*this / that hat*
cette veste (f.)	*this / that jacket*
ces chaussures (pl.)	*these / those shoes*
je le prends (m.)	*I ('ll) take it*
je la prends (f.)	*I ('ll) take it*
je les prends (pl.)	*I ('ll) take them*

⇨   GRAMMAIRE 12, 13, 19c

Exercices

A   Write a list of what you wear in some of the following situations (you might want to include some of the items from the suitcases on pages 198–9):

1   pour bricoler
2   au travail
3   quand il neige
4   pour travailler à la maison ou dans le jardin
5   pour aller au restaurant
6   quand il fait chaud
7   au bord de la mer

B   Indicate the colour or pattern of the garments below, and write what they cost in full:

example   1   Le pull-over rouge coûte trois cent quarante-deux francs.

C   Five people have packed to go to different places at different times of the year. Whose suitcase is whose?

FRANCINE passe les vacances de Pâques en Alsace. Elle a l'intention de faire beaucoup de promenades.

BRICE adore les sports nautiques et il a décidé de passer les vacances d'été en Corse.

PASCALE passe les vacances de Noël en Suisse. Elle adore faire du ski.

JEAN-LUC part pour trois jours à Grasse pour son travail au mois de novembre.

MARIANNE est hôtesse de l'air. Elle va en Australie pour une semaine, mais elle n'est pas en vacances.

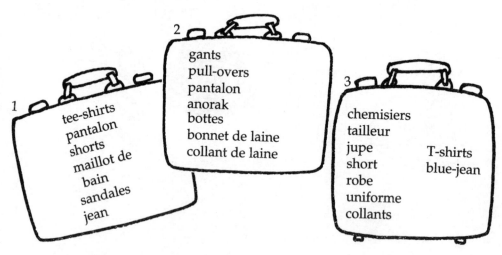

D   You are in a department store looking at jackets. Use the cues to help you complete the dialogue.

Vendeuse	Bonjour monsieur / madame. Vous désirez?
Vous	(1 *Say you are looking for a jacket.*)
Vendeuse	En coton?
Vous	(2 *Say wool.*)
Vendeuse	J'ai un joli modèle en vert ou en bleu marine.
Vous	(3 *Say you don't like plain jackets.*)
Vendeuse	Alors j'ai un modèle à rayures ou à carreaux.
Vous	(4 *Say you prefer the checked jacket.*)
Vendeuse	Vous faites quelle taille?
Vous	(5 *Give your size.*)
Vendeuse	Voilà. Elle fait 1000 francs. Vous voulez l'essayer?
Vous	(6 *Say no, it's a bit too dear for you.*)

——— Écoutez bien! 🎧 ———

François achète une chemise de nuit (*nightdress*) pour Marie. Ecoutez la conversation dans le magasin, et répondez vrai ou faux.

1   François isn't too sure what to buy his wife.
2   He wants a full length nightdress with lace.
3   He doesn't know his wife's size.
4   The assistant first offers him a pink nightdress.
5   He doesn't want the black one because the neckline is too low.
6   He settles for the blue one only because his wife has blue eyes.
7   He buys her the matching dressing gown.
8   He asks for the nightdress to be specially packed up.

Note that: **une robe de chambre** = *a dressing gown*.

Quatorzième UNITÉ

Laurent et Chantal sont dans le laboratoire de langues.

Laurent	Eh, Chantal, tu as un stylo à me prêter?
Chantal	Mais, où est ton stylo?
Laurent	Mon stylo est dans ma serviette.
Chantal	Mais, où est donc ta serviette?
Laurent	Ma serviette est dans la classe!
Chantal	Tiens, voilà mon bic.
Laurent	Merci . . . Eh, Chantal!
Chantal	Quoi encore?
Laurent	Prête-moi tes lunettes.
Chantal	Mes lunettes? Mais pourquoi?
Laurent	Je ne vois rien.
Chantal	Mais je ne suis pas myope moi, j'ai seulement des lunettes de soleil! Et puis tu n'as pas besoin de voir. Ecoute!
Laurent	Mais Chantal . . .
Chantal	Chut! Je n'entends rien!

MOTS ET EXPRESSIONS UTILES

prêter	to lend
la serviette	the briefcase
le bic	the biro
Quoi encore?	What now?
tu n'as pas besoin de voir	you don't need to see
myope	short-sighted

Avez-vous compris?

1 What does Laurent wish to borrow?
2 Where is his own?
3 Why are Chantal's glasses no good to him?
4 Why doesn't he really need glasses in the language laboratory?

À VOUS! _____

Note the words in the dialogue preceded by **mon, ma** or **mes** (*my*). Why are there three different forms in French?

Now make a list of the members of your family using similar categories:

example   mon père   ma mère   mes cousins

Also note the words preceded by **ton**, **ta** or **tes** (your, familiar form). Now imagine you are referring to the relations of a close friend:

example   ton grand-père   ta grand-mère   tes parents

Deux amies de Laurent et Chantal bavardent dans la classe pendant la pause-café.

Cécile	Regarde, Denise, les affaires de Laurent, son cahier . . .
Denise	Tu es sûre que c'est son cahier?

Cécile	J'en suis certaine!
Denise	Et ça, qu'est-ce que c'est?
Cécile	C'est le stylo de Chantal.
Denise	Tu crois?
Cécile	Mais oui, je suis sûre que c'est son stylo.
Denise	Oh, la belle serviette en cuir! Tu crois que c'est la serviette de Laurent?
Cécile	Je ne sais pas si c'est sa serviette, mais en tout cas elle est toute neuve. C'est peut-être un cadeau d'anniversaire.
Denise	Peut-être . . . Oh regarde! Une bonne note: dix-huit sur vingt!
Cécile	Oui, c'est la note de Chantal.
Denise	Quelle note?
Cécile	C'est sa note pour la traduction.
Denise	Elle est vraiment bonne en anglais, elle a de la chance. Moi, je suis complètement nulle.
Cécile	Moi, c'est la prononciation qui me perd.
Denise	Oui, la prononciation est absolument impossible! Tiens, qu'est-ce que c'est que ces clés?
Cécile	Fais voir! . . . Ah! ce sont les clés de Chantal.
Denise	Tu es sûre que ce sont ses clés?
Cécile	Mais oui, je reconnais le porte-clés.

Denise	Et ça?
Cécile	Ce sont les lunettes de Laurent.
Denise	Il porte des lunettes maintenant?
Cécile	Oui, ce sont ses lunettes, il est un peu myope.
Denise	Oh le pauvre! Moi aussi, je suis myope, ce n'est pas drôle. Dis-moi ce qui est écrit au tableau, je ne vois pas.
Cécile	Deuxième partie de la leçon au laboratoire de langues . . . Viens vite, nous sommes en retard!

MOTS ET EXPRESSIONS UTILES

les affaires (f.)	*the belongings*
le cahier	*the exercise book*
la note	*the mark*
la traduction	*the translation*
le porte-clés	*the key ring*
le tableau	*the board*
neuf / neuve	*brand new*
Fais voir!	*Show (me).*
je reconnais	*I recognise*
je ne vois pas	*I can't see*
être en retard	*to be late*
C'est la prononciation qui me perd.	*I'm lost with the pronunciation.*

Avez-vous compris?

1 Describe the briefcase the girls refer to.
2 What did Chantal get a good mark for?
3 Is Denise good at English too?
4 What does Cécile find most difficult?
5 How does Cécile know that the keys belong to Chantal?
6 Why does Laurent wear glasses?
7 Why can't Denise read what is written on the blackboard?
8 Why haven't the other students come back to the classroom?

À VOUS!

Make lists of the words in the dialogue preceded by **son**, **sa** or **ses** (*his / her*). From these, draw your own conclusions about the pattern in French.

example   son cahier   sa serviette   ses affaires

Now add some of your neighbour's belongings to the list:

example   son parapluie   sa photo   ses livres

Laurent a perdu sa serviette.

Laurent	Eh, Chantal?
Chantal	Qu'est-ce qu'il y a encore?
Laurent	J'ai perdu ma serviette!
Chantal	Impossible! Elle est dans la salle de classe.
Laurent	Non, j'ai cherché partout!
Chantal	Comment est-elle, ta serviette?
Laurent	Elle est grande, elle est toute neuve.
Chantal	Alors, de quelle couleur est cette fameuse serviette – brune, beige, blanche . . . ?
Laurent	Elle est noire.
Chantal	En cuir ou en plastique?
Laurent	En cuir, bien sûr!
Chantal	Et qu'est-ce qu'il y a dedans?
Laurent	Tu le sais bien. Il y a mes lunettes, mes clés, mon portefeuille avec mes cartes de crédit et de l'argent, mon stylo rouge . . . toutes mes affaires, quoi!
Chantal	Je suis sûre qu'elle est dans la salle de classe!

MOTS ET EXPRESSIONS UTILES

un portefeuille	*a wallet*
une carte de crédit	*a credit card*
j'ai cherché	*I have searched*
Comment est-elle?	*What is it like?*

Avez-vous compris?

Choisissez la bonne réponse.

1 Laurent a perdu son parapluie / sa serviette / son livre.
2 Chantal dit que la serviette est dans la salle de classe / le laboratoire de langues.
3 La serviette de Laurent est en cuir / en plastique.
4 Elle est rouge / blanche / noire.

À VOUS! _____

In the following conversation, which takes place in a lost property office, the questions and answers have become separated. The questions are in the correct order. Put the answers in order to make sense of the conversation.

Employé	Où avez-vous perdu votre serviette, mademoiselle?
Employé	Et comment est-elle?
Employé	De quelle couleur est-elle?
Employé	Qu'est-ce qu'il y a dedans?
Employé	Un parapluie aussi! De quelle couleur est-il?

a	Jeune fille	Elle est en cuir, toute neuve.
b	Jeune fille	Il est rouge.
c	Jeune fille	Des livres, des cahiers, mon stylo, mon petit parapluie . . .
d	Jeune fille	Dans la rue, près de mon école.
e	Jeune fille	Elle est beige.

Deux hommes d'affaires comparent leur voiture et leur travail.

Lachance	Bonjour mon cher Déveine! Ça va?
Déveine	Comme ci comme ça, et vous?
Lachance	Très bien, merci!
Déveine	Dites-moi, c'est votre voiture?
Lachance	Oui, elle est toute neuve et très confortable.
Déveine	C'est une automatique?
Lachance	Oui, c'est formidable dans les embouteillages!
Déveine	Ma voiture n'est pas automatique, et en plus, elle est en panne.

Lachance	Ah bon, c'est grave?
Déveine	Oui, c'est l'embrayage!
Lachance	Aïe, aïe, aïe!
Déveine	Je suppose que votre nouvelle usine est terminée?
Lachance	Oui, bien sûr! Elle est ultra-moderne. Les ouvriers sont contents.

| Déveine | Nos ouvriers sont en grève depuis une semaine. |
| Lachance | C'est terrible! |

Déveine	Oui. Mais vous, vos affaires marchent bien?
Lachance	Oui, nos affaires sont prospères. Notre firme a maintenant plusieurs succursales à l'étranger.
Déveine	Nous, nous n'avons qu'une petite usine en banlieue. Je suppose que vous voyagez beaucoup à l'étranger.
Lachance	Oui, très souvent.
Déveine	Vous voyagez loin pour vos affaires?
Lachance	Seulement en Europe.
Déveine	Votre secrétaire parle plusieurs langues?
Lachance	Elle est trilingue, français-anglais-allemand.
Déveine	Est-ce que toutes vos secrétaires sont trilingues?
Lachance	Non, mais elles sont toutes très jolies.
Déveine	Vous avez vraiment de la chance!!!

MOTS ET EXPRESSIONS UTILES

un homme d'affaires	*a businessman*
ça va?	*How are you?*
comme ci comme ça	*so-so*
dites-moi	*tell me*
grave	*serious*
l'embrayage (m.)	*the clutch*
les affaires (f.)	*business*
une succursale	*a branch*

Avez-vous compris?

1   Describe Monsieur Lachance's car.
2   What's the matter with Monsieur Déveine's car?
3   How do Monsieur Lachance's workers feel? Why?
4   What are Monsieur Déveine's workers doing?
5   What is Monsieur Lachance's business like? What proves it?
6   Is Monsieur Déveine's business prosperous?
7   What does Monsieur Lachance often do?
8   Where?
9   What is so special about his secretary?
10   Why does Monsieur Déveine say that Lachance is really lucky?

À VOUS! _____

You are proud of where you work. Use **notre** or **nos** (*our*) to talk about it.

1_____ bureau est ultra-moderne, **2**_____ firme a plusieurs succursales à l'étranger, toutes **3**_____ secrétaires sont trilingues.

Now be rather disparaging about a neighbour's place of work. Use **votre** or **vos** (*your*).

4_____ usine est en banlieue, **5**_____ ouvriers sont en grève, et **6**_____ affaires ne marchent pas bien.

Deux concierges, Madame Ragot et Madame Cancan, parlent de la famille Ouate.

Mme Ragot	Bonjour, Madame Cancan! Alors, vos locataires du septième sont de retour?
Mme Cancan	Oui, Madame Ouate est de retour après un petit séjour à Paris. Avec leurs enfants et leurs animaux, quelle famille!
Mme Ragot	Mais leurs enfants sont à l'école, n'est-ce pas?

Mme Cancan	Oui, heureusement! Leur fils Paul est maintenant au CES.
Mme Ragot	Et leur fille?
Mme Cancan	Elisabeth est encore à l'école primaire.

| Mme Ragot | Ils font toujours autant de bruit? |
| Mme Cancan | C'est pire que jamais! Ils dérangent tout l'immeuble avec leur musique et leurs animaux. |

| Mme Ragot | Ils ont combien d'animaux? |
| Mme Cancan | En ce moment, ils gardent les animaux de leurs amis qui sont en vacances. C'est une vraie ménagerie! |

Mme Ragot	Qu'est-ce que c'est? Des chiens?
Mme Cancan	Il y a deux gros chiens qui aboient toute la journée, trois ou quatre chats, un singe . . .
Mme Ragot	Un singe!!!
Mme Cancan	Oui, un singe! Ils ont aussi des poissons rouges, une tortue, un lapin et des souris blanches.
Mme Ragot	Des souris! Quelle horreur! Moi, j'ai peur des souris! Au revoir!

MOTS ET EXPRESSIONS UTILES

un / une locataire	*a tenant*
un séjour	*a stay*
heureusement	*fortunately*
un immeuble	*a block of flats, building*
un singe	*a monkey*
de retour	*back*
toujours	*still*
autant (de)	*as much*
déranger	*to disturb*
garder	*to look after*
C'est pire que jamais!	*It's worse than ever!*

— Un peu de grammaire —

Possessive adjectives

	Singular		Plural
	Masculine	Feminine	
my	mon	ma	mes
your (singular)	ton	ta	tes
his / her / its	son	sa	ses
our	notre	notre	nos
your (polite or plural)	votre	votre	vos
their	leur	leur	leurs

  GRAMMAIRE 1e, 14

Avez-vous compris?

1   Do the Ouates own their flat?
2   What does Mrs Cancan particularly dislike about the Ouate family?
3   Are the children always at home?
4   Why do the Ouates disturb the whole block?
5   Why do they have so many animals in their flat?

À VOUS!

Fill in the gaps with **leur** or **leurs** (*their*) to complain about the neighbours!

1_____ fils, **2**_____ fille, **3**_____ petits-enfants, **4**_____ animaux, **5**_____ amis – ils font tous trop de bruit!

Exercices

A   Write short notes on yourself, giving the necessary information.

1   Mon métier:
2   Ma situation de famille:
3   Ma nationalité:

4   Mon pays d'origine:
5   Mes passe-temps:

B   A woman is speaking to her daughter. Fill in the gaps with **ton, ta, tes** as appropriate.

Mère   Tu as **1**____ affaires, Catherine? **2**____ serviette avec **3**____ cahiers, **4**____ stylo, **5** ____ crayons?

Catherine   Oui Maman, j'ai toutes mes affaires.

C   Fill in the notes on famous French people with **son, sa, ses** as appropriate.

1   Napoléon 1er (1769 – 1821), empereur des Français, ____ pays d'origine – la France; ____ ville natale – Ajaccio, en Corse; ____ première femme – Joséphine de Beauharnais; ____ batailles célèbres – *Austerlitz, Iéna, Friedland.*

2   Molière (1622–1673), écrivain français, ____ pays d'origine – la France; ____ ville natale – Paris; ____ principales comédies – *L'Ecole des maris, L'Ecole des femmes, L'Avare, Tartuffe, Le Malade imaginaire.*

Marie Curie   A. Renoir   Molière

3   Hector Berlioz (1803–1869), compositeur français, ____ pays
d'origine – la France; ____ ville natale – La Côte-Saint-André,
Isère; ____ œuvres célèbres – *La Damnation de Faust, Roméo et
Juliette, L'Enfance du Christ, La Symphonie fantastique.*

4   Auguste Renoir (1841–1919), peintre français, ____ pays d'origine
– la France; ____ ville natale – Limoges; ____ tableaux célèbres –
La Balançoire, Jeunes filles au piano, Les Baigneuses.

5   Marie Curie (1867–1934), physicienne française, ____ pays
d'origine – la Pologne; ____ ville natale – Varsovie; avec ____
mari, Pierre, isola *le radium.*

D   You are checking up on an acquaintance. Use **votre** or **vos** as
appropriate.

1_____ mari s'appelle Bryn; **2**_____ enfants s'appellent
Gwynneth, Bronwen et Nye; **3**_____ maison est en ville;
4_____ ville natale est Cardiff.

You are proud parents! Use **notre** or **nos** as appropriate:

5_____ fils Stéphane joue de la clarinette, **6**_____ filles chantent
bien, et **7**_____ petit garçon joue du piano.

Now talk about a neighbour's household, using **leur** or **leurs** as
appropriate.

8_____ appartement est vraiment trop petit! **9**_____ enfants
dérangent tout l'immeuble. **10**_____ fils joue tout le temps aux
gendarmes et aux voleurs avec ses amis. Et en plus, **11**_____
animaux font beaucoup de bruit.

E   Complete the dialogue by using **mon, ma, mes, ton, ta, tes, son, sa, ses**.
The first gap has been filled for you.

Paul	**1 Ton** père est-il médecin?
Simon	Non, **2**____ père n'est pas médecin, il est homme d'affaires; c'est **3**____ grand frère qui est médecin.
Paul	Et **4**____ mère, est-ce qu'elle travaille?
Simon	Non, **5**____ mère est ménagère.
Paul	D'accord, elle ne travaille pas! Et **6**____ sœurs?
Simon	Sophie déteste **7**____ métier; elle est vendeuse.
Paul	Et Marie?
Simon	Elle est infirmière, elle adore **8**____ malades.
Paul	Moi, **9**____ sœur a seulement sept ans, elle ne travaille pas bien sûr, mais **10**____ mère travaille. Elle fait des enquêtes pour la SNES.
Simon	Tu es comme **11**____ mère, tu es très curieux!

F   You have lost your wallet, and go to the lost property office (**le bureau des objets trouvés**). Use the cues given to complete the conversation.

Vous	(**1** *Say, excuse me sir, I've lost my wallet.*)
Employé	Vous l'avez perdu quand?
Vous	(**2** *Say, yesterday in the train.*)
Employé	Il est comment, votre portefeuille?
Vous	(**3** *Say it's large, in leather.*)
Employé	Et de quelle couleur est-il?
Vous	(**4** *Say it's brown.*)
Employé	Et qu'est-ce qu'il y a dedans?
Vous	(**5** *Say there is some money, two tickets, some credit cards and some photos.*)
Employé	Je suis désolé, monsieur / madame. Je n'ai pas votre portefeuille.

—————— Écoutez bien! 🎧 ——————

Au bureau des objets trouvés

You are in a lost property office. Listen to the conversations, and fill in the missing information on the form below. Enter as many details as you can.

MISSING ARTICLE	PLACE LOST	DESCRIPTION
umbrella		
		big, blue
	swimming-pool	
handbag		

Quinzième UNITÉ

— Vive l'alpinisme! —

À VOUS!

Read the following, filling in the gaps with the correct form of **aller**.

example

1

Où vont les enfants?
Ils **vont** à l'école.

Où va l'homme d'affaires?
Il _____ au bureau.

2

Où vont les ménagères?
Elles _____ aux magasins.

3

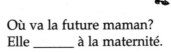

Où va la future maman?
Elle _____ à la maternité.

4

Où va le sportif?
Il _____ au stade.

7

Où vont l'agent et le voleur?
Ils _____ au commissariat.

5

Où va l'ambulance?
Elle _____ à l'hôpital.

8

Où va l'étudiant?
Il _____ à la bibliothèque.

6

Où vont les jeunes?
Ils _____ à la piscine.

9

Où vont les touristes?
Ils _____ au Syndicat d'Initiative.

Claire interviewe
UN HOMME D'AFFAIRES

Claire fait un sondage sur les Français et les moyens de transport.

Claire	Pardon, monsieur. Vous allez travailler, je suppose?
Homme	Oui, comme vous le voyez, je vais au bureau.
Claire	Comment y allez-vous?
Homme	D'habitude, j'y vais en train, mais les cheminots sont en grève aujourd'hui, alors j'y vais en bus.
Claire	Le trajet dure combien de temps?

Homme	En train, vingt-cinq minutes exactement.
Claire	Et en bus?
Homme	Je ne sais pas encore. Peut-être toute la matinée!
Claire	Si vous êtes pressé, prenez un taxi!

MOTS ET EXPRESSIONS UTILES

Comme vous le voyez . . .	*As you (can) see . . .*
Comment y allez-vous?	*How do you go there?*
d'habitude	*usually*
j'y vais	*I go there*
Le trajet dure combien de temps?	*How long is the journey?*
pas encore	*not yet*
les moyens (m.) de transport	*means of transport*

Avez-vous compris?

1 Comment l'homme va-t-il à son bureau d'habitude?
2 Comment y va-t-il ce matin?
3 Pourquoi?
4 Combien dure le trajet en train?
5 Et en bus?
6 Quel moyen de transport Claire suggère-t-elle?

Claire interviewe
DEUX ENFANTS

Claire	Bonjour les enfants!
Enfants	'Jour madame!
Claire	Vous allez à l'école?
Enfants	Quelle question! Bien sûr!
Claire	Votre école est près de chez vous?
Enfants	Oui, nous y allons à pied.
Claire	Est-ce que vous mangez à la cantine le midi?
Enfants	Nous y mangeons seulement le mardi, parce que maman n'est pas à la maison.
Claire	C'est bon?
Enfants	Pouah! C'est infect, nous emportons toujours un sandwich.

Avez-vous compris?

1 Où vont les enfants?
2 Comment y vont-ils?
3 Mangent-ils à la cantine?
4 Pourquoi?
5 Aiment-ils les repas de la cantine?

Claire interviewe
UNE MÉNAGÈRE

Claire	Pardon, madame, est-il indiscret de vous demander où vous allez?
Ménagère	Pas du tout! Je vais faire les commissions.
Claire	Où faites-vous vos achats?
Ménagère	Je vais au supermarché tous les mercredis.
Claire	Vous y allez toujours en vélo?
Ménagère	Oh là là, non, heureusement! J'y vais en voiture, mais la batterie est à plat ce matin.
Claire	Ce n'est pas de chance!
Ménagère	Non, et pour tout arranger, il pleut!

Avez-vous compris?

1 Où va la ménagère?
2 Quel jour y va-t-elle?
3 Comment y va-t-elle ce matin?

4 Pourquoi?
5 Quel temps fait-il?

Claire interviewe
UNE JEUNE FILLE

Claire	Pardon, mademoiselle, vous êtes pressée?
Jeune fille	Non, je suis en vacances.
Claire	Très bien! Quelle formule de vacances préférez-vous?
Jeune fille	J'adore faire des randonnées à cheval avec un groupe d'amis.
Claire	Dans quelle région?
Jeune fille	Oh, ça n'a pas d'importance, mais j'aime beaucoup l'Auvergne.
Claire	Allez-vous quelquefois à l'étranger?
Jeune fille	Non, je préfère rester en France.
Claire	Ah bon, pourquoi? Vous êtes chauvine?
Jeune fille	Pas le moins du monde! Mais je déteste voyager. J'ai peur en voiture. Je n'aime pas voyager en avion parce que j'ai le mal de l'air, et j'ai horreur de voyager en bateau parce que j'ai le mal de mer.
Claire	Et en aéroglisseur?
Jeune fille	C'est très rapide, mais c'est pire que le bateau!
Claire	Et en train?
Jeune fille	J'aime bien le train, mais il y a tellement de grèves!

MOTS ET EXPRESSIONS UTILES

Quelle formule de vacances préférez-vous?	*What kind of holiday do you prefer?*
faire des randonnées à cheval	*pony trekking*
chauvin(e)	*chauvinistic*
Pas le moins du monde!	*Not in the least!*
j'ai le mal de l'air / de mer	*I suffer from air sickness / sea sickness*
j'ai horreur (de)	*I hate*
l'aéroglisseur (m.)	*hovercraft*
tellement (de)	*so much / many*

Avez-vous compris?

1   Pourquoi la jeune fille n'est-elle pas pressée?
2   Quelle formule de vacances préfère-t-elle?
3   Elle préfère aller à l'étranger ou rester en France?
4   Pourquoi déteste-t-elle voyager en voiture?
5   Pourquoi n'aime-t-elle pas voyager en avion?
6   Pourquoi a-t-elle horreur de voyager en bateau?
7   Quel est l'avantage de l'aéroglisseur?
8   Quel est l'inconvénient des voyages en train?

À VOUS!

Travaillez avec un(e) partenaire. Take it in turns to interview your partner to find out how he / she goes to various places and how long it takes to get there. Use the lists below to help you.

example
–   Comment allez-vous au cinéma?
–   J'y vais en métro.
–   Le trajet dure combien de temps?
–   Un quart d'heure.

au travail	à pied	5 minutes / 10 minutes, etc.
au supermarché	en vélo	un quart d'heure
au cinéma	en voiture	une demi-heure
au théâtre	en bus	une heure / deux heures, etc.
à la piscine	en métro	toute la journée
à la bibliothèque	en train	un jour / deux jours, etc.
en vacances	en bateau	
en France	en avion	
en Ecosse	en aéroglisseur	
en Australie	en car	
	en taxi	

Choose the best reasons to say why you hate or love travelling by various means of transport by matching the sentences below.

example   J'ai horreur de voyager en voiture parce que c'est dangereux.

J'ai horreur de voyager . . .   parce que . . .

1	en voiture	a	j'ai le mal de l'air.
2	en avion	b	j'ai le mal de mer.
3	en train	c	c'est dangereux.
4	en vélo	d	c'est désagréable quand il pleut.
5	en aéroglisseur	e	il y a trop de grèves.

J'aime voyager . . .   parce que . . .

1   en avion   a   ça ne coûte pas cher.
2   en bateau   b   c'est très pratique.
3   en vélo   c   c'est très rapide.
4   en train   d   j'adore la mer.
5   en voiture   e   je peux admirer la campagne.

Monsieur Déveine rencontre son ami Henri Boivin.

M. Déveine	Bonjour, Henri. Comment allez-vous?
Henri	Je vais très bien, merci. Je reviens de vacances, de Paris. Et vous?
M. Déveine	Moi, ça va comme ci comme ça.
Henri	Votre femme va bien?
M. Déveine	Elle est plutôt fatiguée en ce moment.
Henri	Et les enfants, ils vont bien?
M. Déveine	Ils sont malades, ils ont les oreillons.
Henri	Vous avez toujours la même voiture?
M. Déveine	Oui, malheureusement! Elle devient vieille et elle est encore en panne.
Henri	Et votre petit chien?
M. Déveine	Il est mort.
Henri	Et le travail?
M. Déveine	Le travail, ça ne va pas du tout; je suis en chômage depuis trois semaines.
Henri	Et votre belle-mère?
M. Déveine	Oh, elle, elle va bien, elle est en pleine forme, mais elle est toujours chez nous!

Avez-vous compris?

1   Est-ce que Henri va bien?
2   D'où revient-il?
3   Comment va Monsieur Déveine?
4   Et sa femme?
5   Ses enfants sont-ils en bonne santé?
6   Quelle sorte de voiture a-t-il?
7   Est-ce qu'elle marche bien?
8   Comment va son chien?
9   Et son travail?
10   Et comment va sa belle-mère?

MOTS ET EXPRESSIONS UTILES

rencontrer	*to meet*
Comment allez-vous?	*How are you?*
Je vais très bien.	*I am very well.*
Elle va bien.	*She is well.*
Ça va.	*I am / he is / things are, etc. well.*
Ça va?	*How are you? / How are things?*
Ça ne va pas.	*I am / he is / things are, etc. not well.*
fatigué(e)	*tired*
malade (une(e) malade)	*ill (a patient)*
les oreillons (m.)	*mumps*
je reviens de vacances (revenir)	*I'm just back from my holiday (to return / come back)*
elle devient vieille (devenir)	*it's getting old (to become)*
mort	*dead*
en chômage	*unemployed, out of work*
en pleine forme	*on top form*
chez nous	*at our house*

À VOUS!

Add **Ça va** or **Ça ne va pas** after the statements below.

1 Je suis malade.
2 Je suis en vacances.
3 Le poisson rouge est mort.
4 Je suis en chômage.
5 Je suis fatigué(e).
6 Je suis en pleine forme.
7 Les enfants sont en bonne santé.

Paul et Elisabeth visitent une ferme.

Bonjour! On vient voir les animaux de la ferme.

Alors venez, les enfants. Suivez-moi.

MOTS ET EXPRESSIONS UTILES

venir 	*to come*
suivez-moi (suivre )	*follow me (to follow)*
une vache	*a cow*
une centaine	*about a hundred*
un mouton	*a sheep*
un cochon	*a pig*
les volailles (f.)	*poultry*
ils sentent mauvais	*they stink*
sentir 	*to smell*
la basse-cour	*the farmyard*
une oie	*a goose*
un canard	*a duck*
une poule	*a hen*
un poussin	*a chick*
une moissonneuse-batteuse	*a combine-harvester*
J'arrive!	*I am coming!*
Que veux-tu / voulez-vous!	*What do you expect!*

Avez-vous compris?

1   Le fermier a combien de chevaux / de vaches / de moutons?
2   Pourquoi Elisabeth n'aime-t-elle pas les cochons?
3   Qu'est-ce qu'il y a comme volailles dans la basse-cour?
4   Que regarde Paul?
5   Qu'est-ce que les enfants préfèrent?

À VOUS! _____

Help the children fill in their worksheet about the farm by writing how many of each animal the farmer owns. One has already been done.

LE FERMIER A COMBIEN D'ANIMAUX?

Make meaningful sentences saying *how* and *how often* some people come to various places. Use one element from each of the boxes.

example   Elle vient au collège à pied.

Je   Il
Vous   Elle
Tu
Ils
Nous

viens
vient
venons
viennent
viens
vient
venez

au restaurant
au travail
à la patinoire
au collège   au café
à la bibliothèque
à la piscine

en taxi
à pied
en train
de temps en temps
en bus
en voiture
régulièrement

Un peu de grammaire

ALLER	*to go*
je vais	*I go / am going*
tu vas	*you go / are going*
il / elle va	*he / she goes / is going*
on va	*one goes / is going, we go / are going*
nous allons	*we go / are going*
vous allez	*you go / are going*
ils / elles vont	*they go / are going*

VENIR	*to come*
revenir	*to come back*
devenir	*to become*
je viens	*I come / am coming*
tu viens	*you come / are coming*
il / elle vient	*he / she comes / is coming*
on vient	*one comes / is coming, we come / are coming*
nous venons	*we come / are coming*
vous venez	*you come / are coming*
ils / elles viennent	*they come / are coming*

 GRAMMAIRE 15d, 17a, b

Exercices

A   Fill in the gaps in the conversation below using **vais**, **vas**, **va**, **allons** or **allez**! Laurent rencontre un ami.

Ami	Tiens, bonjour Laurent! Comment **1**_____ -tu?
Laurent	Je **2**_____ bien, merci. Et toi?
Ami	Moi, ça **3**_____. Et Chantal?
Laurent	Elle **4**_____ bien, mais elle est fatiguée en ce moment.
Ami	Elle travaille trop sans doute.
Laurent	Oui, elle est très occupée au magasin et nous sortons souvent.
Ami	Où **5**_____ -vous donc?
Laurent	Nous **6**_____ au cinéma, au restaurant ou au théâtre. Quelquefois on **7**_____ chez des amis, et tous les jeudis, on **8**_____ au collège pour apprendre l'anglais. Résultat, nous **9**_____ au lit très tard.
Ami	Vous **10**_____ au lit trop tard!

B   Spot the differences.

Dessin numéro 1:   Il fait beau et le soleil brille. Il y a un vélo contre la porte du garage. La porte de l'étable est à moitié ouverte; à l'intérieur, il y a un cheval. Sur le toit, un coq chante. La fermière est dans la cour. Elle porte une robe d'été. Elle donne à manger aux volailles. Deux canards prennent un bain. Assis sur un seau, le chat regarde. Sous le pommier, une vache contemple la scène.

Write about the differences you can find in the second picture.

C   Complete this conversation filling in Michel's words.

Jules	Tiens, bonjour Michel, comment allez-vous?
Michel	(**1** *Tell him you're fine, and ask about him.*)
Jules	Comme ci comme ça. Vous venez souvent à la piscine?
Michel	(**2** *Tell him you come twice a week.*)
Jules	Et votre femme, elle vient avec vous?
Michel	(**3** *No, she hates swimming and prefers staying at home.*)
Jules	Et les enfants, ils viennent quelquefois?
Michel	(**4** *Yes, usually they come too, but at the moment they're abroad.*)
Jules	Ah bon! Où ça?
Michel	(**5** *In London.*)
Jules	Oh, ils ont de la chance! Quand reviennent-ils?
Michel	(**6** *Paul returns on Tuesday evening.*)
Jules	Il voyage comment?
Michel	(**7** *By plane, because he suffers from sea sickness.*)
Jules	Et Jacques?
Michel	(**8** *By boat, because it's less expensive.*)

D   Answer the questions below using the expressions in the bubbles. Use each bubble only once.

1   Les enfants, viennent-ils souvent à la piscine? Ils . . .
2   Comment vas-tu à l'école? J'y . . .
3   Comment va votre belle-mère? Elle . . .
4   Allez-vous à l'étranger? Nous . . .
5   Qu'est-ce qu'il vient voir à la ferme? Il . . .
6   Pourquoi viennent-elles au stade? Elles . . .
7   Où allez-vous à 11 heures du soir? Nous . . .
8   Quand va-t-il au bureau? Il y . . .
9   Où va-t-elle faire les commissions? Elle . . .
10   Pourquoi venez-vous au café? Je . . .

en Espagne

voir le match de football

les vaches

deux fois par semaine

du mardi au vendredi

—————— Écoutez bien! ——————

Listen to some snatches of conversation overheard at a party. Transport seems a very popular topic!

Indicate on the form below how the various people go to different places.

(Some people use more than one means and some means are not used at all.)

	🚶	🚲	🚌	🚃	🚕	🚗	🚄	✈️	⛴️
LES JUMEAUX									
GILLES									
SUZANNE									
BERNARD									
ALAIN									
SABINE									

—————— Lecture ——————

Imagine that you are staying in a gîte near Morzine, a famous skiing resort in Haute-Savoie.

Where would you go, or telephone:

1   if you needed some money on a Saturday?
2   if you wanted to hire a mountain bike?
3   if you wanted to buy local honey or jam?
4   if you had forgotten to bring sheets for the beds?
5   if the weather was dreadful and you wanted to buy some games?
6   if you needed to send a fax?
7   if your car had broken down?
8   if you didn't have a car and needed transport?
9   if you wanted a take-away snack?
10   if you wanted to buy some sports clothes?

Faites le point!
UNITÉS 13–15

1 Fill in the gaps using:

votre usine   nos amis   votre café   votre ville   vos bureaux

a   Vous connaissez notre musée?
     Non, c'est ma première visite dans _____.
b   Vous connaissez notre secrétaire?
     Non, c'est ma première visite dans _____.
c   Vous connaissez cette machine?
     Non, c'est ma première visite dans _____.
d   Vous connaissez le garçon?
     Non, c'est ma première visite dans _____.
e   Vous connaissez _____, Laurent et Chantal?
     Oui, je connais vos amis.

2 How would you say the following?

a   their son   d   his parents
b   their daughter   e   her parents.
c   their children

3 Using **son**, **sa** or **ses**,
describe his clothes with
the colours indicated.

noir

a blanche

b rouge

c jaune

example   Son béret est noir.
a
b
c   **d** gris
d
e

e brunes

4 Fill in the gaps with the following vocabulary.

panne	chômage	malade	chance	belle-mère

Il n'a pas de   **a**_____ : sa femme est **b**_____ , sa **c**_____
est à la maison, sa voiture est en **d**_____ , et il est en **e**_____ !

5 Choose the right word or expression.

a   Des gants blancs / blanche / blanches.
b   Une robe long / longue / longs.
c   Un pantalon noire / noirs / noir.
d   Des chaussures en laine / en daim / en dentelle.
e   Une chemise aux fleurs / à fleurs / en fleurs.
f   Un sac cuirs / en cuir / cuir.

6 Describe the garments using **un, une** or **des**.

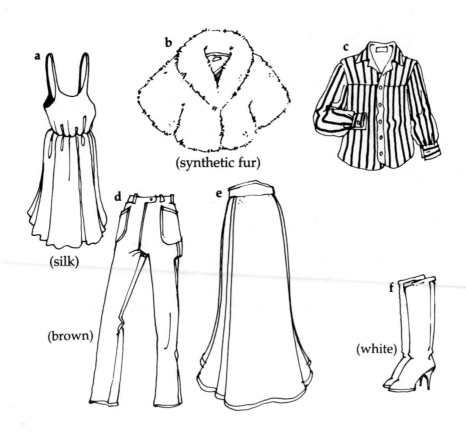

(synthetic fur)

(silk)

(brown)

(white)

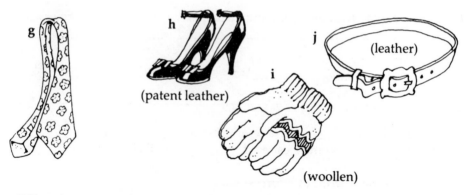

(patent leather)

(leather)

(woollen)

7 Fill in the gaps with the correct form of **aller** and **à** or **en**.

a   Nous _____ au travail _____ métro.
b   Ils _____ au supermarché _____ voiture.
c   Est-ce que vous _____ à la piscine _____ pied?
d   Je _____ chez mes amis _____ vélo.
e   _____ -tu à l'école _____ cheval?

8 How would you say the following?

a   How are you?
b   They are on strike.
c   My car has broken down.
d   I am in a hurry.
e   He is abroad.
f   He comes to the swimming-pool every week.

9 Fill in the gaps with the following vocabulary.

animaux	va	viennent
tracteur	vont	basse-cour poussins

Les enfants   **a**_____ souvent nous voir à la ferme, car ils
aiment bien tous les   **b**_____. Paul   **c**_____ voir les
cochons parce qu'il les trouve drôles. Elisabeth visite la
d_____ quand il y a des petits   **e**_____. Mais ils
f_____ toujours voir le   **g**_____ et la moissonneuse-
batteuse.

10 Match the statements / questions with the responses / answers below.

a   J'ai perdu mon sac.
b   Cette robe en soie fait mille francs.
c   Vous voulez une cravate à fleurs ou à pois?
d   Comment allez-vous travailler?
e   Aimez-vous voyager en avion?
f   Aimez-vous voyager en bateau?
g   Prenez un taxi!
h   Vous êtes pressé?

(i)   Je préfère les rayures.
(ii)   Non, j'ai le mal de mer.
(iii)   J'y vais en voiture.
(iv)   Comment est-il?
(v)   Non, c'est rapide mais j'ai peur.
(vi)   Non, je suis en vacances.
(vii)   Vous avez quelque chose de moins cher?
(viii)   Ah non, c'est trop cher!

Seizième UNITÉ

À la station-service

Le jeudi, quand il quitte son bureau, Laurent va directement à la station-service pour acheter de l'essence. En général, c'est le gérant qui le sert.

Laurent	Bonjour, Monsieur Valette!
Gérant	Bonjour, Monsieur Darieux. Mais, vous avez une nouvelle voiture!
Laurent	Oui, elle est toute neuve!

Gérant	Je vous lave le pare-brise?
Laurent	Oui, il est déjà sale; il a plu cette nuit. Les voitures ne restent pas propres longtemps!
Gérant	Je vérifie la pression des pneus?
Laurent	Oui, je veux bien, mais ce n'est pas la peine de vérifier l'huile et l'eau!
Gérant	Les pneus, ça va!

MOTS ET EXPRESSIONS UTILES

l'essence (f.)	*petrol*
le gérant	*the manager*
servir 🔨	*to serve*
(Faites) le plein.	*Fill it up.*
super	*four star*
sans plomb	*lead-free*
le pare-brise	*the windscreen*
sale	*dirty*
il a plu	*it rained*
propre	*clean*
vérifier	*to check*
Ce n'est pas la peine.	*There's no need.*

Avez-vous compris?

Cochez les bonnes réponses.

1   Le jeudi, Laurent va à la station-service avant / après le travail.
2   C'est le gérant / le propriétaire qui le sert.
3   Le nom de famille du gérant est Valette / Darieux.
4   Laurent a une nouvelle voiture / une voiture toute neuve.
5   Il fait le plein de super / de sans plomb.
6   Le pare-brise est sale / propre.
7   Le gérant vérifie les pneus / l'huile / l'eau.

À VOUS! _____

Travaillez avec un / une partenaire. Read the conversation. Take it in turns to provide the part of the customer, using the cues given.

Pompiste	Bonjour, m . . .
Client(e)	(**1** *Say you want to fill up.*)
Pompiste	Super ou sans plomb?
Client(e)	(**2** *Say whichever you would put in your car.*)
Pompiste	Je vérifie l'huile et l'eau?
Client(e)	(**3** *Say there's no need.*)
Pompiste	Je vous lave le pare-brise?
Client(e)	(**4** *Say yes, it's dirty.*)
Pompiste	Et les pneus?
Client(e)	(**5** *Say no, they're all right.*)

Chantal et Laurent sortent ensemble depuis plusieurs mois déjà.

1   Ils sortent ensemble au moins deux fois par semaine. Ils vont au cinéma ou chez des amis.

2   Quelquefois, ils partent tôt le vendredi soir, pour passer le week-end au bord de la mer.

3   Laurent finit son travail à 6 heures, mais Chantal, elle, ne finit qu'à 7 heures et demie.

4   Le jeudi soir, quand Chantal sort du magasin, Laurent l'attend dans la voiture pour aller à leur cours d'anglais.

5   Ils vont dîner dans un petit café-restaurant. En général Chantal choisit un croque-monsieur ou une salade niçoise, et Laurent mange un steak-frites.

6   Ils sortent du café-restaurant un quart d'heure avant le début du cours.

7   Laurent n'est pas fort en anglais et il est un peu timide. Si le professeur lui pose une question, il rougit jusqu'aux oreilles.

8   Quand il est fatigué, quelquefois, il dort au laboratoire de langues!

MOTS ET EXPRESSIONS UTILES

ensemble	*together*
sortir	*to go out*
un croque-monsieur	*a ham and cheese toasted sandwich*
si	*if*
il rougit jusqu'aux oreilles	*he blushes up to the ears*
dormir	*to sleep*
ne que / qu'	*only*

Avez-vous compris?

1 Depuis quand Laurent et Chantal sortent-ils ensemble?
2 Où vont-ils en général?
3 Que font-ils quelquefois le week-end?
4 A quelle heure finissent-ils leur travail?
5 Pourquoi Laurent attend-il Chantal le jeudi soir?
6 Où vont-ils dîner et que mangent-ils?
7 Quand sortent-ils du café-restaurant?
8 Pourquoi Laurent rougit-il quand le professeur lui pose une question?
9 Que fait-il au laboratoire de langues quand il est fatigué?

Claire demande à Sylvie et aux jumeaux à quelle heure ils finissent leur travail.

À VOUS! _____

Many -**ir** verbs of the **finir** type are linked with adjectives, often colours; for example **rougir** and **rouge**.

Link the following verbs with the adjectives they are based on, then give their meanings. Refer to the vocabulary section if necessary.

1	grandir	a	sale
2	grossir	b	jaune
3	blanchir	c	grand
4	pâlir	d	gros
5	salir	e	lent
6	ralentir	f	blanc
7	jaunir	g	pâle
8	refroidir	h	froid

ET VOUS? _____

Quand finissez-vous votre travail? votre toilette? votre petit déjeuner? votre déjeuner? votre dîner? la vaisselle?

Dans un café, deux mères de famille parlent de leurs enfants.

Mme Lebœuf	Les enfants grandissent vite!
Mme Villon	Oui, hier des bébés et demain des adultes!
Mme Lebœuf	Mais des adultes irresponsables!
Mme Villon	Xavier n'a pas le temps de faire ses devoirs, il sort tous les soirs!
Mme Lebœuf	Delphine aussi, et elle me ment! Elle dit qu'elle va chez une amie et elle va au café avec son petit ami!
Mme Villon	Martine est toujours au téléphone. Elle me coûte une fortune!
Mme Lebœuf	Christian se nourrit exclusivement de frites et de hamburgers!
Mme Villon	Xavier aussi, et avec du ketchup; quelle horreur!
Mme Lebœuf	La bonne cuisine n'intéresse pas les jeunes d'aujourd'hui. Que va devenir la gastronomie française?

MOTS ET EXPRESSIONS UTILES

mentir 〽	*to lie*
un / une petit(e) ami(e)	*a boyfriend / girlfriend*
(se) nourrir	*to nourish / feed (oneself)*

Avez-vous compris?

Cochez les bonnes réponses.

1 Les enfants grandissent lentement / vite.
2 Xavier a le temps / n'a pas le temps de faire ses devoirs, et il
   sort / ne sort pas tous les soirs.
3 Delphine ment / ne ment pas, pour aller au café avec son petit
   ami.
4 Christian se nourrit de frites / de hamburgers / de pizzas.
5 La bonne cuisine française intéresse / n'intéresse pas les jeunes.

ET VOUS? ———————————

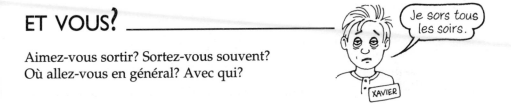

Je sors tous les soirs.

XAVIER

Aimez-vous sortir? Sortez-vous souvent?
Où allez-vous en général? Avec qui?

Un autre client bavarde avec le garçon.

Garçon   Vous désirez, monsieur?
Client   Un express, s'il vous plaît.
Garçon   Tout de suite, monsieur.

Client	Vous êtes garçon de café depuis longtemps?
Garçon	Non, je suis garçon de café depuis deux ans seulement.
Client	Et vous travaillez ici depuis deux ans?
Garçon	Non, je ne travaille ici que depuis le mois de septembre.
Client	Vous êtes de Rouen?
Garçon	Non, mais j'habite ici depuis environ dix ans.
Client	Est-ce que vous aimez votre métier?
Garçon	Oui, parce que je vois beaucoup de monde, mais c'est fatigant et je n'ai pas beaucoup de temps libre.
Client	Vous êtes marié?
Garçon	Oui, je suis marié depuis six mois.
Client	Félicitations! Et qu'est-ce que vous faites quand vous avez du temps libre?
Garçon	Je joue au football.
Client	Vous jouez au football depuis longtemps?
Garçon	Depuis toujours! Mais je suis membre du 'Club du Ballon' seulement depuis l'année dernière.
Client	Moi, je préfère le rugby, mais seulement à la télé!

Avez-vous compris?

1 Le garçon de café fait-il son métier depuis longtemps?
2 Depuis quand travaille-t-il dans ce café?
3 Aime-t-il son métier?
4 Est-il marié depuis longtemps?
5 Est-il membre du 'Club du Ballon' depuis longtemps?

ET VOUS? _____

1 Où habitez-vous?
2 Depuis quand habitez-vous dans ce village / cette ville / cette région / ce pays?
3 Etes-vous marié depuis longtemps?
4 Depuis quand travaillez-vous / êtes-vous à la retraite?
5 Apprenez-vous le français depuis longtemps?
6 Depuis quand portez-vous des lunettes / fumez-vous?
7 Avez-vous un animal familier? Depuis quand?
8 Faites-vous du sport? Depuis longtemps?
9 Avez-vous des passe-temps? Depuis quand?
10 Êtes-vous membre d'un club? Depuis quand?

Why not conduct a survey in the class?

—— Un peu de grammaire ——

Present tense of —ir verbs

Finir type (choisir, grandir, rougir, (se) nourrir, pâlir, salir, grossir)

je finis	*I finish / am finishing*
tu finis	*you finish / are finishing*
il / elle / on finit	*he / she / one finishes / is finishing*
nous finissons	*we finish / are finishing*
vous finissez	*you finish / are finishing*
ils / elles finissent	*they finish / are finishing*

Dormir type (sortir, partir, mentir, servir)

je dors	*I sleep / am sleeping*
tu dors	*you sleep / are sleeping*
il / elle / on dort	*he / she / one sleeps / is sleeping*
nous dormons	*we sleep / are sleeping*
vous dormez	*you sleep / are sleeping*
ils / elles dorment	*they sleep / are sleeping*

Use of depuis (for, since)

J'habite Chelmsford depuis trois ans.	*I have been living in Chelmsford for three years.*
J'apprends le français depuis deux ans.	*I have been learning French for two years.*
Depuis quand?	*Since when?*

⇨ GRAMMAIRE 15, 16

—— Exercices ——

A Our two concierges are talking about children of today. Complete Mme Cancan's side of the conversation by using the cues given.

Mme Ragot	Ah, les enfants d'aujourd'hui!
Mme Cancan	(**1** *Say yes, they grow up quickly.*)
Mme Ragot	Ils ne font jamais un bon repas!
Mme Cancan	(**2** *Say no, they feed on chips and chocolate.*)
Mme Ragot	C'est vrai!

Mme Cancan	(3 *Say they go out every evening.*)
Mme Ragot	Ou bien ils regardent la télé.
Mme Cancan	(4 *Say that Damien, your grandson, never finishes his homework.*)
Mme Ragot	Ma petite fille Clara déteste l'école!
Mme Cancan	(5 *Say Damien, too, and add that he tells lies.*)
Mme Ragot	Clara aussi, quand elle sort avec son petit ami!

B   Use the following vocabulary to describe Philippe's weekends.

| plein   huile   voiture   pneus   travail |
| eau   station-service   gérant   peine   pare-brise |

Tous les vendredis soirs Philippe finit son   **1**_____ de bonne heure, car en général il part en week-end à la campagne. Il va à la **2**_____ pour faire le   **3**_____ d'essence. Le   **4**_____ le connaît bien. Il vérifie régulièrement   **5** l'_____ et **6** l'_____, et de temps en temps il vérifie la pression des **7**_____. S'il a plu pendant la semaine, le gérant lave le **8**_____. Mais cette semaine-là ce n'est pas la   **9**_____, car Philippe vient d'acheter une   **10**_____ toute neuve.

C   You are a friend of an English family, the Bickertons, and of a French teenager, Pascal, who is looking for an English family to stay with. You write to Pascal to introduce your friends. Continue the letter printed below using the following information:
The Bickertons   living in Barnet for 12 years – Mr Bickerton unemployed for 2 years – Mrs Bickerton working part-time 18 months – they can't speak French, but love France – daughter Susie married 3 months – living in Enfield since wedding. – son, Timothy, 17, – working in bank for a year – has motorbike – lots of friends – weekends plays football – member of club – loves pop music as well – learning to play electric guitar for several months.

Londres, le 4 octobre ......

Cher Pascal,
        Je t'écris cette lettre pour te présenter la famille Bickerton. Ce sont des amis qui seront très contents de te recevoir pendant les vacances de Noël.

————— Écoutez bien! 🎧 —————

Ecoutez l'interview et répondez aux questions en anglais.

1   What is the man's occupation and where does he work?
2   Where does he live?
3   How does he get to work?
4   When does he use his car?
5   At what time does he leave home?
6   Which day does he have off?
7   When are his busiest times?
8   What does he particularly enjoy about his job?
9   What kind of customers does he dislike?
10 At what time does he finish work?
11 Why does he say that he is lucky?
12 Why is his wife happy about this arrangement?

————— Lecture —————

A French newspaper publishes the story of a criminal whose burglary didn't go quite as expected. Give an English friend a brief account of what happened.

LE VOLEUR TROMPÉ

Une heure du matin, avenue Foch. Une grosse Renault ralentit, puis s'arrête devant un bel immeuble. Un homme descend et referme la portière avec précaution. Sa compagne reste au volant. L'homme disparaît dans la maison. Il n'allume pas, mais il utilise une petite lampe de poche. Il ignore l'ascenseur et monte à pied jusqu'au sixième étage. Il ouvre la porte d'un appartement avec difficulté et il entre. Il va directement dans la chambre à coucher et ouvre le tiroir de la table de nuit. La lumière de la lampe de poche révèle un véritable trésor; le tiroir est plein de bijoux. L'homme saisit des bracelets, des bagues, des colliers et des boucles d'oreille en or, en argent ou sertis de pierres précieuses de toutes les couleurs. Il les met dans un sac en plastique. Il sort de l'immeuble à toute vitesse, et remonte dans la voiture qui part aussitôt.

Dans la chambre d'un hôtel de luxe, quelque part en Amérique du Sud, le même couple ouvre une grande valise où se trouve le sac en plastique. L'homme sort les bijoux et les met sur le lit.

– Tu es vraiment stupide! Ils sont tous faux! dit la femme.

Sur une petite table se trouve un journal français; il titre:

Etrange cambriolage à Paris:
La célèbre actrice Anna Bella se fait voler ses bijoux de scène!

Dix-septième UNITÉ

Qui pense à demain? Mais oui, c'est Moustache, le chat d'Henri Boivin.

ET VOUS?

Qu'est-ce que vous allez faire demain? pendant le week-end? aux prochaines vacances? ce soir?

Chantal déménage.

Tout est organisé d'avance. Le jour du déménagement, le camion va arriver à deux heures. Les déménageurs vont mettre les meubles et les cartons dans le camion, puis ils vont prendre la direction du nouvel appartement. Chantal va emprunter la voiture de Laurent pour arriver avant les déménageurs. Aussitôt arrivés, les hommes vont sortir les meubles du camion et Chantal va leur dire où les mettre.

L'appartement a quatre pièces; une petite salle de bain, une cuisine, une chambre à coucher de taille moyenne, et une grande salle de séjour qui donne sur un parc. Les hommes vont monter la table, les quatre chaises, les deux fauteuils, le canapé et le buffet et les mettre dans la grande pièce. Puis ils vont monter le lit, la commode, la table de nuit et les mettre dans la chambre. Chantal a aussi une immense armoire normande, qui vient de sa grand-mère, où elle range ses vêtements.

Finalement, ils vont mettre la table de cuisine, les tabourets, le vaisselier et le frigidaire dans la cuisine. Ils ont de la chance, Chantal n'a pas de machine à laver, de lave-vaisselle ni de congélateur!

Avez-vous compris?

Corrigez les erreurs.

1   Le camion de déménagement va arriver à midi.
2   Chantal va emprunter la voiture de ses parents.
3   Chantal va arriver à l'appartement après les déménageurs.
4   Dans l'appartement, il y a un salon et une salle à manger.
5   Il y a deux chambres, une cuisine et une grande salle de bain.
6   La chambre de Chantal donne sur un parc.
7   Sa chambre est grande.
8   Chantal range ses livres dans l'armoire normande.
9   Dans la cuisine ils vont mettre la table, les chaises et le vaisselier.
10   Chantal a un frigidaire, une machine à laver, un lave-vaisselle et un congélateur.

MOTS ET EXPRESSIONS UTILES

le déménagement	*removal*
les meubles (m.)	*the furniture*
un carton	*a cardboard box*
une pièce	*a room*
un buffet	*a sideboard*
une commode	*a chest of drawers*
une armoire normande	*a Normandy wardrobe*
un tabouret	*a stool*
un vaisselier	*a dresser*
une machine à laver	*a washing machine*
un lave-vaisselle	*a dishwasher*
un congélateur	*a freezer*
mettre	*to put*
monter	*to carry up*
emprunter	*to borrow*
donner sur	*to overlook*

À VOUS!

List what will go in the rooms of Chantal's flat.

SALLE DE SÉJOUR	CHAMBRE	CUISINE

L'armoire normande est trop grande.

Malheureusement, le jour du déménagement, les choses sont un peu différentes. Au début, tout va bien. Les hommes arrivent à l'heure. Ils trouvent l'appartement sans difficulté. Chantal les attend. Ils vident le camion, puis ils montent la table, les chaises, les fauteuils, le canapé et le buffet dans la salle de séjour. Ils mettent les meubles de cuisine et le frigidaire dans la cuisine.

Finalement, ils mettent le lit, la commode et la table de nuit dans la chambre, mais l'armoire normande est beaucoup trop grande pour la pièce. Les hommes regardent leur montre. Il est déjà sept heures du soir. Comme il est tard, Chantal leur dit de laisser l'armoire sur le palier. Elle cherche son sac pour leur donner un pourboire. Elle n'a que des gros billets. Ce déménagement coûte cher! Les hommes la remercient avec un grand sourire, mais Chantal a envie de pleurer.

Heureusement que Laurent va bientôt arriver pour l'aider. Et heureusement que l'appartement est au dernier étage, car l'armoire normande gêne le passage!

MOTS ET EXPRESSIONS UTILES

une montre	*a watch*
le palier	*the landing*
un gros billet	*a large banknote*
un sourire	*a smile*
vider	*to empty*
pleurer	*to cry*
avoir envie de	*to want to*
gêner le passage	*to be in the way*
un pourboire	*a tip*

Avez-vous compris?

Répondez en français.

1   Est-ce que les problèmes commencent au début?
2   Est-ce que les déménageurs arrivent en retard?

3   Est-ce qu'ils ont des difficultés à trouver l'appartement?
4   Est-ce que Chantal est déjà là?
5   Qu'est-ce qu'ils mettent dans la salle de séjour?
6   Qu'est-ce qu'ils ne mettent pas dans la chambre? Pourquoi?
7   Pourquoi les hommes regardent-ils leur montre?
8   Où laissent-ils l'armoire?
9   Est-ce que Chantal leur donne un bon pourboire? Pourquoi?
10   Qui va aider Chantal?
11   Où se trouve l'appartement de Chantal?
12   Qu'est-ce que Chantal va faire avec l'armoire normande?

Il est huit heures du soir. Laurent aide Chantal à ranger sa cuisine.

Laurent	Où est-ce que je mets les assiettes?
Chantal	Mets-les dans le vaisselier.
Laurent	Je mets les couverts dans un tiroir?
Chantal	Naturellement!
Laurent	Les couteaux, les fourchettes . . . Chantal, je ne trouve pas les cuillères!
Chantal	Elles sont dans le carton, avec les serviettes et les nappes.
Laurent	Où sont les tasses et les bols?
Chantal	Regarde, je viens de les mettre sur l'étagère.
Laurent	Où est-ce que je mets la poêle?
Chantal	Mets-la dans le placard, en bas, à côté des casseroles.
Laurent	Et le tire-bouchon?
Chantal	Mets-le sur la table.
Laurent	Et l'ouvre-boîte?
Chantal	Laisse-le aussi sur la table – je vais ouvrir une boîte de soupe pour le dîner.
Laurent	Pas question! Ce soir, je t'emmène au restaurant.
Chantal	Oh, ça c'est gentil.
Laurent	Mais avant, ouvre le frigo.
Chantal	Oh, une bouteille de champagne!
Laurent	Où sont les verres?

Avez-vous compris?

Cochez les bonnes réponses.

1   On mange de la soupe avec un couteau / une fourchette / une cuillère.
2   On boit le café dans une tasse / une assiette / une casserole.
3   On fait une omelette dans une poêle / une assiette / un verre.
4   On range les casseroles dans un carton / un tiroir / un placard.
5   Sur la table on met une serviette / une nappe / un journal.

6   On ouvre une bouteille de vin avec un ouvre-boîte / un couteau / un tire-bouchon.

7   On range les couverts sur une étagère / dans un tiroir / dans le frigo.

MOTS ET EXPRESSIONS UTILES

les couverts (m.)	*the cutlery*
un couteau	*a knife*
une fourchette	*a fork*
une cuillère	*a spoon*
une nappe	*a tablecloth*
une étagère	*a shelf*
une poêle	*a frying pan*
un placard	*a cupboard*
une casserole	*a saucepan*
un tire-bouchon	*a corkscrew*
un ouvre-boîte	*a tin-opener*
un frigo	*a fridge*
emmener	*to take* (someone somewhere)
je viens de . . .	*I have just* . . .

À VOUS! _____

Travaillez avec un / une partenaire. You have just tidied away after the previous occupants of your gîte. Your partner has the list, and asks you where things are, and you say where you have just put everything.

Use expressions such as: sur l'étagère   dans le tiroir
                         sur la table   dans le vaisselier
                         dans le placard   à côté de . . .

Refer to the grammar box on page 248 before you start.

example
Où est **la** poêle?   Je viens de **la** mettre sur l'étagère.
Où sont **les** bols?   Je viens de **les** mettre dans le placard.

INVENTAIRE

8 bols	1 poêle
12 assiettes	1 grande casserole
12 couverts	2 petites casseroles
8 verres	1 tire-bouchon
12 tasses	1 ouvre-boîte

— Un peu de grammaire —

Aller + *infinitive (going to)*

Je vais manger du poisson.   *I am going to eat some fish.*

Venir de + *infinitive (have just)*

Je viens de visiter Paris.   *I have just visited Paris.*

Direct object pronouns

le	*him / it*
la	*her / it*
l'	*him / her / it*
les	*them*
Je le / la mets sur la table.	*I am putting it on the table.*
Je les mets sur la table.	*I am putting them on the table.*

⇨   GRAMMAIRE 17, 18

—————— Exercices ——————

A   You are going away for the weekend. Make notes of what you intend to do, using **aller**.

   example   Je vais téléphoner à l'hôtel, je vais réserver une chambre.

B   Answer these questions orally or in writing.

   1   Vous avez une maison ou un appartement?
   2   Il y a combien de chambres dans votre maison / appartement?
   3   Quelles meubles y a-t-il dans votre chambre?
   4   Votre chambre donne sur le jardin ou sur la rue?
   5   Vous avez une grande cuisine?
   6   Qu'est-ce qu'il y a dedans?
   7   Comment est votre salle de bain?
   8   Quelles sont les autres pièces de votre maison / appartement?
   9   Décrivez votre salon / salle de séjour.
   10   Aimez-vous votre maison / appartement? Pourquoi?

C   The sentences at the top of page 249 can be joined in pairs to make meaningful statements. Identify which are the pairs.

example   Ils viennent d'arriver à Paris. Ils vont visiter le musée du Louvre.

1   Nous venons d'arriver à Rouen.
2   Elle vient d'avoir un bébé.
3   Tu viens de boire trop de vin.
4   Elle vient de trouver un nouvel appartement.
5   Vous venez d'acheter de la laine.
6   Il vient de téléphoner à sa petite amie.
7   Je viens d'acheter une veste.
8   Vous venez de faire un gâteau.

a   Elle va déménager bientôt.
b   Tu ne vas pas prendre la voiture.
c   Les enfants vont le manger tout de suite.
d   Vous allez tricoter un pull-over.
e   Je vais la mettre ce soir pour sortir.
f   Nous allons visiter les musées.
g   Ils vont aller au cinéma ce soir.
h   Elle va avoir beaucoup de travail.

D   Describe what is going to happen to the following objects, by pairing each one with one of the phrases listed below and overleaf. Complete the phrase by adding the direct object pronoun, **le**, **la**, **l'** or **les**.

example   des œufs . . . On va *les* casser.

1	une omelette	a	On va __ mettre dans le frigidaire.
2	un verre de vin	b	On va __ regarder.
3	un pull-over	c	On va __ lire.
4	une assiette sale	d	On va __ ranger.
5	des verres propres	e	On va __ manger.
6	une bouteille de lait	f	On va __ éplucher.
7	la télévision	g	On va __ laver.
8	un livre	h	On va __ boire.
9	des pommes de terre	i	On va peut-être __ perdre!
10	un porte-monnaie	j	On va __ mettre.

E   Fill in the gaps below with the direct object pronoun – **le**, **la** or **les** – to complete the following conversation:

Déménageur   Pardon madame, où est-ce que je mets le lit?
Dame   Mettez- **1**___ dans la grande chambre, s'il vous plaît.
Déménageur   Et la commode? Je **2**___ mets dans la grande chambre aussi?
Dame   Non, mettez- **3**___ dans la petite chambre à côté.
Déménageur   Et je mets les chaises dans la salle de séjour?

Dame	Non! Mettez- **4**____ dans la cuisine, s'il vous plaît.
Déménageur	Où est-ce que je mets le canapé, madame?
Dame	Mettez- **5**____ dans la petite chambre.
Déménageur	Est les livres? Je **6**____ mets où?
Dame	Mettez- **7**____ sur la table.
Déménageur	Et l'armoire?
Dame	Laissez- **8**____ sur le palier pour l'instant!

Écoutez bien!

Qu'est-ce qui ne va pas? Listen to extracts from the Brèdes' conversation over a meal in a restaurant. Write down what was wrong with the following.

1 the table
2 the tablecloth
3 Mme Brède's glass
4 the service

5 Mme Brède's chicken in wine
6 M. Brède's fork
7 Mme Brède's napkin
8 the bill

Note that **fêlé** = *cracked*.

Lecture

SPÉCIAL JEU
Des tests pour vous!

Faites notre nouveau test psychologique et découvrez votre vraie personnalité.

Cochez la bonne réponse.

I Votre fils / fille vient de renverser du miel sur le tapis neuf. Qu'allez-vous faire?
    (a) frapper votre fils / fille   ☐
    (b) aller chercher une éponge   ☐
    (c) fondre en larmes   ☐

2 Il est minuit. Vos voisins viennent de rentrer. Ils font beaucoup de bruit. Qu'est-ce que vous allez faire?
    (a) frapper violemment sur le mur   ☐
    (b) allumer la radio   ☐
    (c) rien   ☐

3 Vous venez de perdre votre porte-monnaie. Vous allez

    (a) aller au bureau des objets trouvés ☐

    (b) chercher partout ☐

    (c) acheter un autre porte-monnaie ☐

4 Vous venez de recevoir un cadeau que vous n'aimez pas. Est-ce que vous allez

    (a) jeter le cadeau à la poubelle? ☐

    (b) donner le cadeau à votre tante? ☐

    (c) garder le cadeau? ☐

5 Vous êtes dans un compartiment 'non-fumeurs'. Un homme vient d'allumer sa pipe.

Allez-vous

    (a) indiquer la pancarte 'non-fumeurs'? ☐

    (b) tousser vigoureusement? ☐

    (c) sortir dans le couloir? ☐

6 Votre professeur vient de vous poser une question. Vous ne comprenez pas. Qu'allez-vous faire?

    (a) refuser de répondre ☐

    (b) demander au professeur de répéter la question ☐

    (c) sourire bêtement ☐

RÉPONSES: Si vous avez . . .

plus de 3 **a**: vous êtes fort, un peu aggressif; vous ne craignez rien; vous allez réussir!

plus de 3 **b**: vous avez l'esprit pratique; vous ne perdez pas la tête; bravo!

plus de 3 **c**: vous êtes craintif, trop sensible peut-être; courage!

Dix-huitième UNITÉ

Josée Cousin aide son mari au cabinet médical deux fois par semaine. Son amie Edith se demande comment ils se débrouillent.

MOTS ET EXPRESSIONS UTILES

se demander	*to wonder*
se débrouiller	*to manage*
se réveiller	*to wake up*
se laver	*to wash* (oneself)
se brosser (les dents)	*to brush* (one's teeth)
se coiffer	*to do* (one's) *hair*
se maquiller	*to put on make-up*
se dépêcher	*to hurry*
se raser	*to shave*

Avez-vous compris?

Répondez vrai ou faux.

1 Josée Cousin se lève de bonne heure.
2 Elle travaille une fois par semaine.
3 Elle se maquille si elle a le temps.
4 Elle se dépêche le matin.
5 Son mari se lave et se rase vite.
6 Edith est une amie de Josée.

MOTS ET EXPRESSIONS UTILES

se reposer	*to have a rest*
se changer	*to change* (clothes)
s'endormir	*to fall asleep*
se coucher	*to go to bed*
se disputer	*to argue*
avant de dîner	*before having dinner*
sans doute	*probably*
comme d'habitude	*as usual*

Avez-vous compris?

Répondez vrai ou faux.

1   Quand ils rentrent le soir, les Cousin se reposent avant de dîner.
2   Ils se changent avant de se reposer.
3   Quelquefois, ils s'endorment devant la télévision.
4   Ils se couchent tard.
5   Leurs enfants ne se disputent jamais.

À VOUS! _____

Lisez le texte. Que font ces personnes dans la vie?

1   Je me réveille à une heure du matin et je me lève immédiatement. Je ne me rase pas. Je me dépêche car le bateau part vers deux heures. Je rentre au port vers trois heures de l'après-midi, et je vends mon poisson. Je me couche à huit heures du soir. Je suis . . .
2   Je commence mon travail à six heures du matin, mais je déteste me lever tôt. Donc je me lève péniblement à cinq heures. Je me lave et je me coiffe en dix minutes. Je pars pour l'hôpital à cinq heures et demie. Je rentre chez moi à trois heures, et je me change avant de me reposer. Je suis . . .
3   Je travaille le soir, alors je me lève tard – vers onze heures du matin. J'arrive au théâtre à six heures où Roger me coiffe et Sophie me maquille. Je me couche à deux heures du matin, et je m'endors immédiatement. Je suis . . .

Travaillez avec un / une partenaire.
Choisissez chacun un métier. A vous de deviner ce que fait votre partenaire dans la vie!

professeur	serveuse	vendeur	cuisinier	
cuisinière	réceptionniste	serveur		vendeuse

ET VOUS? _____

1   Comment vous appelez-vous?
2   A quelle heure vous réveillez-vous le matin?
3   A quelle heure vous levez-vous?
4   Vous lavez-vous dans la cuisine?

5   Est-ce que vous vous maquillez?
6   Combien de fois par jour vous brossez-vous les dents / vous lavez-vous les mains / vous coiffez-vous?
7   Est-ce que vous vous dépêchez le matin? Pourquoi?
8   Vous changez-vous avant de sortir?
9   Est-ce que vous vous endormez quelquefois devant la télévision?
10   Où vous déshabillez-vous avant de vous coucher?

Jeu de rôles
(PARTENAIRE A)

(Partner B should refer to page 261)

A1 Imagine that your name is Stéphane / Stéphanie Dupont. You wake up at half past seven in the morning and wash in five minutes. You normally brush your teeth after breakfast. At work, you often argue with your colleagues. When you get home you change and have a rest. In the evenings, you tend to fall asleep in front of the television.

Your partner is conducting a survey about the habits of French people, including questions on hygiene. Answer his / her questions as if you were Stéphane /Stéphanie Dupont.

A2 You are now conducting the survey. Ask your partner the following questions and complete the form below accordingly. You might need to revise the French alphabet before you start.

Comment vous appelez-vous?
Ça s'écrit comment?
Vous vous levez à quelle heure le matin?
Est-ce que vous vous rasez / maquillez?
Vous lavez-vous souvent les cheveux?
Qu'est-ce que vous faites après le travail?
Est-ce que vous vous disputez souvent avec votre petit(e) ami(e)?
Vous vous couchez tard le soir?

NOM _____   PRÉNOM _____

Se lève à _____

Se rase / se maquille le matin: OUI / NON

Se lave les cheveux _____ fois par _____

Après le travail _____

Se dispute RAREMENT ☐ QUELQUEFOIS ☐ SOUVENT ☐ avec son / sa petit(e) ami(e).

Le soir, se couche à _____

Josée n'a pas oublié ses vacances en France. Elle se souvient de Guillaume, le guide, et de sa visite de Paris . . .

Mais l'arrivée de ses enfants, Annette et Simon, interrompt sa rêverie . . .

Maman, je n'ai plus d'argent de poche, j'ai besoin d'une pièce de 10 francs.

Voilà Annette, je te la prête.

Tu me la prêtes, maman, ou tu me la donnes?

Je te la prête, chérie, je ne te la donne pas. Tu dois me la rendre samedi, quand papa va te donner ton argent de poche.

Moi non plus maman, je n'ai plus d'argent.

Menteur!

Ah les enfants! Je vous donne deux pièces de 10 francs – voilà!

Tu nous les donnes maman! Merci beaucoup! Maintenant nous allons acheter des jouets et des bonbons!

MOTS ET EXPRESSIONS UTILES

se souvenir (de)	*to remember*
montrer	*to show*
il nous a montré	*he showed us*
l'argent de poche	*pocket money*
une pièce	*a coin*
un jouet	*a toy*

À VOUS!

You are rather forgetful, and have left a lot of your belongings at home. Ask your neighbour if you can borrow his / hers. He / she is very helpful.

example – Vous pouvez me prêter votre stylo? *Can you lend me your pen?*
           – Oui, je vous le prête volontiers! *I'll lend it to you with pleasure.*

Vous avez oubliés:

votre gomme (f.) (*rubber*)	votre crayon (m.)	votre livre (m.)
votre dictionnaire (m.)	vos lunettes	votre règle (f.) (*ruler*)
votre taille-crayon (m.) (*pencil-sharpener*)	votre papier (m.) (*paper*)	vos devoirs

Josée bavarde avec son amie Edith.

Josée	Edith, que fais-tu quand tu trouves un porte-monnaie ou un portefeuille. Tu le gardes?
Edith	Non! Je le porte aux Objets Trouvés. S'il y a un nom ou une adresse à l'intérieur, je l'envoie directement au propriétaire.
Josée	Et que fais-tu si une vendeuse te rend trop de monnaie?
Edith	Je le lui dis, bien sûr!
Josée	Tu es honnête, dis donc! Et si c'est le contraire, si elle ne t'en rend pas assez?
Edith	Je le lui dis aussi, mais je n'aime pas demander de l'argent.
Josée	Tu as raison, c'est embarrassant.

MOTS ET EXPRESSIONS UTILES	
l'argent (m.)	*money*
la monnaie	*change*
garder	*to keep*
envoyer	*to send*
rendre	*to give back*

Avez-vous compris?

Répondez vrai ou faux.

1 Quand Edith trouve un porte-monnaie, elle le garde.

2   Quand il y a un nom et une adresse dans un portefeuille, elle
     téléphone au propriétaire.
3   Si une vendeuse lui rend trop de monnaie, elle ne dit rien.
4   Josée trouve que c'est embarrassant de demander de l'argent.

La conversation continue.

Josée	Et si tes enfants te demandent des bonbons, que fais-tu?
Edith	Je leur dis que c'est mauvais pour les dents et qu'ils n'en ont pas besoin. Et puis, ils ont de l'argent de poche!
Josée	Tu leur donnes souvent de l'argent de poche? Moi, j'ai beaucoup de problèmes avec Simon et Annette!
Edith	Je leur en donne toutes les semaines, le samedi, et c'est tout.
Josée	Et qu'est-ce qu'ils en font?
Edith	Ils sont entièrement libres. Je crois qu'ils achètent des bandes dessinées, des bonbons et qu'ils s'en servent aussi pour aller au cinéma, ou à la piscine.
Josée	Tu leur en donnes beaucoup? Moi, je ne sais pas combien leur en donner.
Edith	Ça dépend de l'inflation!

MOTS ET EXPRESSIONS UTILES

les bandes dessinées (f.)	*comic strips*
se servir (de)	*to make use (of)*
libre	*free*

Avez-vous compris?

Répondez vrai ou faux.

1   Les enfants d'Edith n'aiment pas les bonbons.
2   Josée a beaucoup de problèmes avec ses enfants.
3   Edith donne de l'argent de poche à ses enfants régulièrement.
4   Ils achètent des bandes dessinées.
5   Ils vont au cinéma et à la patinoire.

À VOUS! _____

Identify what is being referred to in the phrases on page 259 and match up
the two parts.

1	J'en donne à mes enfants toutes les semaines.	a	de la monnaie
2	On en a besoin pour se laver les cheveux.	b	du dentifrice
3	On s'en sert pour se brosser les dents.	c	un ouvre-boîte
4	Je m'en sers pour aller travailler.	d	un tire-bouchon
5	On en a besoin pour utiliser un téléphone public.	e	de l'argent de poche
6	On s'en sert pour ouvrir une boîte de soupe.	f	la voiture
7	On n'en a pas besoin pour ouvrir une bouteille de champagne!	g	du shampooing

ET VOUS?

Choisissez les réponses que vous préférez.

1 Si je trouve un portefeuille, je le porte aux Objets Trouvés / je le garde / je l'envoie directement au propriétaire.
2 Si je trouve une pièce de 50F dans la rue, je la ramasse / je la laisse par terre.
3 Si une vendeuse me rend trop de monnaie, je ne le lui dis pas / je ne le remarque jamais / je le lui dis.
4 Si le garçon ne me rend pas assez de monnaie, je le lui dis / j'appelle le gérant / je ne le lui dis pas.
5 Si des enfants me demandent des bonbons, je leur en donne / je leur dis que c'est mauvais pour les dents / je ne leur en donne pas.

Les femmes bavardent encore.

Edith	Lucien et toi, vous allez souvent au cinéma?
Josée	Nous y allons environ une fois par mois. Et toi?
Edith	Moi, je n'y vais jamais. Je préfère louer des vidéocassettes et rester chez moi, mais j'aime bien aller au théâtre ou au concert.
Josée	Moi aussi. J'adore sortir!
Edith	Vous mangez souvent au restaurant?
Josée	Nous n'y allons pas très souvent, malheureusement.
Edith	Moi j'adore la nouvelle cuisine. Et toi?
Josée	Non, c'est très cher, et il n'y a rien dans l'assiette! Je préfère la cuisine chinoise.

Edith	Tu manges avec des baguettes?
Josée	Non, nous achetons des plats à emporter et nous mangeons à la maison avec un couteau et une fourchette.

MOTS ET EXPRESSIONS UTILES

louer	*to hire*
les baguettes (f.)	(here) *chopsticks*
les plats à emporter	*take-away meals*

Avez-vous compris?

Decide which of the following phrases refer to Edith, and which to Josée.

1   Elle aime louer des vidéocassettes.
2   Elle trouve la nouvelle cuisine très chère.
3   Elle va au cinéma environ une fois par mois.
4   Elle aime rester chez elle.
5   Elle aime la cuisine chinoise.
6   Elle aime aller au théâtre et au concert.
7   Elle ne va pas souvent au restaurant.
8   Elle adore la nouvelle cuisine.
9   Elle achète des plats à emporter.

À VOUS! _____

Travaillez avec un / une partenaire. Take turns in finding out how often your partner goes to various places. Use **y** in your reply.

example   – Vous allez souvent au restaurant?
            – J'y vais une fois par mois. / – Je n'y vais jamais.

au cinéma   à l'opéra
au théâtre   chez le dentiste
au restaurant   chez le coiffeur
au concert
à la patinoire   jamais
à la piscine   quelquefois / de temps en temps
à la messe   rarement
au marché   souvent
au supermarché   une fois par semaine / mois / an
                                    tous les jours / soirs / matins

Jeu de rôles
(PARTENAIRE B)

(Partner A should refer to page 255)

B1 You are conducting a survey about the habits of French people, including questions on hygiene. Ask your partner the following questions and complete the form below according to his / her answers. You might need to revise the French alphabet.

Quel est votre nom de famille?
Quel est votre prénom?
Vous vous réveillez à quelle heure?
Est-ce que vous prenez un bain le matin?
Vous vous brossez les dents avant ou après le petit déjeuner?
Au travail, vous disputez-vous avec vos collègues?
Qu'est-ce que vous faites quand vous rentrez chez vous?
Est-ce que vous regardez la télévision le soir?

B2 Imagine that your name is Michel / Michelle Durand. You get up at six o'clock, wash your hair every morning and always shave / put make-up on. After work you go to a café with your girlfriend / boyfriend. You rarely argue with her / him. You go to bed at midnight. Answer your partner's questions as if you were Michel / Michelle Durand.

NOM _____   PRÉNOM _____

Se réveille à _____

Prend un bain ☐ Prend une douche ☐ Fait une toilette rapide ☐ le matin.

Se brosse les dents AVANT ☐ APRÈS ☐ le petit déjeuner.

Se dispute RAREMENT ☐ QUELQUEFOIS ☐ SOUVENT ☐ avec ses collègues.

Après le travail _____

Le soir _____

Why not conduct a similar survey among the members of your class?

— Un peu de grammaire —

Reflexive verbs

Se coucher (*to go to bed*) is a reflexive verb. Reflexive verbs follow the pattern below:

je me couche	*I go / am going to bed*
tu te couches	*you go / are going to bed*
il / elle / on se couche	*he / she / one goes / is going to bed*
nous nous couchons	*we go / are going to bed*
vous vous couchez	*you go / are going to bed*
ils / elles se couchent	*they go / are going to bed*

Use **m'**, **t'** and **s'** with verbs starting with a vowel or an 'h'; for example with **s'habiller** (*to get dressed*):

je m'habille	il / elle / on s'habille
tu t'habilles	ils / elles s'habillent

Indirect object pronouns: lui and leur

Lui and **leur** translate respectively *to him / to her* and *to them*.

Je lui prête de l'argent.	*I lend some money to him / to her.*
Je leur donne des bonbons.	*I give some sweets to them.*

Be careful, as in English one says: *I lend him / her some money* and *I give them some sweets*.

Use of y and en:

Y means *there*.

Allez-vous souvent au restaurant?	*Do you often go to the restaurant?*
J'y vais tous les soirs.	*I go there every night.*

En means *some / of it / of them*, which are not always expressed in English.

J'adore les fleurs; j'en achète souvent.	*I love flowers; I often buy some.*
Vous avez des enfants?	*Do you have any children?*
Oui, j'en ai deux.	*Yes, I have two (of them).*

 GRAMMAIRE 19, 20, 21

Exercices

A   Complete the conversation between the two concierges by using the
     cues given.

Ragot	Ah, les jeunes d'aujourd'hui!
Cancan	(**1** *Say they are always rushing.*)
Ragot	Oui, ils se lèvent tard et ils s'habillent en cinq minutes.
Cancan	(**2** *Say sometimes they don't wash!*)
Ragot	Quel âge ont-ils maintenant, vos petits-enfants?
Cancan	(**3** *Say Damien is sixteen and Irène is fourteen.*)
Ragot	Clara se maquille depuis qu'elle a onze ans!
Cancan	(**4** *Say Damien shaves, and add that he always argues with his sister.*)
Ragot	Moi aussi, je me dispute avec ma sœur!

B   Describe a typical Saturday or Sunday in your family.

C   The text of this story has been separated from the illustrations,
     although the pictures appear in the correct order. Match the text on
     page 264 with the pictures.

Les boulangers se lèvent de bonne heure!

a   Madame Brède lui dit de se dépêcher parce que le café va
     refroidir.
b   Tout à coup, la pendule de la cuisine sonne trois heures et demie.
     Les Brède sont très surpris!
c   Il est trois heures et demie. Madame Brède se réveille.
d   Monsieur Brède se lève péniblement. Il va dans la salle de bain
     pour se laver.
e   Il s'habille à toute vitesse. Il pense que c'est la même chose tous
     les matins.
f   Elle réveille son mari. Il n'aime pas se lever.
g   Il se brûle parce que le café est encore trop chaud.
h   Il se rase. Il se coupe parce que sa femme lui dit que le petit
     déjeuner est prêt.

D   Complete the sentences using the indirect object pronouns **lui** or **leur**.

1   L'étudiant montre ses devoirs au professeur. Il ____ montre ses
     devoirs d'anglais.
2   L'homme d'affaires donne une lettre à sa secrétaire. Il ____ donne
     une lettre pour le Canada.
3   Le guide montre la tour Eiffel aux touristes. Il ____ montre le
     restaurant au premier étage.
4   Nicole prête sa voiture à Paul. Elle ____ prête sa Clio.
5   Le garçon apporte la bouteille de vin aux clients. Il ____ apporte
     une bouteille de bordeaux.

E   Help to answer the following questions by filling in the gaps with **y** or **en**.

  1   Va-t-il à l'école?
       Oui, il ____ va depuis un mois.
  2   Aimez-vous le vin?
       Oui, j'____ bois tous les jours.
  3   Avez-vous des enfants?
       Nous ____ avons deux.
  4   Est-ce qu'elle aime Rouen?
       Oui, elle ____ habite.
  5   Elle va acheter une voiture?
       Oui, elle ____ a besoin pour son travail.
  6   Pourquoi allez-vous à Paris?
       Parce que j'____ travaille.
  7   Achète-t-il souvent des fleurs?
       Oui, il ____ achète toutes les semaines.
  8   Avez-vous de l'argent?
       Oui, j'____ ai.
  9   Aimes-tu le cinéma?
       Oui, j'____ vais souvent.
 10   Ton père, te donne-t-il de l'argent de poche?
       Oui, mais il ne m'____ donne pas assez!

Écoutez bien! 🎧

When you hear a verb from the list below, write the number of the dialogue beside the reflexive verb. The first one has been done for you.

__ s'appeler   __ se brosser les dents
__ se coucher   __ s'endormir
1 s'habiller   __ se réveiller
__ se lever   __ se maquiller
__ se raser   __ se laver

Lecture

Vous entendez-vous bien avec les jeunes? Fill in the questionnaire on the next page to find out!

SPÉCIAL JEU
Des tests pour vous!

Vous entendez-vous bien avec les jeunes?
Cochez la bonne réponse.

1   Votre fille (12 ans) a envie de se maquiller. Vous dites:

    (a)   — Non, tu es trop jeune pour te maquiller. ☐

    (b)   — Je vais t'acheter du rouge à lèvres la prochaine
        fois que je vais faire des courses. ☐

    (c)   — Attends un peu chérie, on va te faire un petit
        cadeau d'anniversaire. ☐

2   Elle a 16 ans. Elle rentre très tard sans rien vous dire
auparavant.

    (a)   Vous l'enfermez dans sa chambre. ☐

    (b)   Vous lui dites de vous téléphoner la prochaine
        fois. ☐

    (c)   Vous lui expliquez pourquoi vous êtes inquiets quand
        elle sort tard. ☐

3   Votre fils (18 ans) admire une voiture d'occasion.

    (a)   Vous lui dites que la voiture est trop chère. ☐

    (b)   Vous l'achetez tout de suite. ☐

    (c)   Vous parlez d'autre chose. ☐

4   Vos enfants (16 et 14 ans) veulent passer leurs vacances à l'étranger.

    (a)   Vous leur défendez d'y aller. ☐

    (b)   Vous vous mettez d'accord pour les accompagner. ☐

    (c)   Vous leur dites que vous avez tous l'intention d'y aller l'année prochaine. ☐

5   Votre belle-mère a envie de vous rendre visite. Vos enfants la détestent.

    (a)   Vous l'invitez à passer une quinzaine de jours chez vous. ☐

    (b)   Vous ne lui écrivez pas. ☐

    (c)   Vous lui écrivez que vous êtes tous trop occupés. ☐

6   Vous rentrez tard après avoir passé une soirée bien agréable chez des amis. Vous trouvez un jeune inconnu installé sur votre canapé.

    (a)   Vous le mettez à la porte. ☐

    (b)   Vous ne le réveillez pas. ☐

    (c)   Vous lui demandez ce qu'il y fait. ☐

RÉPONSES: Si vous avez . . .

plus de 3 **a**: Vous ne vivez pas avec votre temps. Vous êtes trop sévère!

plus de 3 **b**: Prenez garde! Les enfants font la loi chez vous!

plus de 3 **c**: Vous êtes fort raisonnable. On s'entend bien dans votre maison!

Faites le point!
UNITÉS 16–18

1 Choose the right verb.

    a   Elle sert / sort / va souvent avec des amis.

    b   Nous pâlissons / mentons / rougissons parce que nous sommes timides.

    c   Est-ce que vous ralentissez / grossissez / finissez votre repas?

    d   Les enfants nourrissent / grandissent / choisissent des frites.

    e   Le dimanche, je dors / pars / viens jusqu'à midi.

2 Fill in the gaps with the correct form of the verbs.

    a   (venir) Il ____ d'arriver.

    b   (aller) Je ____ faire mes devoirs.

    c   (revenir) Nous ____ de Paris.

    d   (aller) Ils ____ souvent au cinéma.

    e   (devenir) Les exercices ____ difficiles.

    f   (aller) ____-tu sortir ce soir?

    g   (venir) Nous ____ de jouer au tennis.

    h   (aller) Elle ne ____ pas répondre.

    i   (venir) ____-vous souvent ici?

    j   (devenir) Ce livre ____ intéressant.

3 Express that they have just done something by using **venir de**.

    a   Elle n'est pas là. Elle (partir).

    b   Nous n'avons pas faim. Nous (manger).

    c   Vous êtes fatigué parce que vous (être malade).

    d   Il n'y a plus de vin. Ils (finir la bouteille).

    e   Je n'ai pas d'argent. Je (perdre mon porte-monnaie).

4 Fill in the correct part of the verb.

    a

Je m'appelle Guillaume.
Comment vous ____ ____?

b. Je _____ Henri. Je _____ à 6h. et je _____ tout de suite.

c. Je _____ Annick. Quand je _____, je _____ et je _____ en un quart d'heure.

d. Nous nous _____ Dominique et Antoine. Quand nous nous _____ le matin, nous nous _____ vite et nous nous _____ en 5 minutes!

e. Marie, êtes-vous fatiguée le soir? _____ = vous tôt ?

Oui, je me couche de bonne heure, et je _____ immédiatement.

f. Sylvie, quand vous sortez le soir, vous changez-vous?

Drôle de question!

Oui, je _____. Je me déshabille, je _____ les dents, je me recoiffe et je mets une robe élégante.

5 Fill in the gaps to complete the dialogue.

a – Est-ce que _____?
  – Oui, je me change avant de sortir.
b – Vous maquillez-vous?
  – Non, _____.
c – Vous _____?
  – Oui, je me coiffe.
d – Vous lavez-vous quand vous rentrez?
  – Ça dépend. Quelquefois _____ mais quand je suis fatiguée _____ tout de suite.

6 Fill in the gaps with **le, la, l'** or **les**.

a Mon chien? Je ____ ai depuis dix ans.
b La télévision? Nous ne ____ regardons jamais.
c La radio? Elle ____ écoute souvent.
d Les escargots? Je ____ aime bien.
e Le vin blanc? Je ____ sers très frais.

7 Replace the bold section with **lui** or **leur**.

a Paul montre les photos **à sa femme**.
b La petite fille prête son livre **à son frère**.
c La maman donne des bonbons **aux enfants**.
d Le jeune homme montre la tour Eiffel **à son ami**.
e Le professeur explique un point de grammaire **aux étudiants**.

8 Fill in the gaps with **y** or **en**:

a Nous aimons le cinéma; nous ____ allons toutes les semaines.
b – Ils ont des enfants?
  – Oui, ils ____ ont deux.
c Prête-moi ta voiture, j'____ ai besoin.
d J'achète du lait parce que les enfants ____ boivent beaucoup.
e Vous connaissez bien Paris parce que vous ____ habitez.
f Je déteste le poisson; je n'____ achète jamais.
g J'aime le théâtre; j'____ vais souvent.
h Il n'a pas de chien parce qu'il ____ a peur.

9 Find the odd one out.

a   b

| une fourchette |
| une assiette |
| un couteau |
| un manteau |
| un verre |

| une commode   une armoire   un canapé |
| un lit   un ouvre-boîte |

c

le palais le palier la chambre la cuisine la salle de séjour

d

un frigidaire   une machine à laver un congélateur   une chaussure un lave-vaisselle

10 Match the French signs with their English equivalents.

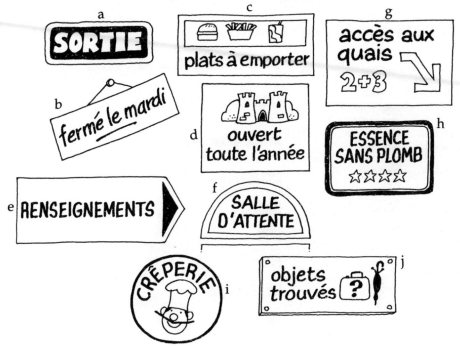

- (i) Open all year
- (ii) Lost property
- (iii) Lead-free petrol
- (iv) Pancake restaurant
- (v) Exit
- (vi) Closed on Tuesdays
- (vii) Take-away meals
- (viii) Waiting room
- (ix) Information
- (x) To the platforms

Dix-neuvième UNITÉ

La SNES (Société Nationale d'Enquêtes par Sondages) vient de publier les résultats d'une enquête sur les Français et leurs soirées. Voici les réponses à la question **Qu'est-ce que vous avez fait hier soir?**

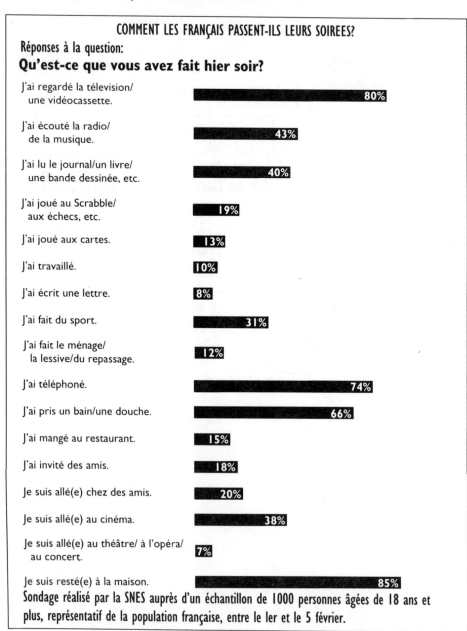

COMMENT LES FRANÇAIS PASSENT-ILS LEURS SOIREES?

Réponses à la question:
Qu'est-ce que vous avez fait hier soir?

J'ai regardé la télevision/ une vidéocassette.	80%
J'ai écouté la radio/ de la musique.	43%
J'ai lu le journal/un livre/ une bande dessinée, etc.	40%
J'ai joué au Scrabble/ aux échecs, etc.	19%
J'ai joué aux cartes.	13%
J'ai travaillé.	10%
J'ai écrit une lettre.	8%
J'ai fait du sport.	31%
J'ai fait le ménage/ la lessive/du repassage.	12%
J'ai téléphoné.	74%
J'ai pris un bain/une douche.	66%
J'ai mangé au restaurant.	15%
J'ai invité des amis.	18%
Je suis allé(e) chez des amis.	20%
Je suis allé(e) au cinéma.	38%
Je suis allé(e) au théâtre/ à l'opéra/ au concert.	7%
Je suis resté(e) à la maison.	85%

Sondage réalisé par la SNES auprès d'un échantillon de 1000 personnes âgées de 18 ans et plus, représentatif de la population française, entre le 1er et le 5 février.

Avez-vous compris?

Tell an English friend what French people generally do in the evenings.
Name the activities in order of popularity.

À VOUS! _____

Fill in the gaps, using the results of the survey. You might like to revise
numbers before you start. The first one is done for you.

1 Quarante pour cent ont lu.
2 Treize pour cent ont _____ aux _____.
3 _____ et _____ pour cent ont _____ du sport.
4 Soixante-quatorze _____ _____ ont _____.
5 _____ _____ _____ ont travaillé.
6 Quarante-trois pour cent ont _____ la _____ ou de la
   _____.
7 Vingt pour cent sont allés _____ _____ _____.
8 Trente-huit pour cent sont allés _____ _____.
9 _____ _____ _____ ont mangé _____ _____.
10 Soixante-six _____ _____ ont _____ un bain ou une
   douche.
11 _____ _____ _____ ont écrit une lettre.
12 _____ pour cent sont restés _____ _____ _____.

Now conduct your own survey. Go round the class and ask the other
members: **Qu'est-ce que vous avez fait hier soir?**

L'agenda de Madame Brède

Regardez l'agenda de Madame Brède pour voir ce qu'elle a fait la semaine
dernière.

MOTS ET EXPRESSIONS UTILES

hier	*yesterday*
hier soir	*last night*
lundi matin	*Monday morning*
mardi après-midi	*Tuesday afternoon*
jeudi soir	*Thursday evening*
samedi dernier	*last Saturday*

Avez-vous compris?

Ecoutez Mme Brède sur la cassette et répondez vrai ou faux. Mrs Brède is a bit forgetful. Say whether her statements about last week's activities are true or false.

1 Lundi matin, je suis allée chez le médecin.
2 Mardi après-midi, je n'ai pas joué au Scrabble.
3 Mercredi dernier, j'ai fait les courses.
4 Jeudi, j'ai fait la lessive.
5 Jeudi soir, je n'ai pas regardé 'Dracula' à la télévision.
6 Je ne suis pas allée chez le coiffeur, vendredi matin.
7 Vendredi soir, j'ai téléphoné à ma mère.
8 Samedi dernier, je ne suis pas restée à la maison.
9 Samedi soir, je suis allée chez des amis.
10 Dimanche, j'ai fait une promenade.

Now, correct the statements that are wrong.

À VOUS! _____

Qu'est-ce que vous avez fait hier matin? hier soir? mardi après-midi? le week-end dernier?

Look at your own diary and write down, in French, what you did and where you went last week. Mention a few things you did not do, and a few places you did not go.

Now conduct a survey in your class.

Jeu de rôles
(PARTENAIRE A)

(Partner B should refer to page 278)

A1 Ask your partner what he / she did (**Qu'est-ce que vous avez fait?**):
   Sunday evening
   last Monday
   Thursday afternoon
   Tuesday morning

A2 This time, answer your partner's questions, using the diary.

Lundi
Supermarché

Mardi
10 h Coiffeur

Mercredi
Paris

Jeudi
14.30 Dentiste

Vendredi
15 h Récital Chopin

Samedi
20 h Restau. Chinois

Dimanche
Chez Pierre et Anne-Marie

Un peu de grammaire

How to express what you did in the past

j'ai joué
vous avez fait

I have played / I played
you have done / you did / you have made / you made

je n'ai pas lu
vous n'avez pas écrit

I didn't read / haven't read
you didn't write / haven't written

But

je suis allé(e)
vous êtes resté(e)(s)

I have gone / I went
you have stayed / you stayed

➪ GRAMMAIRE 26

Exercices

A   A French visitor has just arrived at your firm. You try to put him / her at ease by asking a few personal questions. Match the questions and answers to get a complete conversation.

1   Avez-vous fait bon voyage?
2   Comment avez-vous voyagé?
3   Vous avez trouvé le bureau sans difficulté?
4   Vous avez contacté votre femme / mari?
5   Avez-vous changé de l'argent?
6   Qu'est-ce que vous avez fait hier soir?
7   Est-ce que vous avez bien mangé?
8   Avez-vous bien dormi?

a   J'ai pris un taxi!
b   J'ai mangé au restaurant.
c   Non, j'ai fait un rêve horrible.
d   En avion.
e   Bien sûr, la cuisine française est délicieuse!
f   Oui, je lui ai téléphoné hier soir.
g   Oui, je suis allé(e) à la banque ce matin.
h   Excellent, merci.

B   Imagine that you asked the people below: **Qu'est-ce que vous avez fait hier?** What answers would you have got?

   example **1** J'ai bavardé.

(faire du ski)

C   Now, ask someone else whether they did the various things pictured above:

example   Vous avez bavardé? / Avez-vous bavardé?

D   You are on holiday. Write a postcard to a friend saying:

-   You had a good journey.
-   The weather is not nice and you did not go to the beach.
-   Last Monday you visited a castle.
-   Yesterday you stayed in the hotel.
-   In the evening you ate in a little restaurant on the harbour.
-   Then you went to the cinema.

E   Answer the questions below in full by using the vocabulary in the bubbles. Each word or expression can be used only once.

example   **1**   J'ai mangé du couscous.

1   Qu'est-ce que vous avez mangé?
2   Où êtes-vous allé(e) en vacances?
3   Qu'est-ce que vous avez lu?
4   A quelle heure avez-vous pris votre bain?
5   A qui avez-vous écrit une lettre?
6   Quel jour êtes-vous allé(e) au cinéma?
7   Avec qui avez-vous joué aux échecs?
8   Qu'est-ce que vous avez regardé à la télé?
9   Qui avez-vous invité?
10   Quand êtes-vous allé(e) à l'opéra?

Jeu de rôles
(PARTENAIRE B)

(Partner A should refer to page 275)

B1 Your diary is open at last week's page. Answer your partner's questions using your notes.

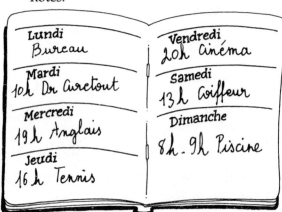

B2 This time, ask your partner what he / she did (**Qu'est-ce que vous avez fait?**)

Monday morning
last Wednesday
Friday evening
Saturday evening

Écoutez bien!

You will hear five conversations. Listen carefully, and for each person, fill in the information on the form below.

	WHEN THEY WENT	WHERE THEY WENT	WHAT THEY DID
the children			
Bernard			
Annette			
M. Roquand			
Mme. Orgerit			

Vingtième UNITÉ

Tous les matins, Madame Brède prend un copieux petit déjeuner en regardant la télévision. Elle aime particulièrement l'émission d'aérobic, la Gym d'Odile.

'Et comme tous les matins, il est maintenant l'heure de "La Gym d'Odile." A vous, Odile!'

D'abord la taille. Mettez les mains sur les hanches. Penchez-vous à droite, puis à gauche. Bien! A droite ... à gauche ... à droite ... à gauche ...

Bonjour tout le monde! Levez-vous! Allez, debout! ...
Vous êtes prêts? Oui? ...
Alors, musique, s'il vous plaît!

Maintenant, tendez les bras, puis levez la jambe droite, et la gauche. Plus haut! ... Droite ... gauche Encore plus haut! ... Bien! Ouf, j'ai chaud maintenant. Arrêtez-vous un instant si vous êtes fatigués.

Maintenant levez les bras. Tendez le bras droit au maximum vers le plafond, puis le bras gauche. Et encore! Plusieurs fois!

Penchez-vous et touchez vos pieds.
Attention! Ne pliez pas les genoux!
Un . . . deux . . . trois . . . quatre . . .
Bien. Ça va? Alors, encore une fois.
Un . . . deux . . . trois . . . quatre.

Couchez-vous sur le dos pour les
exercices abdominaux. D'abord
levez la jambe gauche . . . Baissez-la.
Levez la jambe droite . . . Baissez-la.

Bon. Les exercices au sol maintenant.
Asseyez-vous en tailleur. Dos droit!
Rentrez le ventre! Mains sur les
genoux! Détendez les épaules. Bien.
D'abord le cou. Tournez la tête à
droite, puis à gauche. Doucement!
Regardez derrière vous. Bien!

Un peu plus difficile cette fois, levez
les deux jambes. N'oubliez pas de
respirer! Baissez les jambes le plus
lentement possible. Excellent! Encore
une fois! . . . Bravo!

Bras le long du corps . . . Fermez les
yeux . . . Respirez à fond par le nez,
soufflez doucement par la bouche.
Détendez-vous! Ne pensez à rien!

MOTS ET EXPRESSIONS UTILES

en regardant	*while watching*
Debout (!)	*standing (up) / Stand up!*
levez-vous	*get up*
penchez-vous	*lean*
asseyez-vous en tailleur	*sit cross-legged*
s'asseoir 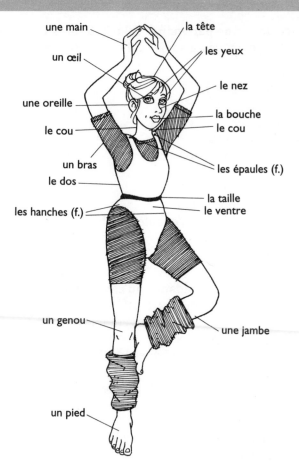	*to sit down*
détendez-vous	*relax*
levez	*lift / raise*
tendez	*stretch*
tirez	*pull*
rentrez le ventre	*pull in your tummy*
baissez	*lower*
respirez à fond	*breathe deeply*
soufflez	*breathe out / blow*
c'était	*that / it was*

une main — la tête
un œil — les yeux
le nez
une oreille — la bouche
le cou — le cou
un bras — les épaules (f.)
le dos — la taille
les hanches (f.) — le ventre
un genou — une jambe
un pied

Avez-vous compris?

Link the following to make meaningful statements:

1	Fermez . . .	a	le ventre.
2	Levez . . .	b	sur le dos.
3	Ne pliez pas . . .	c	en tailleur.
4	Rentrez . . .	d	la tête à droite.
5	Mettez . . .	e	de respirer.
6	Couchez-vous . . .	f	les bras.
7	Tournez . . .	g	par le nez.
8	Asseyez-vous . . .	h	les yeux.
9	N'oubliez pas . . .	i	les mains sur les hanches.
10	Respirez . . .	j	les genoux.

À VOUS! _____

Travaillez avec un / une partenaire. Take it in turns to give instructions, and to respond to them, using some of the ideas below:

1 Levez le bras droit.
2 Tournez la tête à gauche.
3 Fermez les yeux.
4 Touchez votre nez.
5 Regardez derrière vous.
6 Ouvrez la bouche deux fois.
7 Levez-vous.
8 Allez à la porte et ouvrez-la.
9 Fermez la porte doucement.
10 Mettez la main droite sur l'épaule gauche.

Madame Brède va chez le médecin.

Le médecin	Alors chère madame, qu'est-ce qu'il y a?
Mme Brède	Docteur, j'ai mal partout!
Le médecin	Voyons, avez-vous souvent mal à la tête?
Mme Brède	Quelquefois, docteur.
Le médecin	Ouvrez la bouche, dites 'Ah!'.
Mme Brède	Ahhh!
Le médecin	Tirez la langue . . . Hum, elle est blanche. Surveillez votre régime.
Mme Brède	C'est tout?
Le médecin	Mais c'est très important! Toussez . . . Vous fumez?
Mme Brède	Euh, un peu.

Le médecin	Combien de cigarettes par jour?
Mme Brède	Oh, je ne sais pas exactement!
Le médecin	Eh bien, arrêtez.
Le médecin	Maintenant couchez-vous sur le dos ... Vous avez souvent mal au ventre?
Mme Brède	Au ventre non, mais assez souvent, j'ai mal là.
Le médecin	C'est le foie. Je vois.
Mme Brède	Et mon cœur, docteur?
Le médecin	Ça va, à condition de faire un régime très strict, pas de gras et pas d'alcool. Et puis, arrêtez de fumer et faites un peu de sport.
Mme Brède	Vous ne me faites pas d'ordonnance?
Le médecin	Non, vous n'avez pas besoin de médicaments. Vous avez besoin d'exercice.
Mme Brède	Mais docteur, je regarde la Gym d'Odile tous les matins!

MOTS ET EXPRESSIONS UTILES

J'ai mal partout.	*I hurt everywhere.*
J'ai mal à la tête.	*I have a headache.*
Tirez la langue!	*Stick out your tongue!*
Surveillez votre régime!	*Watch your diet!*
le gras	*fat*
une ordonnance	*a prescription*
le médicament	*medicine*
tousser	*to cough*

Avez-vous compris?

Répondez vrai ou faux.

1 Madame Brède a mal partout.
2 Elle a souvent mal à la tête.
3 Ses dents sont blanches.
4 Madame Brède fume.
5 Elle a mal au ventre.
6 Madame Brède a besoin de faire un régime.
7 Elle a besoin de faire du sport.
8 Le médecin lui fait une ordonnance.
9 Madame Brède a besoin de médicaments.
10 Elle regarde la Gym d'Odile tous les matins.

On fait la queue à la pharmacie aujourd'hui.

Mme Brède	Je voudrais quelque chose pour le foie.
Pharmacien	Pour le foie? Hmmm . . . Prenez un de ces comprimés après les repas. C'est ce qu'il y a de mieux contre l'indigestion.
Mme Brède	Et pour arrêter de fumer?
Pharmacien	Essayez ces cigarettes aux herbes.
Petite fille	J'ai mal aux oreilles et à la gorge.
Pharmacien	Fais voir . . . ouvre la bouche . . . Ah oui, c'est rouge. Dis à ta maman de t'emmener chez le médecin. Tu as une angine.
Petite fille	Moi, je voudrais du sirop à la banane, mais le docteur me donne toujours des suppositoires!
Homme	Je voudrais quelque chose contre les piqûres d'insectes.
Pharmacien	Abeille, guêpe?
Homme	Non, les piqûres de moustiques. Le camping n'est pas loin de la rivière.
Pharmacien	Alors, mettez cette crème protectrice et évitez les promenades au bord de l'eau le soir!
Vieux monsieur	J'ai mal au ventre.
Pharmacien	Vous avez de la fièvre?
Vieux monsieur	Je ne sais pas. Je n'ai pas pris ma température.
Pharmacien	Vous avez vomi?
Vieux monsieur	Non, pas encore, mais j'ai mal au cœur.
Pharmacien	Vous avez la diarrhée?
Vieux monsieur	Un peu, oui.
Pharmacien	Alors, je vous recommande ce médicament. Prenez cinq gouttes matin, midi et soir. Et buvez beaucoup d'eau.
Jeune femme	J'ai mal à la tête. Je voudrais de l'aspirine et quelque chose pour les coups de soleil.
Pharmacien	Vous préférez un lait ou une huile solaire?
Jeune femme	Je ne sais pas. J'ai attrapé un coup de soleil.
Pharmacien	Alors, mettez cette lotion calmante, mais faites attention au soleil, c'est dangereux!
Femme	Nous allons prendre le bateau pour aller en Angleterre. Vous avez quelque chose contre le mal de mer?
Pharmacien	Voilà. Prenez une pillule une demi-heure avant la traversée.

MOTS ET EXPRESSIONS UTILES

une angine	*a throat infection*
un sirop	*a syrup / linctus*
un comprimé	*a tablet*
des gouttes (f.)	*drops*
une pilule	*a pill*
une piqûre d'insecte	*an insect sting / bite*
une abeille	*a bee*
une guêpe	*a wasp*
une crème protectrice	*a protective cream*
une lotion calmante	*a soothing lotion*
un coup de soleil	*sun burn*
avoir mal au cœur	*to feel sick*
avoir de la température / de la fièvre	*to have a temperature / fever*

Avez-vous compris?

Cochez la bonne réponse.

1 La petite fille a mal aux yeux / à la gorge.
2 Elle préfère le sirop à la banane / les suppositoires.
3 La jeune femme demande de l'aspirine parce qu'elle a mal au ventre / mal à la tête / mal à la gorge.
4 Elle a besoin de quelque chose pour la fièvre / la diarrhée / les coups de soleil.
5 Le pharmacien donne un lait / une lotion / une crème à l'homme pour les piqûres de moustiques.
6 Le vieux monsieur a vomi / a de la fièvre / a mal au cœur.
7 La dame demande des pillules contre la diarrhée / le mal de mer / les migraines.
8 Le pharmacien donne des comprimés à Mme. Brède pour arrêter de fumer / contre l'indigestion.

À VOUS! _____

Vous êtes malade! Où avez-vous mal?

Répondez! J'ai mal au / à la / aux . . .

── Un peu de grammaire ──

Giving orders

Ferme la porte! / Fermez la porte!	*Close the door!*
Finis ton petit déjeuner! / Finissez votre petit déjeuner!	*Finish your breakfast!*
Lève-toi! / Levez-vous!	*Get up!*
Ne touche pas! / Ne touchez pas!	*Don't touch!*
Ne perds pas ton argent! / Ne perdez pas votre argent!	*Don't lose your money!*
Ne te lève pas! / Ne vous levez pas!	*Don't get up!*

Avoir mal à . . .

to have an ache / pain

J'ai mal au dos (m.).	*I have backache.*
J'ai mal à la gorge (f.).	*I have a sore throat.*
J'ai mal à l'œil.	*I have a sore eye.*
J'ai mal aux genoux (pl.).	*My knees hurt.*

  GRAMMAIRE 6a, 22

Exercices

A   You are taking a keep-fit class in France. Tell your class:

1   to get up.
2   to put their hands on their hips.
3   to lean to the right, then to the left.
4   to stretch their arms.
5   to raise the right leg, then the left.
6   to stop for a while.
7   to touch their feet.
8   not to bend their knees.
9   to sit down.
10   to turn their heads to the right and then the left.
11   to lie down on their backs.
12   to raise both legs.
13   to rest a while.
14   to shut their eyes.
15   to breathe deeply through the nose.

B   Find the best solutions to the following medical problems by matching
     the sentences.

1   J'ai mal à la tête.
2   J'ai attrapé un coup de soleil.
3   Je voudrais quelque chose pour les piqûres de moustiques.
4   J'ai la diarrhée.
5   J'ai le mal de mer.
6   J'ai mal à la gorge.

a   Mettez cette crème protectrice.
b   Prenez ce sirop.
c   Prenez ces gouttes matin, midi et soir.
d   Prenez une pillule avant la traversée.
e   Prenez de l'aspirine.
f   Mettez cette lotion calmante.

C   Complete the following conversation with a doctor, using the cues
     given.

Docteur	Alors, qu'est-ce qu'il y a?
Vous	(1 *Say, doctor I hurt everywhere.*)
Docteur	Vous avez mal à la tête?
Vous	(2 *Say, yes, and you've also got a sore throat.*)
Docteur	Vous avez de la fièvre?
Vous	(3 *Say, you don't know, you haven't taken your temperature.*)

Docteur	Alors, ouvrez la bouche! Hmmm, c'est rouge.
Vous	(4 *Say, you also have tummy-ache.*)
Docteur	Vous avez vomi?
Vous	(5 *Say no, but you feel sick.*)
Docteur	Vous avez une angine. Je vais vous faire une ordonnance. Vous préférez des suppositoires ou des comprimés?
Vous	(6 *Say, you prefer tablets.*)

—— Écoutez bien! 🎧 ——

Première partie

La gym

Listen to the keep-fit instructor, and number the instructions as you hear them. The first one has been done for you.

__ Shut your eyes!
__ Don't bend your knees!
1   Sit down!
__ Stand up!
__ Lie down on your back and . . .
__ Touch your feet!
__ Breathe deeply!
__ Rest for a while!
__ Lift your right leg, then the left one.
__ Turn your head to the right, then to the left!

Deuxième partie

A la pharmacie

Listen to several people telling the pharmacist what's troubling them. She will tell them what to do or take. Keep a record of the morning's business. The first item has already been entered.

	PROBLEMS	CURES
1	Car sickness	Pills
2		
3		
4		
5		
6		
7		
8		

Lecture

Would you like to
win a new car? Try
entering the
competition for the
Petita-Turbo.

GAGNEZ UNE PETITA!

★ Elle a seulement 4,20 mètres de long!
★ Elle est compacte et économique!
★ Elle est à vous . . . si vous choisissez les bonnes réponses!
★ C'est très facile!

Lisez le petit Code de la Route ci-dessous, et faites une liste
des cinq règles qui sont, à votre avis, les plus importantes.

PETIT CODE DE LA ROUTE

En France, tenez votre droite. **A**	Avant de tourner, signalez. **B**	Regardez souvent dans votre rétroviseur. **C**	Quand vous arrivez à un carrefour, ralentissez. **D**	Respectez la limite de vitesse. **E**
Quand vous roulez la nuit, allumez vos phares. **F**	Ne stationnez pas sur les passages pour piétons. **G**	Si vous conduisez, ne buvez pas d'alcool. **H**	Ayez toujours de bons pneus. Vérifiez-les souvent. **I**	Sachez rester courtois. Gardez le sourire. Soyez toujours prudent. **J**

**Et . . . dites en quelques
mots *pourquoi* vous voulez
gagner une Petita.**

1	2	3	4	5

Je voudrais gagner une Petita parce que ....
....
....

Envoyez votre réponse avant le 31 octobre à:
CONCOURS PETITA
Boîte Postale 1981 – Paris.

Vingt et unième UNITÉ

Jacques Mistrel présente une émission de radio très populaire qui s'appelle *Rendez-vous*. Les auditeurs qui cherchent l'homme ou la femme de leur rêve remplissent un questionnaire et l'envoient à Jacques Mistrel qui téléphone aux candidats quand il a trouvé leur partenaire idéal.

Sylviane	Allô! Sylviane Fabien!
Jacques	Allô! Jacques Mistrel à l'appareil.
Sylviane	Jacques Mistrel, de l'émission *Rendez-vous*?
Jacques	C'est ça.
Sylviane	Ce n'est pas possible!
Jacques	Tout est possible avec *Rendez-vous*! Je crois que j'ai trouvé l'homme de vos rêves, Sylviane. Il s'appelle Gérard et . . .
Sylviane	Comment est-il? Il est au téléphone?
Jacques	Oui, il vous écoute. Alors, pouvez-vous vous décrire physiquement?
Sylviane	Euh . . . oui. Je suis plutôt petite, pas grosse mais un peu ronde . . . j'ai les cheveux blonds . . .
Jacques	Longs ou courts?
Sylviane	Mi-longs et bouclés. J'ai les yeux verts et j'ai des taches de rousseur sur le nez!
Jacques	Bien, ne quittez pas, Sylviane! . . . Allô, Gérard, vous avez entendu?
Gérard	Oui. C'est formidable, moi je préfère les blondes!
Sylviane	Et moi, je préfère les bruns!
Gérard	Eh bien . . . je suis brun . . . j'ai les cheveux raides . . .
Sylviane	Vous êtes grand?
Gérard	Je suis assez grand, je suis mince. J'ai les yeux noisette. J'ai une moustache, mais je n'ai pas de barbe.
Jacques	Merci Gérard. Alors, chers auditeurs, Sylviane et Gérard vont-ils prendre rendez-vous? Pour le savoir, restez à l'écoute, mais d'abord un spot de publicité!

MOTS ET EXPRESSIONS UTILES

un rendez-vous	*an appointment, date*
auditeur (-trice)	*listener*
allô!	*hello! (on the telephone)*
à l'appareil	*speaking (on the telephone)*
Comment est-il?	*What is he like?*
Pouvez-vous vous décrire?	*Can you describe yourself?*
plutôt petite	*rather short*
un peu ronde	*a little plump*
cheveux courts / bouclés / raides	*short / curly / straight hair*
des taches de rousseur	*freckles*
ne quittez pas	*hold the line*
assez grand	*fairly tall*
noisette	*hazel*

Avez-vous compris?

Regardez les notes du présentateur sur différents candidats de *Rendez-vous*. Quelles descriptions correspondent à Gérard et Sylviane?

1 Les cheveux bruns, raides, les yeux gris, le nez long, de taille moyenne.
2 Grand, les cheveux frisés, une barbe, les yeux verts.
3 Mince, un petit nez, les cheveux mi-longs, noirs, les yeux bruns.
4 Les cheveux bruns, raides, les yeux noisette, une moustache, de taille moyenne, assez mince.
5 Ronde, mais pas grosse, des taches de rousseur, les cheveux courts, châtains, les yeux gris.
6 Ronde, plutôt petite, les cheveux blonds, bouclés, des taches de rousseur sur le nez, les yeux verts.

À VOUS!

Travaillez avec un / une partenaire. Vous allez rencontrer quelqu'un pour la première fois. Téléphonez-lui, et décrivez-vous! N'oubliez pas de décrire vos vêtements!

– Allô ____. C'est ____ à l'appareil.
– Bonjour, ____. Ah oui, nous avons rendez-vous dans deux heures. Pouvez-vous vous décrire?
– Eh bien, je suis ____. J'ai ____. Je porte ____.

À VOUS! _____

Remplissez un questionnaire de 'Rendez-vous'.

Questionnaire de 'Rendez-vous'

L'HOMME DE MES RÊVES

Il est ☐ grand ☐ petit ☐ de taille moyenne

Il a les cheveux ☐ bruns ☐ noirs ☐ blonds ☐ châtains ☐ roux
☐ raides ☐ bouclés ☐ frisés

Il porte ☐ une barbe ☐ une moustache ☐ une barbe et une moustache
☐ Il n'a ni barbe ni moustache

Il a les yeux ☐ bleus ☐ verts ☐ bruns ☐ gris ☐ noirs ☐ noisette

Il me dit souvent: ☐ 'je t'adore, chérie' ☐ 'tu as raison, mon amour'
☐ 'je ne peux pas vivre sans toi' ☐ 'mon petit chou'

Il est sportif ☐   Il aime la musique ☐

LA FEMME DE MES RÊVES

Elle est ☐ grande ☐ petite ☐ assez grande
☐ mince ☐ ronde

Elle a les cheveux ☐ bruns ☐ noirs ☐ châtains ☐ blonds ☐ roux
☐ courts ☐ mi-longs ☐ longs

Elle a ☐ une taille de guêpe ☐ un cou de cygne
☐ un profil de médaille ☐ des yeux de biche

Elle a ☐ des taches de rousseur

Elle me dit souvent: ☐ 'protège-moi, chéri' ☐ 'embrasse-moi'
☐ 'tu es l'homme de ma vie' ☐ 'veux-tu une tasse de thé?'

Elle aime danser ☐

Elle aime sortir ☐

Projets de vacances

Sylviane et Gérard s'entendent bien, et ils sortent ensemble depuis quelque temps. Ils voudraient passer leurs vacances ensemble, mais malheureusement ils n'ont pas beaucoup d'argent.

Gérard   Alors, nous ne pouvons pas aller à l'étranger?

Sylviane   Non, ça coûte trop cher. Nous devons rester en France.

Gérard   Je voudrais aller dans différentes régions pour visiter des châteaux et des musées.

Sylviane   Moi, je préfère aller au bord de la mer. Je veux aller dans le Midi!

Gérard   Alors on ne peut pas partir ensemble!

Sylviane   Si on doit faire le tour des monuments historiques, non!

Gérard   Je ne veux pas aller dans le Midi, il y a beaucoup trop de monde!

Sylviane   Tu peux aller où tu veux. Mais moi, je dois aller où il y a du soleil.

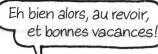

Tu sais, tu peux aller en vacances sans moi. Ne t'inquiète pas, il y a assez de monde dans le Midi.

Eh bien alors, au revoir, et bonnes vacances!

MOTS ET EXPRESSIONS UTILES

pouvoir	to be able to / can
vouloir	to want to / to wish to
devoir	to have to / must
s'inquiéter	to be worried
ne t'inquiète pas	don't worry

À l'agence de voyages

Employé   Bonjour, mademoiselle, vous désirez?

Sylviane   Bonjour, monsieur. Je veux passer mes vacances dans le Midi, mais je ne sais pas où exactement.

Employé   Vous voulez descendre à l'hôtel?

Sylviane   Ah non, c'est trop cher!

Employé   D'accord! Mais vous pouvez trouver une chambre d'hôte ou même un camping.

Sylviane   Un camping près de la plage, quelle bonne idée! Mais je n'ai pas de tente. Est-ce qu'on peut en louer une sur place?

Employé   Bien sûr, mademoiselle, mais il faut réserver.

Sylviane   Est-ce que je peux avoir une liste des terrains de camping de la région?

Employé   Mais certainement, mademoiselle, voilà! Je vous conseille *Le Beau Rivage* près de Nice.

Sylviane   Vous le connaissez bien?

Employé   Bien sûr, j'y vais tous les ans!

MOTS ET EXPRESSIONS UTILES

descendre à l'hôtel	to stay at a hotel
une chambre d'hôte	bed and breakfast
sur place	when you're there
il faut	it is necessary
d'accord	OK, fine

Avez-vous compris?

Say which of the following statements refer to Gérard, and which to Sylviane.

1 Doit aller où il y a du soleil.
2 Préfère visiter différentes régions.
3 Veut faire du camping.
4 Ne peut pas descendre à l'hôtel.
5 Ne veut pas aller dans le Midi.
6 Peut louer une tente sur place.
7 Veut visiter des châteaux et des musées.
8 Ne veut pas faire le tour des monuments historiques.

À VOUS!

Travaillez avec un / une partenaire. You have a list of questions for the person in the tourist office. Ask if you can / one can: (**Est-ce que je peux on peut ... ?**)

1 hire a car.
2 reserve a hotel room.
3 have a map of the town.
4 have a map of the region.
5 telephone the station.

6 visit a castle or museum.
7 play golf or tennis in the area.
8 swim.
9 go for walks.
10 have a list of camp sites.

Add some ideas of your own.

Your partner decides which is available and answers accordingly! Use some of the following expressions in your answers:

Non, c'est fermé.
Bien sûr, voilà!
Oui, c'est possible.
Mais certainement.
Il y a ...
Je suis désolé(e), il n'y a pas de ...
Je n'ai plus de ...

Madame Brède a encore un rendez-vous chez le docteur.

Mme Brède	Docteur, il faut m'aider!
Le médecin	Qu'est-ce qui ne va pas cette fois?
Mme Brède	Je dois absolument maigrir!
Le médecin	Je suis tout à fait d'accord.
Mme Brède	Je dois maigrir pour les vacances; je viens d'acheter un maillot de bain deux pièces.

Le médecin	Hmm . . . Rien de plus simple, vous devez faire un régime très sévère. Pas d'alcool, pas de gras, pas de gâteaux . . .
Mme Brède	Mais docteur, je ne peux pas!
Le médecin	Comment ça, vous ne pouvez pas?
Mme Brède	Je dois manger des gâteaux, docteur.
Le médecin	Personne n'est obligé de manger des gâteaux!
Mme Brède	Mais docteur, vous savez bien que mon mari est boulanger-pâtissier!
Le médecin	Je suis désolé, madame, il faut choisir; les vacances ou les gâteaux. Personnellement, je vous conseille les vacances!

MOTS ET EXPRESSIONS UTILES

je dois maigrir	*I must lose weight*
je suis d'accord	*I agree*
être obligé de	*to have to*
vous savez bien que . . .	*you do know that . . .*
il faut	*you must / it is necessary to*
conseiller	*to advise, recommend*

Avez-vous compris?

Répondez en français.

1 Pourquoi Madame Brède veut-elle maigrir?
2 Qu'est-ce qu'elle vient d'acheter?
3 Que doit-elle faire pour maigrir?
4 Pourquoi mange-t-elle beaucoup de gâteaux?
5 Qu'est-ce que le médecin lui conseille de choisir?

À VOUS! _____

Trouvez les bonnes solutions.

1 J'ai beaucoup grossi.
2 Je veux apprendre le français.
3 J'ai perdu mon portefeuille.
4 Je suis fatigué(e).
5 J'adore nager.
6 Je suis malade.
7 J'ai mal aux dents.
8 Mes cheveux sont trop longs.

a Il faut aller chez le médecin.
b Vous devez vous reposer.
c Vous devez aller chez le coiffeur.
d Il faut faire un régime.
e Vous devez aller chez le dentiste.
f Vous devez faire les devoirs régulièrement.
g Il faut aller à la piscine.
h Vous devez aller aux Objets Trouvés.

Madame Ragot rencontre Madame Cancan dans la rue.

Mme Ragot	Tiens, bonjour, Madame Cancan. Dites donc, vous avez bonne mine!
Mme Cancan	Oh ben, oui, je reviens de vacances. Je suis allée à Florence. Vous connaissez?
Mme Ragot	Non, je ne connais pas du tout l'Italie.
Mme Cancan	Oh, quel dommage! C'est splendide! C'est ma première visite, mais je veux y retourner.
Mme Ragot	Vous connaissez les Barban?
Mme Cancan	Euh . . . vos locataires du troisième?
Mme Ragot	C'est ça. Eh bien, ils vont en Italie tous les ans. Ils m'envoient toujours une carte postale.
Mme Cancan	Ils vont toujours au même endroit?
Mme Ragot	Oh, non. Ils connaissent toutes les régions. J'ai des cartes postales de Milan, de Rome, de Venise, et même de Sicile.
Mme Cancan	Savez-vous s'ils parlent italien?
Mme Ragot	Je ne sais pas s'ils le parlent couramment, mais ils se débrouillent. Je sais qu'ils peuvent demander leur chemin, qu'ils n'ont pas de difficultés au restaurant . . .
Mme Cancan	Tout le monde peut commander des spaghetti ou une pizza!
Mme Ragot	Oh, à propos, la supérette ferme à quelle heure?
Mme Cancan	Je sais que la boulangerie ferme à une heure.
Mme Ragot	Vous savez quelle heure il est?
Mme Cancan	Il est une heure moins cinq.
Mme Ragot	Mon Dieu, je vous quitte. Je n'ai rien à manger! A bientôt!

MOTS ET EXPRESSIONS UTILES

Vous avez bonne mine.	*You look well.*
connaître	*to know* (a person or place)
savoir	*to know* (a fact, a skill), *to know how*
envoyer	*to send*
couramment	*fluently*
demander leur chemin	*to ask their way*
commander	*to order*
une supérette	*a small supermarket*
au même endroit	*at the same place*
A bientôt!	*See you soon!*

Avez-vous compris?

Cochez les bonnes réponses.

1 Madame Cancan est allée en Italie / va aller à Florence.
2 Elle peut / veut y retourner.
3 Les Barban sont les propriétaires / locataires de Madame Ragot.
4 Ils habitent au premier / troisième étage.
5 Ils vont en Italie régulièrement / de temps en temps.
6 Ils parlent un peu / ne parlent pas du tout l'italien.
7 Madame Ragot veut aller à la boulangerie / supérette.
8 La boulangerie ferme à une heure / cinq heures.

Anne et Michelle parlent de leur amie Chantal.

Anne	Bonjour Michelle, ça va?
Michelle	Très bien, et toi?
Anne	Très bien, merci. Dis donc, tu as des nouvelles de Chantal, toi?
Michelle	Oui, tu sais qu'elle va à un cours du soir?
Anne	Ah bon?
Michelle	Oui, pour apprendre l'anglais. Si tu ne sais pas ça, alors tu ne connais pas Laurent!
Anne	Laurent?
Michelle	Oui, tu ne sais pas que Chantal a un petit ami maintenant?
Anne	Il est sympa?
Michelle	Oui, mais je ne le connais pas très bien.
Anne	Qu'est-ce qu'il fait?
Michelle	Je sais seulement qu'il travaille dans une banque à Rouen.
Anne	Elle sort avec lui depuis longtemps?
Michelle	Depuis environ trois mois, depuis qu'elle apprend l'anglais. Et

	je sais qu'ils veulent passer les vacances ensemble!
Anne	Oh, oh! Où ça, en Angleterre?
Michelle	Non, pas cette année, ils ne parlent pas encore assez bien. Ils veulent aller dans une région de France qu'ils ne connaissent pas, mais ils ne savent pas encore où!

Avez-vous compris?

What information does Michelle give Anne about Chantal?

À VOUS!

Travaillez avec un / une partenaire. Take it in turns to ask your partner if he / she knows the following. Use **vous savez** or **vous connaissez** as appropriate. Try to give some answers as well.

1   la France?
2   quelle heure il est?
3   s'il va faire beau dimanche?
4   le professeur d'italien?
5   comment s'appelle le professeur?
6   à quelle heure le cours finit?
7   New York?
8   la cathédrale de Chartres?
9   comment on fait les crêpes?
10   des Français?
11   jouer au bridge?
12   pourquoi le français est difficile?

— Un peu de grammaire —

Vouloir (*to wish / to want to*)
Je veux / vous voulez aller au restaurant.
Je ne veux pas / vous ne voulez pas aller au cinéma.

I want / you want to go to the restaurant.
I don't want / you don't want to go to the cinema.

Pouvoir (*to be able* / *can*)
Je peux / vous pouvez sortir.   *I can* / *you can go out.*
Je ne peux pas / vous ne pouvez   *I can't* / *you can't go there.*
  pas y aller.

Devoir (*to have to* / *must*)
Je dois / vous devez faire un   *I must* / *you must go on a diet.*
  régime.
Je ne dois pas / vous ne devez   *I mustn't* / *you mustn't put on*
  pas grossir.   *weight.*

Savoir (*to know a skill or a fact* / *to know how to*)
Je sais / vous savez nager.   *I* / *you can swim.* (Lit. I / you
                                        know how to swim.)
Je ne sais pas / vous ne savez   *I don't know* / *you don't know what*
  pas quelle heure il est.   *time it is.*

Connaître (*to know* a person or place)
Je connais / vous connaissez   *I know* / *you know Paris.*
  Paris.
Je ne connais pas / vous ne   *I don't know* / *you don't know*
  connaissez pas la Martinique.   *Martinique.*

Il faut (*you must* / *it is necessary* / *one needs*)
+ infinitive
  Il faut faire les devoirs.   *You must do homework.*
+ noun
  Il faut de l'argent.   *You need money.*

⇨   GRAMMAIRE 23a, 24, 25

Exercices

A   Add the correct form of **vouloir**.

1   Je _____ aller en vacances à la Martinique.
2   Nous faisons un régime parce que nous _____ maigrir.
3   Elle achète des pommes parce qu'elle _____ faire une tarte.
4   Vous allez à la banque parce que vous _____ changer de
    l'argent.
5   Tu _____ acheter une voiture?
6   Pourquoi est-ce qu'ils ne _____ pas travailler?

B   Add the correct form of **devoir** or **pouvoir**.

   1   Il pleut. Vous _____ prendre votre parapluie.
   2   Elle a beaucoup d'argent. Elle _____ acheter beaucoup de robes.
   3   Il n'y a plus de vin. Vous _____ boire de l'eau.
   4   Je n'ai plus d'argent. Je _____ travailler.
   5   La voiture est en panne. Nous _____ aller à pied.
   6   Vous avez la radio. Vous _____ écouter de la musique.

C   Ask if the following things are allowed or possible. Use **Est-ce qu'on peut...?**

D   Two students in Laurent and Chantal's English class are chatting about holidays. Help them by giving the correct form of **savoir** or **connaître**.

   Bruno   Je pense aller en Angleterre pour les vacances.
   Claire   Moi, je **1**_____bien Londres. J'ai une tante qui habite là-bas. Et vous, vous **2**_____ des Anglais?
   Bruno   Oui, j'ai des amis près de Cambridge. Vous **3**_____?
   Claire   Non, je ne **4**_____ pas Cambridge, mais je suis allée à Oxford.
   Bruno   Je voudrais visiter une autre région, mais je ne **5**_____ pas où aller.
   Claire   Vous **6**_____, il y a aussi l'Ecosse, le Pays de Galles et l'Irlande!

E   Finish the conversation between Laure and Alain by putting the
     sentences below in the correct order.

Laure   Allô!
Alain   Allô, c'est Alain à l'appareil!

1   Tu es libre samedi?
2   Pas ce soir, j'ai mon cours d'anglais.
3   Non, mais je suis libre dimanche.
4   Demain soir, alors?
5   Ah, salut Alain. Ça va?
6   Demain, je vais au restaurant avec des amis.
7   Moi, je ne peux pas dimanche.
8   Ça va bien, merci. Tu veux aller au cinéma ce soir?
9   Oh, quel dommage!

F   Complete these sentences by using the correct form of **pouvoir**, **savoir**
     or **vouloir**. All the sentences should be negative.

1   **Jouer au tennis.**
     Elle ne sait pas
     jouer au tennis.

2   **Voler**
     L'autruche . . .

3   **Nager**
     Il . . .

4   **Mordre**
     Le chien . . .

5   **Manger**
     Le bébé . . .

6 Danser
Il . . .

7 Avancer
L'âne . . .

9 Travailler
Ils . . .

8 Parler
Elles . . .

Écoutez bien!

Première partie

You are to meet a French woman at the station. You have received the following message from her. As some important words are missing, you give her a ring. Listen to what she says and complete the message.

Je vais arriver à la gare à   **1**_____ heures. Je suis   **2**_____ et mince. J'ai   **3**_____ ans. Je suis   **4**_____. J'ai les cheveux   **5**_____ et   **6**_____. J'ai   **7**_____ bleus et je porte   **8**_____. Pour voyager, je vais porter   **9**_____ noir et   **10**_____ rouge. J'ai   **11**_____ Vuitton et une énorme   **12**_____. J'espère que vous allez être au   **13**_____!

Deuxième partie

Listen to several people saying what they want. First, find out who wants what.

WHO		WHAT	
1	an 18-year-old son	a	a bicycle
2	Madame Boussac	b	a flat
3	a husband	c	some perfume
4	a wife	d	a colour TV
5	Claudine	e	to go skiing
6	the children	f	a sports car
7	Philippe	g	a box of chocolates
8	the parents	h	some CDs

Now listen again and see if you can understand some details, for instance the reason why a person wants a particular thing.

Troisième partie

Find the excuses given for not doing various things.

THINGS TO DO		EXCUSES	
1	wash the car	a	illness
2	buy a bottle of champagne	b	no time
3	buy the paper	c	homework
4	telephone Mrs Berger's secretary	d	no money
		e	shut
5	go to EuroDisney	f	too expensive
6	go to the bank		

Lecutre

SPÉCIAL JEU
Des tests pour vous!!

Connaissez-vous le savoir-vivre?

		VRAI	FAUX
a	En France, il faut rouler à droite.	☐	☐
b	Il faut dire 'tu' à quelqu'un que l'on voit pour la première fois.	☐	☐
c	Il faut mettre le vin blanc au frigidaire.	☐	☐
d	La nuit il faut allumer ses phares de voiture.	☐	☐
e	Pour être un bon sportif, il faut fumer beaucoup.	☐	☐
f	Il faut traverser la Manche pour aller de France en Angleterre.	☐	☐
g	Il ne faut pas mettre de glaçons dans le vin rouge.	☐	☐
h	Pour maigrir, il faut faire un régime.	☐	☐
i	Il faut être un bon alpiniste pour faire l'ascension du Mont-Blanc.	☐	☐
j	Au volant, il faut insulter les autres automobilistes.	☐	☐
k	Il faut s'habiller chaudement pour aller au pôle Nord.	☐	☐
l	Il faut travailler dur pour apprendre le français.	☐	☐

Et êtes-vous vraiment sportif?

Douze questions, plus ou moins indiscrètes, dont les réponses vont vous aider à découvrir toute la vérité! Répondez simplement par OUI ou par NON:

- Savez-vous nager?
  oui ☐   non ☐
- Pensez-vous pouvoir faire la traversée de la Manche à la nage?
  oui ☐   non ☐

- Savez-vous faire du vélo?
  oui ☐   non ☐
- Pouvez-vous citer au moins trois vainqueurs du Tour de France?
  oui ☐   non ☐
- Pouvez-vous faire une marche de dix kilomètres sans vous plaindre?
  oui ☐   non ☐
- Pouvez-vous rester sur un cheval au galop plus de cinq minutes?
  oui ☐   non ☐
- Connaissez-vous les règles du cricket?
  oui ☐   non ☐
- Pouvez-vous expliquer les règles du cricket à un étranger?
  oui ☐   non ☐
  - Avez-vous déjà fait du parapente?
    oui ☐   non ☐
- Savez-vous ce que sont les 24 Heures du Mans?
  oui ☐   non ☐
- Pouvez-vous faire une descente en ski en restant debout?
  oui ☐   non ☐
  - Savez-vous par quel bout tenir un club de golf?
    oui ☐   non ☐
  - Avez-vous déjà emprunté le skate de vos enfants?
    oui ☐   non ☐
  - Pouvez-vous faire le saut périlleux sur un trampoline?
    oui ☐   non ☐

Êtes-vous vraiment sportif?

Si vous avez . . .

Huit réponses positives ou plus, vous êtes sportif, bravo!
De trois à sept réponses, vous vous intéressez au sport, mais d'assez loin.
Moins de trois réponses positives, il est grand temps de faire un effort!

RÉPONSES

Connaissez-vous le savoir vivre

Si vous répondez sans hésiter, vous savez quoi faire!
Voici les bonnes réponses:

a V	b F	c V	d V	e F	f V	g V	h V
i V	j F	k V	l V				

Faites le point!
UNITÉS 19–21

1 Name the various parts of the face.

a Les ____
b Les ____
c Un ____
d Une ____
e Le ____
f La ____
g Les ____
h Le ____
i La ____

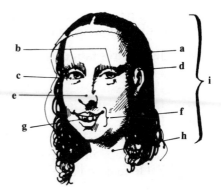

2 Name the various parts of the body.

a Une ____
b Un ____
c Une ____
d Le ____
e Le ____
f La ____
g Les ____
h Une ____
i Un ____

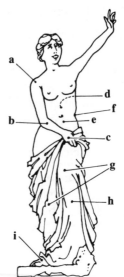

3 Change the following to produce sensible orders.

a Touchez vos mains sans plier les genoux.
b Couchez-vous sur la tête.
c Mettez les pieds sur les hanches.
d Fermez les oreilles.
e Tournez la gorge à droite puis à gauche.
f N'oubliez pas de respirer par le cou.

4   Fill in the correct part of the verb to help Julie say what she did at the weekend.

Samedi après-midi,   **a** j'_____ _____ (faire) du jardinage.
Avant de dîner   **b** j'_____ _____ (écouter) des disques et
c j'_____ _____ (lire) le journal. Puis   **d** j'_____
_____ (regarder) la télévision. Dimanche matin   **e** je _____
_____ (aller) chez un ami; le midi,   **f** j'_____ _____
(manger) au restaurant.

5   Match the problems with the advice.

a   Je suis très fatigué(e).
b   J'ai mal à la tête.
c   J'ai grossi.
d   Le frigo est vide.
e   J'ai soif.
f   J'ai mal aux dents.
g   J'ai attrapé un coup de soleil.
h   J'ai le mal de l'air.

(i)   Buvez un verre d'eau.
(ii)   Allez au supermarché.
(iii)   Ne prenez pas l'avion.
(iv)   Mettez cette crème.
(v)   Prenez de l'aspirine.
(vi)   Reposez-vous.
(vii)   Faites un régime.
(viii)   Allez chez le dentiste.

6   Put in the correct form of **vouloir, devoir** or **pouvoir**.

a   Vous ____ avoir un passeport avant de voyager à l'étranger.
b   Je ne ____ pas visiter Paris; je n'aime pas les grandes villes.
c   Vous ____ rester au lit; vous êtes malade.
d   Je ____ acheter du pain; il n'y en a plus.
e   Est-ce que je ____ avoir des renseignements sur Rouen?
f   ____ -vous sortir avec moi ce soir?

7   Put in the correct form of **savoir** or **connaître**.

a   Depuis quand ____ -vous mon père?
b   ____ -vous pourquoi ils sont en retard?
c   Je ____ bien Paris car mes parents y habitent.
d   Je ne ____ pas jouer de la clarinette.

8   Pair the sentences to make meaningful statements.

a   Si vous voulez aller à l'étranger,
b   Si vos cheveux sont trop longs,
c   Pour voyager en Concorde,
d   Pour faire du ski,
e   Si on aime le soleil,
f   Pour être en forme,

(i)   il faut aller dans le sud.
(ii)   il faut faire du sport.
(iii)   il faut un passeport.
(iv)   il faut être riche.
(v)   il faut aller chez le coiffeur.
(vi)   il faut aller à la montagne.

Alphabet and pronunciation

This is intended as a simple guide, but we must point out that the best way to get acquainted with French pronunciation is to listen to the recordings as often as possible, and to repeat words or sentences aloud.

Like the English alphabet, the French alphabet consists of 26 letters. You can listen to the alphabet on the cassette in the second part of the **Écoutez bien!** of Unit 4.

The examples given are taken from the early units.

Vowels

The sounds of most French vowels exist in English, but they are often represented by different letters:

a   generally sounds like 'a' in 'bat': **Madame, Paris**, and occasionally like the longer 'a' in 'car': **Grasse, chocolat**.

e   sounds like 'ea' in 'earth': **je, ne, le, de, Grenoble**. Note that it is not prounounced at the end of a word: **Marie, Dieppe, île**. It is often not sounded in the middle of a word: **au r(e)voir, mad(e)moiselle, om(e)lette**.

é   sounds like 'ei' in 'eight': **étudiant, marié, écossais, café, cinéma**.

è, ê   sound like 'a' in 'care': **infirmière, collège, bière, vous êtes**.

i   sounds like 'ee' in 'feet': **Dominique, Nice**.

o   sounds like 'o' in 'odd': **comment, corse, Limoges, Bordeaux**.

ô and o at the end of a word sound like 'o' in 'oval': **hôtel, Ajaccio**.

u   this sound does not exist in English and is not easy to imitate. Prepare your lips as if you were going to whistle. Your tongue should be against your bottom front teeth. Then try to make the sound 'ee': **bienvenue, Lucien, tu, Luçon, bureau**.

Some sounds are the result of a combination of two or three vowels:

au, eau sound like the 'o' in 'oval': **aussi, bateau, château, Guillaume**.

ou   sounds like 'oo' in 'school': **bonjour, vous, nous, ouvrière, couple, Toulouse, Tours**.

ai   sounds like 'ay' in 'say': **Calais, je ne sais pas, célibataire, secrétaire, écossais**.

oi   sounds like 'wa' in 'wag': **mademoiselle, moi, François, gallois, au revoir**.

eu   often sounds like the English 'u' in 'purr': **professeur, pêcheur, coiffeur**.

There are also some nasal vowel sounds which are the combination of a vowel and an 'm' or an 'n'. Again, there is no real equivalent to these in English:

an/en/am/em   **France, allemand, Nantes, Henri, comment, Rouen, irlandais, anglais, vacances, dentiste**.

in/un/im/um   **infirmière, médecin, vin, un, parfum**.

ain/ein   **américain, peintre**.

on/om   **non, blonde, bonjour, pardon, ils sont, Lyon, nom, pompier.**

The combinations **er** and **ez** at the end of a word normally sound like **é**: **appelez, écoutez, travaillez, métier, cuisinier, ouvrier.**

Consonants

Most consonants sound the same as in English, although they are pronounced with a sharper sound. Here are the main differences:

ç	sounds like 's' in 'some': **français, Luçon, François, garçon.**
ch	sounds like 'sh' in 'shop': **Cherbourg, La Rochelle, chinois, pêcheur, architecte.**
gn	sounds like 'n' in 'onion': **bourguignon, espagnol, cognac, Bretagne.**
h	is usually not pronounced at all: **hôtel, hôpital, Henri, hollandais.**
j	sounds like 's' in 'treasure': **je, jumeaux, Jeanne, toujours, Dijon.**
l or ll	preceded by **ai, ei** and sometimes **i**, is pronounced with a 'y' sound as in the English 'you'. The l alters the **ai** sound to a pronunciation similar to the English 'eye': **ail, travail, famille, vieille, Marseille, fille.**
qu	sounds like 'k': **qui, quel: enquêteuse, banque, Quimper.**
r	comes from the throat: **merci, touriste, frère, actrice, Paris, Strasbourg.**
th	sounds like an ordinary 't': **thé, théâtre, Édith.**
t	in 'tion' is pronounced as a soft 's': **nationalité, situation, réceptionniste.**
y	as in English, **y** sometimes behaves like the vowel **i**: **Sylvie, Vichy,** and sometimes like the English consonant sound in 'you': **payer, aboyer.**

Unlike in English, a consonant at the end of a word is generally not sounded in French.
Je suis, mais, Paris, Strasbourg, étudiant, toujours, Normand, comment, Anglais, Limoges, Bordeaux

Adding an **s** to mark the plural of a word is basically a spelling change:
suisse → suisses.

However if these consonants are followed by an **e**, in the case of a feminine noun for instance, they are fully sounded.
Compare:
Il est normand *and* Elle est normande.
Il est anglais *and* Elle est anglaise.
Sylvie Clément *but* Claire Ouate.

There are some exceptions however, and **f** and **l** are generally sounded:
veuf, Piaf, espagnol, général.
A final **r** is often sounded.
ingénieur, pêcheur, professeur, chanteur, danseur.

Liaison

The final consonant of a word is often sounded if the word following it starts with a **vowel** or an **h mute**, and its sound is carried over. This is particularly common with **s** and **t**.
vous êtes, elle est anglaise, il est espagnol, ils sont italiens, dans une usine.

Note that **s** and **x** are prounounced like **z**, **d** like **t**, and **f** like **v**.

Note that **et** (*and*) is never run on. If it were, it would be confused with **est** (*is*).
Un touriste **et** un guide (*A tourist and a guide*); Un touriste **est** un guide. (*A tourist is a guide.*)

Elision

The final **e** of some words is elided in French when it precedes another word starting with a **vowel** or an **h mute**. In that case, the last **e** of the first word is dropped and replaced by an apostrophe.
Je suis **d'**Ajaccio. (instead of **de**); Je **m'**appelle Guillaume. (instead of **me**); C'est le guide. (instead of **ce**); Est-ce **qu'**il est italien? (instead of **que**).

Note that the **a** of the definite article **la** and the **i** of **si** can also be elided:**l'**église (the church); **s'**il pleut (if it rains).

Accents and tréma

See the letter **e** (Alphabet). A circumflex accent makes the vowel longer. It often replaces an old **s** which has been retained in English:
hôpital (*hospital*); île (*island*), etc.

An accent on a vowel other than **e** indicates a difference in meaning:
à Paris (*in Paris*), il a (*he has*); sur (*on*), sûr (*sure*); où (*where*), ou (*or*); la (*the*) là (*there*).

Accents can be omitted on capital letters.

When two vowels come together, and one has a tréma above it (¨), each vowel is pronounced separately:
Noël.

Stress

In French the last, or last but one, syllable of a word is slightly stressed:
Paris, mademoiselle.

However French words do not have a strongly stressed syllable as in English:
photograph, photography.
Generally speaking, they are pronounced more evenly.

In conclusion, there are some exceptions to the general rules given above. It is important therefore to listen to your teacher, and to the recordings, and to keep practising!

Grammar

Basic grammatical terms used in this section.

Noun

A noun is a word used to identify a person, a place or a thing.
example:
man, cat, town, theatre.

A proper noun is the name given to a particular person or place.

example:
Guillaume, Paris.

Article

There are two types of articles.
1   The Definite article – in English, **the**.
example:
the dog.
2   The Indefinite article – in English, **a** or **an**.
example:
a student, **an** animal.

Adjective

An adjective is a word giving more information about a noun.
example:
a **tall** man, a **ginger** cat, an **old** town, a **good** theatre.

Verb

A verb is a word expressing action, existence or occurrence.
example:
to **speak**, to **be**, to **seem**.
The form given in dictionaries is called the **infinitive**. When a verb is used in connection with a person or persons, it is said to be **conjugated**.
example:
he **reads**, I **see**.
The time (past, present, future) is the **tense**. The conjugation of some French verbs is irregular and must be learnt by heart. (See table page 338.)

Adverb

An adverb is a word giving more information about a verb on an adjective.
example:
She drives **slowly**, they speak **quickly**, this is a **very** beautiful dress.

Preposition

A preposition is a word that connects one element of a sentence to another.
example:
he lives **in** Paris, the book is **on** the chair, a bag **of** sweets, they speak **to** the woman, they went **to** the theatre.

Subject and object of verbs

The subject is the person or thing doing the action.
The object is the person or thing to which the action is being done.
In **the woman is knitting a jumper**, **the woman** is the subject, and **a jumper** is the object.
In **three children are talking to the woman**, **three children** is the subject, and **the woman** is the object.
a jumper is called a **direct object** because there is no preposition linking it to the verb.
the woman in the second example is called an **indirect object** because it is preceded by the preposition **to**.

Pronoun

A pronoun is a short word used to replace a noun which has been mentioned before.
example: – Do you know Paris?
                                    – Yes I went **there** last year.
The use of **there** avoids the repetition of **Paris**.
example: – Do you like Mary?
                                    – I have met Mary only once but I don't like **her**.
The use of **her** avoids the repetition of **Mary**.
example: – Do you like learning French?
                                    – Yes, but I find **it** difficult.
The use of **it** avoids the repetition of **French**.

There are different types of pronouns, depending on the part they play in a sentence.

▌1 CONJUGATION OF VERBS AND SUBJECT PRONOUNS

a The subject pronouns are as follows:

	Singular	**Plural**
1st person	je (*I*)	nous (*we*).
2nd person	tu (*you*)	vous (*you*).
3rd person	il (*he*)	ils (*they*).
	elle (*she*)	elles (*they*).

example:
Je suis (*I am*)	nous sommes (*we are*).
tu es (*you are*)	vous êtes (*you are*).
il est (*he is*)	ils sont (*they are*).
elle est (*she is*)	elles sont (*they are*).

b The conjugation of the verbs in French is generally more difficult than in English, because more changes occur. **Etre**, like *to be*, changes a lot with each person because it is an irregular verb. Irregular verbs must be learnt by heart because their conjugations do not follow a set pattern. (See table given on page 338.) However most French verbs belong to groups which behave according to a set pattern. (See page 337.)

c   **Tu** is used when addressing one person that one knows very well, such as a relative or a close friend. It corresponds to the old English form **thou**. If in doubt when you meet French people, stick to the **vous** until your friends suggest you use **tu**. However, use **tu** when talking to a child.

Vous can be used when addressing one person or more. It is the exact equivalent of the English form **you**.

example:

Vous êtes étudiant? (*Are you a student?*); **Vous** êtes étudiants? (*Are you students?*).

Ils is used when *they* refers to masculine plural or mixed.

Elles is only used when all elements are feminine. Whenever masculine and feminine elements are mixed, the masculine takes preference.

example:

Lucien et Josée sont martiniquais. **Ils** sont de Fort-de-France.

Jeanne est de Luçon et **Sylvie** est de Grasse. **Elles** sont françaises.

d   **Ce/Il**

It is always difficult to translate **it** when it is the subject of the verb *to be*.

When coming immediately before a noun or a pronoun, **it/he/she** is are translated by **c'est**:

example:

C'est un dictionnaire. (*It is a dictionary.*); **C'est** une pomme (*It is an apple.*); **C'est** elle. (*It is her.*); **C'est** un ingénieur. (*He is an engineer.*); **C'est** une Française. (*She is a Frenchwoman.*).

Note that the two latter examples could also be expressed as follows:

Il est ingénieur; **Elle est** française.

Remember that the same is true of the plural: **Ce sont** des pommes. (*They are apples.*); **Ce sont** elles. (*It is them.*).

When it comes before an adjective and when it refers to a **specific** noun, **it/they** is translated by **il(s)/elle(s)** accordingly:

example:

Qu'est-ce qu'il y a dans cette valise? **Elle** est lourde! (*What is in this suitcase? It is heavy!*); Pourquoi portes-tu ce chapeau? **Il** est ridicule. (*Why are you wearing this hat? It is ridiculous.*); J'aime ces chaussures, **elles** sont très élégantes. (*I like these shoes, they are very elegant.*).

But, when it comes before an adjective and when it refers to **no specific** noun, **it** is translated by **ce**:

example:

C'est grand. (*It is big.*); **C'est** beau. (*It is beautiful.*); **C'est** cher. (*It is expensive.*).

Il is used only when the adjective is followed by a subordinate clause.

example:

Il est évident qu'elles ont peur. (*It is obvious that they are afraid.*)

Or when it is followed by an infinitive construction.

example:

Il est interdit de fumer. (*It is forbidden to smoke.*); **Il** est agréable de se promener. (*It is pleasant to have a walk.*).

Il is also used when talking of the weather.

example:

Quel temps fait-il? (*What is **the weather** like?*); Il fait beau. (*It is fine.*); Il pleut. (*It is raining.*)

Or when speaking of the time.

example:

Quelle heure est-il? (*What is **the time**?*); Il est trois heures. (*It is three o'clock.*).

2 THE DEFINITE ARTICLE (THE)

a In French all nouns are either masculine or feminine. Usually, nouns referring to male creatures are masculine and nouns referring to female creatures are feminine. There are a few exceptions such as **médecin** (*doctor*), **professeur** (*teacher*), **écrivain** (*writer*) which are masculine even if the person is a woman. If you wish to make it clear, you must say **femme médecin**,etc.

The definite article in French varies according to the gender and number of the noun.

The masculine is **le** as in **le** garçon (*the boy*), **le** livre (*the book*).

The feminine is **la** as in **la** fille (*the girl/daughter*), **la** livre (*the pound*).**Les** precedes all nouns in the plural.

example:

les garçons (*the boys*); **les** filles (*the girls*); **les** hommes (*the men*); **les** infirmières (*the nurses*).

b Both masculine and feminine words in the singular starting either with a **vowel** or an **h mute** take **l'** (l apostrophe).

example:

l'arbre (*the tree*); **l'**homme (*the man*); **l'**enfant (*the child*); **l'**infirmière (*the nurse*).

However the nouns starting with an **h aspirate** do not follow this rule.

example:

le héros (*the hero*) but **l'**héroïne (*the heroine*); **la** haie (*the hedge*); **la** hache (*the axe*).

Another exception is the word **onze** (*eleven*) which is not preceded by **l'** either.

example:

le onze avril (*the eleventh of April*).

c The definite article tends to be used more in French than in English.

example:

La vie et **la** mort (*Life and death*); L'amour (*Love*); J'adore **le** chocolat (*I love chocolate*).

3 THE INDEFINITE ARTICLE (A/AN)

The indefinite article also agrees in number and gender with the noun.

The masculine is **un** as in **un** chat (*a cat*), **un** magasin (*a shop*).

The feminine is **une** as in **une** maison (*a house*), **une** école (*a school*).

The plural, which is the equivalent of *some* is **des** as in **des** enfants (**some** *children*), **des** maisons (**some** *houses*).

Elle est française (*She is French*) *or* C'est **une** Française (*She is French/a French woman*).

b The same applies to the plural **des**.
example:
Ils sont espagnols (*They are Spanish*) *or* Ce sont **des** Espagnols (*They are Spanish/Spaniards*).

4 NEGATIVES

a To make a negative sentence in French, two negative words must be used, **ne** or **n'** and **pas**. These two negative words are usually placed on either side of the verb.
example:
Nous **ne** sommes **pas** étudiants. (*We are not students.*); Il **n'**est **pas** de Paris. (*He is not from Paris.*).
Other negative words can be used instead of **pas**.
example:
Elle **ne** parle **jamais**. (*She never speaks.*); Vous **ne** mangez **rien**. (*You eat nothing/You do not eat anything.*); Je **n'**aime **personne**. (*I like nobody/I do not like anybody.*).
Here are a few more common negative words you might come across.
example:
Cette route **ne** mène **nulle part**. (*This road leads nowhere/This road does not lead anywhere.*); Il **n'**a **aucun** ami. (*He has no friend* – emphatic.); Il **n'**a **aucune** ambition. (*He has no ambition* – emphatic.); Il **ne** mange **guère**. (*He scarcely eats.*); Je **n'**ai **plus** d'argent. (*I have no money left/no more money.*)
Note:
Another way of saying **seulement** (*only*) is by using **ne ... que/qu'**.
example:
Il parle **seulement** le français/Il **ne** parle **que** le français. (*He only speaks French.*).
b The place of **personne** varies according to its function in the sentence.
example:
Je **n'**aime **personne** (object). (*I like nobody.*); **Personne** (subject) **n'**aime cette femme. (*Nobody likes this woman.*).
The same is true of **rien**.
example:
Vous **ne** voyez **rien**. (*You do not see anything.*); **Rien ne** va plus. (*Nothing is going right any more.*).
Also note that **personne** means **nobody/not anyone**, but that **a person** is **une personne** whether the person in question is male or female.
c When there is no verb in the sentence, **ne/n'** is not used.
example: Pas moi! (*Not me!*); Jamais le samedi. (*Never on Saturdays.*).When the verb is in the infinitive, both negative words come in front of the verb.
example: **Ne pas** fumer (*No smoking*); Pour **ne pas** voir (*So as not to see*).
d In a negative sentence, the indefinite article **un, une, des** is replaced by **de/d'** when it means **no/not any**.
example: Ils n'ont pas **de** voiture. (*They haven't got a car.*); Elle ne porte pas **de** chapeau. (*She is not wearing a hat.*)

but: Ils n'ont pas **une** voiture anglaise, ils ont une voiture française. (*They haven't got an English car, they have a French car.*); Elle ne porte pas **un** chapeau bleu, elle porte un chapeau noir. (*She is not wearing a blue hat, she is wearing a black hat.*).

5 PARTITIVE ARTICLES

a The partitive article is used to express possession in French (as in the English **the cat of the chemist** instead of **the chemist's cat**).
de/d' precedes a name.
example:
Les enfants **de** Claire (*Claire's children*); la fiancée **d'**Yves (*Yves' fiancée*); la voiture **de** mademoiselle Chouan (*Miss Chouan's car*).
When **de** is combined with the definite article (i.e. **of the**) some changes occur:
de le→du
example:

le pharmacien	→le chat **du** pharmacien (*the chemist's cat*)

de la
example:

la secrétaire	→le mari **de la** secrétaire (*the secretary's husband*)

de l'
example:

l'ingénieur	→l'auto **de l'**ingénieur (*the engineer's car*)
l'homme	→le chien **de l'**homme (*the man's dog*)

de les → des
example:

les enfants	→le lapin **des** enfants (*the children's rabbit*)

b The partitive article is also used to translate the English **some** and **any**, although they are often omitted in English. The above-mentioned rule is applied:

le vin	→**du** vin (*some wine*)
la soupe	→**de la** soupe (*some soup*)
l'argent	→**de l'**argent (*some money*)
l'huile	→**de l'**huile (*some oil*)
les frites	→**des** frites (*some chips*)

In the negative, equivalent to the English **not any**, only **de/d'** is used.
example:
La boulangère **n'**a **plus de** pain. (*The baker has not any bread left.*); Il **n'**y a **pas de** frites aujourd'hui. (*There are not any chips today.*); Il **n'**y a **plus d'**eau dans le vase. (*There is not any water left in the vase.*); Il **n'**a **pas d'**amis. (*He has not got any friends.*)

c Whenever the combination **of the** occurs, the rule of the partitive article must be followed. For instance with place words using the preposition **de**.
example: Il habite en face **du** cinéma. (*He lives opposite the cinema.*); La station de métro est près **des** magasins. (*The underground station is near the shops.*)

d The partitive article is not used with expressions of quantity.
example:
des enfants (*children*) but **beaucoup d'**enfants (*a lot of children*); des pommes (*apples*) but **un kilo de** pommes (*a kilo of apples*); de la soupe (*soup*) but **une boîte de** soupe (*a tin of soup*); du chocolat (*chocolate*) but **une tablette de** chocolat (*a bar of chocolate*); de l'huile (*oil*) but **un litre d'**huile (*a litre of oil*).

Note:

a **Un/Une** are not used with **il est/elle est** to describe profession/nationality.
example:
Il est ingénieur *or* C'est **un** ingénieur (*He is an engineer*).

Bien de (*a lot of*) is an exception and follows the rule of the partitive article.
example:
Vous avez **bien de la** chance. (*You are very lucky.*); Il a **bien des** problèmes. (*He has a lot of problems.*)

e The verb **jouer de** is used to talk about playing musical instruments.
example:
jouer du piano, jouer de la guitare, jouer de l'accordéon.

6 PREPOSITION à

a When combined with the definite article **à** behaves very similarly to **de**.
à le→au
example:

| le professeur | → **au** professeur (*to the teacher*) |

à la
example:

| la radio | → **à la** radio (*on the radio*) |

à l'
example:

| l'office du tourisme | → **à l'**office du tourisme (*in/to the tourist office*) |
| l'hôpital | → **à l'**hôpital (*in/to hospital*) |

à les→aux
example:

| les étudiants | → **aux** étudiants (*to the students*) |

The preposition **à** translates a variety of English prepositions.

At as in:	**at** the bus stop (à l'arrêt d'autobus).
To as in:	**to** the cinema (au cinéma); **to** the bank (à la banque).
In as in:	**in** London (à Londres); **in** Canada (au Canada); **in** the United States (aux Etats-Unis).

Note:
Most countries are feminine in French (la France, l'Angleterre, la Suisse, l'Espagne, l'Allemagne, etc.), in which case the English **in/to** is rendered by **en** in French (en France, en Angleterre, en Suisse, en Espagne, en Allemagne, etc.).

b The preposition **à** is also used to express what something is made with.
example:

les pommes	→ une tarte **aux** pommes (*an apple tart*)
la fraise	→ un yaourt **à la** fraise (*a strawberry yogurt*)
le vin	→ de la moutarde **au** vin blanc (*mustard with white wine*)
l'ail	→ du saucisson **à l'**ail (*garlic sausage*)

c The verb **jouer à** is used to talk about playing games or playing with something.
example: **jouer au tennis, jouer au ballon** (*to play with a ball*), **jouer aux cartes.**

7 QUEL

Quel is an interrogative and exclamatory adjective. Therefore it agrees in gender and number with the noun it qualifies.
example:
Quel jour (*Which/What day?*); **Quelle** année? (*Which/What year?*); **Quels** enfants? (*Which/What/Whose children?*); **Quelles** valises? (*Which/What/Whose suitcases?*); **Quel** dommage! (*What a pity!*); **Quelle** belle vue! (*What a beautiful view!*).

8 -ER VERBS

a The verbs with infinitive in **-er** form a large group and most verbs within the group behave in the same way.
Let us take **chanter** (*to sing*) as an example.
chant- is called the stem.
-er is called the ending.
To conjugate an **-er** verb in the present indicative, one takes the stem and adds to it the following endings:

je chant**e**	nous chant**ons**
tu chant**es**	vous chant**ez**
il chant**e**	ils chant**ent**
elle chant**e**	elles chant**ent**

Despite the different spellings, the verbs sound the same in all the persons, except for the **nous** and **vous** forms.
Note:
Aller (*to go*) is an irregular verb despite its **-er** ending.

b Verbs in **-cer** and **-ger** are slightly different in the **nous** form to allow the pronunciation to be consistent throughout the conjugation.
Thus: nous commen**ç**ons (*we start*); nous lan**ç**ons (*we throw*).
    Without the **cedilla** it would be a **k** sound.
    nous mang**e**ons (*we eat*); nous nag**e**ons (*we swim*).
    Without the extra **e** the **g** would be pronounced as in **goat**.

c Verbs with two **es** such as **acheter** (*to buy*), **jeter** (*to throw*), etc. either use a grave accent (**è**) or double the consonant, except in the **nous** and **vous** forms. Thus:

j'ach**è**te	nous achetons	je jette	nous jetons
tu ach**è**tes	vous achetez	tu jettes	vous jetez
il ach**è**te	ils ach**è**tent	il jette	ils jettent
elle ach**è**te	elles ach**è**tent	elle jette	elles jettent

préférer (*to prefer*) is also slightly different and is conjugated as follows:

je préf**è**re	nous préférons
tu préf**è**res	vous préférez
il préf**è**re	ils préf**è**rent
elle préf**è**re	elles préf**è**rent

d Verbs ending in **-yer** such as **envoyer** (*to send*), **aboyer** (*to bark*). Except with **nous** and **vous** forms, the **-y** is replaced by **-i**:

j'envoie	nous envoyons
tu envoies	vous envoyez
il envoie	ils envoient
elle envoie	elles envoient

There are three types of verbs ending in **-yer**: **-ayer**, **-oyer** and **-uyer**. Although verbs in **-ayer** can be conjugated with the **-y** throughout, it is probably convenient for students to make the previous rule general and therefore always be on the safe side!

e The present indicative translates two different English forms.
example:
Il **chante** (*He sings/He is singing.*); Il ne **chante** pas (*He doesn't sing/He isn't singing.*).
It is also used to translate the English emphatic form.
example:
He does sing, doesn't he? (*Il chante, n'est-ce pas?*).

9 INTERROGATIVE SENTENCES

a When speaking casually, the French tend not to make a proper interrogative sentence. They use the statement and simply change the intonation:
example: **Vous êtes** de Paris? (*Are you from Paris?*); **Il a** des enfants? (*Has he got any children?*)
But there are two other ways of making questions.

b The first one is by using **est-ce que/qu'** which allows one to keep the structure of the statement unchanged:
example: **Est-ce que** vous êtes de Paris? **Est-ce qu'**il a des enfants?

c The second method is called the **inversion** and it consists in placing the verb before the subject:
example: **Etes-vous** de Paris?
Some complications can occur:

  i When the verb ends with a vowel, in which case **-t-** must be inserted.
  example:
  A-**t**-il des enfants? (*Has he got any children?*) Etudie-**t**-elle le français? (*Is she studying French?*)

  ii When a name or a noun is used, in which case the subject pronoun must be used as well.
  example:
  Laurent habite-t-il à Rouen? (*Does Laurent live in Rouen?*); **Le médecin** est-il marié? (*Is the doctor married?*); **Les enfants** ont-ils faim? (*Are the children hungry?*); Où **les cuisiniers** travaillent-ils (*Where do the cooks work?*).

10 ON

On can be used with two meanings in French.

First it can be used in a very general sense.
example:
On boit du cidre en Normandie. (*One drinks cider in Normandy.*).
Note that this general meaning can also be translated in English by **you** or **they**.

More familiarly, **on** can be used in French to mean **nous**.
example:
On regarde la télé et **ou** joue au ping-pong. (*We watch the T.V. and play table tennis.*).
Note that the ending of the verb is the same as **il/elle** (*he/she*) even when **on** means **nous** (*we*).

1 REGULAR -RE VERBS

Regular **-re** verbs such as **vendre** (*to sell*), **perdre** (*to lose*), etc. behave as follows in the present tense:

je perd**s**	nous perd**ons**
tu perd**s**	vous perd**ez**
il perd	ils perd**ent**
elle perd	elles perd**ent**

Quite a lot of **-re** verbs are irregular, in particular **prendre** (*to take*) and verbs with **prendre** in them such as **apprendre** (*to learn*), **comprendre** (*to understand*), **surprendre** (*to surprise*), etc. Only the plural is different:

je prend**s**	*but*	nous **prenons**
tu prend**s**		vous **prenez**
il prend		ils **prennent**
elle prend		elles **prennent**

Other common regular **-re** verbs include: **rendre** (*to give back / to make, to make happy, sad, pretty, etc.*); **descendre** (*to go down / to get off*); **mordre** (*to bite*); **répondre** (*to answer*).

2 ADJECTIVAL AGREEMENT

a In French the adjectives agree in gender and number with the noun they qualify. The usual form of the feminine is an extra **-e**.
example:
Il est français, elle est française. (*He is French, she is French.*)
The usual form of the plural is an **-s**.
example:
Je suis grand, nous sommes grands. (*I am tall, we are tall.*)
If the adjective already ends with an **-e**, no change occurs for the feminine. If it already ends with an **-s**, or an **-x**, no change occurs for the plural.
example:
Il est célèbre, elle est célèbre. (*He is famous, she is famous.*); Le livre est gris, les livres sont gris. (*The book is grey, the books are grey.*); Il est heureux, ils sont heureux. (*He is happy, they are happy.*)

b If the adjective qualifies several nouns, masculine and feminine, the masculine form takes preference.
example:
Le chat et la chienne sont noirs. (*The cat and the bitch are black.*); Paul et Elisabeth sont intelligents. (*Paul and Elisabeth are intelligent.*)

c In some cases, the adjective does not agree with the noun.
  i When a colour is itself qualified.
  example:
  des yeux **bleu** clair (*light blue eyes*); une robe **vert** pomme (*an apple-green dress*).
  ii When a noun is used as a colour.
  example:
  des chaussures **marron** (*reddish brown shoes*) (un marron=a chestnut).

d Not all adjectives form their plural by adding an **-s** in the plural.

Adjectives in **-eau** add an **-x**.

example:

de beaux enfants (*beautiful children*); des frères jumeaux (*twin brothers*).

Some adjectives in **-al** become **-aux**.

example:

loyal→loyaux, *but* final→finals

e Not all adjectives form their feminine simply by adding an **-e**. Here are some of the most common changes.

-er	→	-ère	as in dernier, dernière (*last*)
-l	→	-lle	as in culturel, culturelle (*cultural*).
-n	→	-nne	as in bon, bonne (*good*); indien, indienne (*Indian*).
-f	→	-ve	as in sportif, sportive (*sporty*).
-x	→	-se	as in heureux, heureuse (*happy*).

f Some feminine forms are completely irregular and must be learnt by heart. Here are some of the most common ones: blanc, **blanche** (*white*); frais, **fraîche** (*fresh, cool*); sec, **sèche** (*dry*); favori, **favorite** (*favourite*); long, **longue** (*long*); nouveau, **nouvelle** (*new*).

g Generally adjectives are placed after the noun they qualify, particularly colours, nationalities and long adjectives.

example:

un manteau **rouge** (*a red coat*); une voiture **américaine** (*an American car*); une remarque **intelligente** (*an intelligent comment*).

Some very common adjectives however precede the noun they qualify, such as: **autre** (*other*); **beau** (*beautiful*); **bon** (*good*); **grand** (*big, tall*); **gros** (*big, fat*); **haut** (*high*); **jeune** (*young*); **joli** (*pretty*); **large** (wide); **long** (*long*); **mauvais** (*bad*); **même** (*same*); **petit** (*small*).

example:

une **grande** maison (*a big house*); un **autre** jour (*another day*); un **gros** gâteau (*a big cake*).

h Some adjectives change their meaning whether they precede or follow the noun they qualify.

example:

ma **propre** chemise (*my own shirt*), *but* ma chemise **propre** (*my clean shirt*); l'**ancienne** maison (*the former house*), *but* la maison **ancienne** (*the old house*); la **dernière** semaine (*the final week*), *but* la semaine **dernière** (*last week*); de **pauvres** enfants (*unfortunate children*), *but* des enfants **pauvres** (*poor children*).

i Some of the adjectives which usually precede the nouns they qualify have a special masculine form if the noun starts with a **vowel** or an **h mute**.

example:

un **beau** livre (*a beautiful book*), *but* un **bel** homme (*a handsome man*); un **nouveau** train (*a new train*), *but* un **nouvel** avion (*a new plane*); un **vieux** pont (*an old bridge*), *but* un **vieil** ami (*an old friend*).

j If a noun in the plural is preceded by an adjective the indefinite article **des** is replaced by **de/d'**.

example:

Elle a **des** yeux bleus. (*She has blue eyes.*) *but* Elle a **de** beaux yeux. (*She has beautiful eyes.*)

13 DEMONSTRATIVE ADJECTIVES

Like the other adjectives they agree in gender and number with the nouns they qualify.

The masculine singular is **ce** as in **ce** livre (*this/that book*), but if the masculine word starts with a **vowel** or an **h mute**, **cet** is used instead as in **cet** argent (*this/that money*) or **cet** hôtel (*this/that hotel*).
The feminine singular is **cette** as in **cette** fois (*this/that time*) or **cette** erreur (*this/that mistake*).
The form for all plurals is **ces** as in **ces** livres (*these/those books*), **ces** hôtels (*these/those hotels*), **ces** erreurs (*these/those mistakes*).

In French the difference between **this** and **that** or **these** and **those** is not usually stressed. When the difference needs to be emphasised **-ci** and **-là** are used.

ce vélo-**ci** (*this bicycle*); **ce** vélo-**là** (*that bicycle*); **ces** livres-**ci** (*these books*); **ces** livres-**là** (*those books*).

14 POSSESSIVE ADJECTIVES

	Singular		Plural
	Masc.	**Fem.**	
my	mon	ma	mes
your (singular)	ton	ta	tes
his/her/its	son	sa	ses
our	notre	notre	nos
your (polite or plural)	votre	votre	vos
their	leur	leur	leurs

Unlike English, the possessive adjective agrees with the noun it qualifies and **not** with the possessor. This is particularly important for the third person singular.
example:
son fils (*his/her son*); **sa** fille (*his/her daughter*).

When a feminine word starts with a **vowel** or an **h mute**, the masculine possessive is used (for sound's sake).
example:
mon orange (*my orange*); **ton** amie (*your friend*); **son** autre tante (*his/her other aunt*).

The possessive adjective **mon/ma** is used when addressing a military person of superior rank or a religious person.
example:
Oui, **mon** général! (*Yes sir/general!*); Oui **mon** père. (*Yes father (priest).*); Oui **ma** sœur. (*Yes sister/nun.*).

15 -IR VERBS

It is convenient to split the **-IR** verbs into four different groups.

a The FINIR type is the most important group, and considered to be regular.
example:

finir (*to finish*); **choisir** (*to choose*); **saisir** (*to seize, to grab*); **punir** (*to punish*); **ralentir** (*to slow down*); **nourrir** (*to feed, to nourish*); **rougir** (*to blush*); **pâlir** (*to become pale*); **grandir** (*to grow* – note that to grow plants is **faire pousser**); **salir** (*to dirty*); **jaunir** (*to become yellow*); **grossir** (*to become big, to put on weight*); **réunir** (*to gather*); **obéir** (*to obey*); **réfléchir** (*to think, to ponder*); **agir** (*to take action*); **réagir** (*to react*); **applaudir** (*to applaud*), etc.

Note that many of these express a change of state.

To conjugate this type in the present indicative, find the stem by dropping the **-IR** (thus **FIN-**) and add the following endings:

je fin**is**	nous fin**issons**
tu fin**is**	vous fin**issez**
il/elle fin**it**	ils/elles fin**issent**

Make sure that you do not forget half the endings of the plural; it is easily done!
As usual, the **-ent** in **ils/elles finissent** is not sounded.

b The DORMIR type.
example:

dormir (*to sleep*); **partir** (*to go away*); **sortir** (*to go out*); **servir** (*to serve*); **mentir** (*to tell lies*); **sentir** (*to feel*); **consentir** (*to agree*), etc.

Conjugating this type of verb is not quite as straightforward. First, in the singular, the second half of the verb disappears, and in the plural, you must remember that the consonant before the **-IR** ending varies. Compare the following:

dormir	**servir**	**mentir**
je dor**s**	je ser**s**	je men**s**
tu dor**s**	tu ser**s**	tu men**s**
il/elle dor**t**	il/elle ser**t**	il/elle men**t**
nous dor**mons**	nous ser**vons**	nous men**tons**
vous dor**mez**	vous ser**vez**	vous men**tez**
ils/elles dor**ment**	ils/elles ser**vent**	ils/elles men**tent**

c The -FRIR and -VRIR type.
example:

offrir (*to offer, to give (a present)*); **souffrir** (*to suffer*); **couvrir** (*to cover*); **découvrir** (*to discover*); **ouvrir** (*to open*), etc.

This type behaves exactly like an ordinary **-ER** verb in the present indicative. But here you get the stem by dropping the **-IR**, then you add the usual endings:

souffrir	**ouvrir**
je souffr**e**	j'ouvr**e**
tu souffr**es**	tu ouvr**es**
il/elle souffr**e**	il/elle ouvr**e**
nous souffr**ons**	nous ouvr**ons**
vous souffr**ez**	vous ouvr**ez**
ils/elles souffr**ent**	ils/elles ouvr**ent**

d The VENIR and TENIR type.
example:

venir (*to come*); **devenir** (*to become*); **prévenir** (*to warn*); **revenir** (*to come back*); **tenir**

(*to hold*); **appartenir (à)** (*to belong* (*to*)), etc.

The very irregular **venir** and **tenir**, and all the verbs formed from them behave as follows:

tenir	**venir**
je **tiens**	je **viens**
tu **tiens**	tu **viens**
il/elle **tient**	il/elle **vient**
nous **tenons**	nous **venons**
vous **tenez**	vous **venez**
ils/elles **tiennent**	ils/elles **viennent**

16 DEPUIS

It can be translated into English by **since** or **for**.

a Since

example:

depuis hier (*since yesterday*); depuis 1994 (*since 1994*); depuis mes vacances (*since my holidays*).

b For

If the action referred to is still going on, the present indicative and **depuis** are used in French, whereas the perfect tense and **for** are used in English.

example:

Elle **habite** à Rouen **depuis** cinq ans. (*She's been living in Rouen for five years.*); Nous **apprenons** le français **depuis** six mois. (*We've been learning French for six months.*).

17 ALLER

Please consult the table of irregular verbs (on page 338)!

Basically, **aller** can be used in three different ways:

a Simply as meaning: **to go**

example:

Je vais au cinéma. (*I am going to the cinema.*); Ils vont à l'école. (*They are going/they go to school.*); Pour aller à la piscine? (*How does one get to the swimming-pool?*).

b To ask someone how they are

example:

– Comment allez-vous? (*How are you?*);

– Je vais très bien, merci. (*I am very well, thanks.*).

Or more familiarly:

– Comment ça va?

– Ça va très bien, merci.

Note the vital difference between:

– Comment va-t-elle? (*How is she?*)

and – Comment est-elle? (*What is she like?*)

c Finally, it can be used, like its English equivalent, to express a future action

example:

Il va apprendre le français (*He is going to learn French*); Nous allons visiter Rouen. (*We are going to visit Rouen.*).

Note that **aller** is followed by the infinitive of the other verb.

18 VENIR (DE)

The verb **to come** takes on a special meaning when it is used with **de**.
Venir de (*to have just*) is followed by the infinitive.
example:
Je viens de manger. (*I have just eaten.*); Tu viens de manger. (*You have just eaten.*); Il
vient de manger. (*He has just eaten.*)
More examples:
Je viens de boire de la bière. (*I have just drunk some beer.*); Ils viennent de partir.
(*They have just left.*); Nous venons d'acheter une voiture. (*We have just bought a
car.*).

19 PRONOUNS

a A pronoun is a word used in order to avoid repeating in full something which has
been mentioned earlier. *example:*
– Do you know **his sister**?
– Yes, I see **her** on the bus every day.
Her is the personal pronoun replacing **her sister**.
The personal pronouns vary according to the role they play in a particular
sentence. They can either be subject or object.

b **The subject pronouns** are:

je (*I*)	nous (*we*)
tu (*you* singular)	vous (*you* polite or plural)
il (*he*)	ils (*they* masculine or mixed)
elle (*she*)	elles (*they* only feminine)
on (*one generally*)	

example:
Paul va à l'école; **il** va à l'école. (*Paul is going to school; he is going to school.*)

c **The direct object pronouns** replace a direct object. They are:

me/m' (*me*)	nous (*we*)
te/t' (*you* familiar and singular)	vous (*you* polite or plural)
le/l' (*him/it* masc.)	les (*they*)
la/l' (*her/it* fem.)	

example:
J'adore **le chocolat**, je **l'**adore (*I love chocolate, I love it*); Vous prenez **le livre**, vous **le**
prenez (*You take the book, you take it*); Elle choisit **les fleurs**, elle **les** choisit (*She
chooses the flowers, she chooses them*); Il **m'**aime. (*He loves me.*).

d **The indirect object pronouns** replace an indirect object, i.e. an object introduced
by a preposition, usually **à**. They are similar to the direct object ones except for the
third persons.
Thus:
lui (*to him/to her/to it*)
leur (*to them*)
example:
Je parle **à Henri**, je **lui** parle (*I speak to Henry, I speak to him*); Je parle **à Jeanne**, je **lui**
parle (*I speak to Joan, I speak to her*); Je parle **au chat**, je **lui** parle (*I speak to the cat, I
speak to it*); Nous sourions **aux enfants**, nous **leur** sourions (*We smile at the children,*

we smile at them); Il **me** sourit (*He smiles at me*); Il **vous** montre l'église (*He shows you the church. – In fact, he shows the church to you.*).

Note that the unfortunate thing is that the use of the prepositions does not always correspond from one language to the next and you must therefore be very careful because what is a direct object in French can be an indirect object in English, and vice versa.

In English you can say:

He buys her flowers.

But in French you must say:

Il lui achète des fleurs. (*He buys flowers to her.*)

Watch for verbs such as: **écouter** (*to listen to*); **attendre** (*to wait for*); **regarder** (*to look at*); **chercher** (*to look for*), etc.In French, unlike English, they take a direct object.

example:

Nous **les** écoutons. (*We listen to them.*); Je **l'**attends. (*I am waiting for her.*); Ils **le** regardent. (*They are looking at him.*); Elle **les** cherche. (*She is looking for them.*)

e As you have probably noticed, in French the pronouns come directly before the verb.

example:

Je **les** vois. (*I see them.*)

Note that if two verbs are used, the pronouns go in front of the verb of which they are the object, which is generally the second verb, although it is in the infinitive.

example:

Tu peux **le** prendre. (*You can take it.*); Il va **le** faire. (*He is going to do it.*); Je viens de **les** manger. (*I have just eaten them.*)

If the sentence is in the negative, the pronouns stay with the verb between **ne** and **the other negative word**.

example:

Il ne **m'**écoute pas. (*He does not listen to me.*) Nous ne **les** voyons jamais. (*We never see them.*)

f The adverbs **y** and **en** can be used as pronouns. Most of the time they represent things or abstract ideas.

Y is usually used to avoid repeating the name of a place which has been mentioned, and corresponds to the English **there**.

example:

Connaissez-vous Paris?

(*Do you know Paris?*)

Oui, j'**y** vais tous les ans. (*Yes, I go there every year.*)

It is also used to replace **à+a noun** which is not a person.

example:

toucher à	→ Ne touche pas **au** vase. Je n'**y** touche pas. (*Don't touch the vase. I am not touching it.*)
répondre à	→ Il répond **à la** lettre; il **y** répond. (*He answers the letter; he answers it.*)
penser à	→ N'oublie pas le pain. Non j'**y** pense. (*Don't forget the bread. No I think of it.*)

En generally translates **of it, of them, some** and **any**.

example:

Quand il demande du pain je lui **en** donne. (*When he asks for bread I give him some.*)

A-t-il des frères? Oui il **en** a deux. (*Has he got any brothers? Yes he has got two (of* *them*).) Je n'ai pas besoin d'argent. (*I don't need any money.*) Je n'**en** ai pas besoin. (*I don't need any.*)

It can correspond to **de+a noun.**

example:

avoir besoin de	→ Je n'ai besoin **du couteau.** (*I don't need the knife.*); Je n'**en** ai pas besoin. (*I don't need it.*)
se servir de	→ Il se sert **de mon aspirateur.** (*He uses my hoover.*); Il s'**en** sert. (*He uses it.*)
avoir envie de	→ Elle a envie **de la robe rouge.** (*She fancies the red dress.*); Elle **en** a envie. (*She fancies it.*)

It can also represent a place one comes from.

example:

– Où est la rue Pasteur? (*Where is rue Pasteur?*)

– J'**en** viens, c'est la première à droite. (*I've come from there, it's the first on the right.*)

– Où est la poste? (*Where is the post-office?*)

– Juste là, j'**en** sors. (*Right there, I've just come out of it.*)

Note that **en** is used in a number of idiomatic expressions such as: s'**en** aller (*to go away*).

g Sometimes, several pronouns are required. In this case, they all come before the verb, and they all stay with the verb between the negative words in a negative sentence.

example:

Il **me le** montre. (*He shows it to me.*); Il ne **nous les** achète pas. (*He does not buy them for us.*)

If several pronouns are used, their order is as follows:

me				
	le			
te				
		lui		
se	la		y	en + verb
		leur		
nous				
	les			
vous				

The reflexive pronouns follow the same rules (see page 330–31).

h The strong or emphatic pronouns

They are:

moi	toi	lui	elle
nous	vous	eux	elles

They are used in many different cases.

i For emphasis (as their name indicates), in which case they are not necessarily translated into English.

example:

Moi, je parle anglais et allemand. (*I speak English and German.*); **Lui**, il habite dans le Midi. (*He lives in the South.*).

ii With **c'est/ce sont** (or when **c'est/ce sont** are understood):

– Qui a fait ça? (*Who did this?*)

– (C'est) **elle**! (*She did!*)

iii In comparison:

Il est plus grand que **moi**. (*He is taller than I am.*); Elle est moins connue que **lui**. (*She is less famous than he is.*); Je cours aussi vite que **vous**. (*I run as fast as you do.*)

iv After **prepositions** and **comme**:

Avec moi (*with me*), **sans** eux (*without them*), **chez** nous (*at home/where we live*), **avant** toi (*before you*), **après** vous (*after you*), **sur** lui (*on him*), **derrière** elle (*behind her*), etc. *example:*

Il parle **comme** *elle*. (*He speaks the way she does/like her.*)

v After **être à** (*to belong to*): *example:*

Ce livre est à **lui**. (*This book belongs to him.*); Ces stylos ne sont pas à **toi**. (*These pens are not yours.*)

TABLE OF PRONOUNS

Subject pronouns	Reflexive pronouns	Direct object pronouns	Indirect object pronouns	Strong/ emphatic pronouns
je	me/m'	me/m'	me/m'	moi
tu	te/t'	te/t'	te/t'	toi
il	se/s'	le/l'	lui	lui
on				soi
elle	se/s'	la/l'	lui	elle
nous	nous	nous	nous	nous
vous	vous	vous	vous	vous
ils	se/s'	les	leur	eux
elles	se/s'	les	leur	elles

vi   With verbs of motion with **à**:
example:
Il vient à **moi**. (*He comes to me.*); Nous allons toujours à **elle**. (*We always go to her.*).

vii   With verbs taking **à** when referring to a person:
example:
Je pense souvent à **eux**. (*I often think of them.*)

viii Aussi/Non plus:
The strong pronoun is also used before **aussi** or **non plus** to express agreement or confirmation of similar experiences.
example:
J'ai soif. **Moi** aussi. (*I am thirsty. So am I.* literally: *Me too*); Ils habitent à Rouen. **Nous** aussi. (*They live in Rouen. So do we.*).
Non plus is used for the negative.
example:
Ils n'apprennent pas l'anglais. **Toi** non plus. (*They do not learn English. Neither do you.*).

20 REFLEXIVE VERBS

a   When a verb is used reflexively it usually means that the action turns back to the subject, in which case a reflexive pronoun is used (see the above table). Many verbs can be used either reflexively or ordinarily.
example:
(Se) laver

laver (*to wash*)	
je lave (la voiture)	*I wash (the car)*
tu laves	*you wash*
il/elle lave	*he/she washes*
nous lavons	*we wash*
vous lavez	*you wash*
ils/elles lavent	*they wash*

se laver (*to wash oneself*)	
je me lave	*I wash myself*
tu te laves	*you wash yourself*
il/elle se lave	*he/she washes him/herself*
nous nous lavons	*we wash ourselves*
vous vous lavez	*you wash yourself/yourselves*
ils/elles se lavent	*they wash themselves*

More verbs are used reflexively in French than in English. In fact some verbs are reflexive without any apparent reason.
example:
se promener (*to go for a walk*); **se reposer** (*to rest*), etc.
The best way to express **each other** and **one another** is also to use the verb reflexively.

example:

Ils ne se parlent plus. (*They don't speak to each other/one another any more.*); Nous nous regardons. (*We are looking at each other/one another.*).

b The reflexive pronouns behave like the personal pronouns, i.e. they come before the verb and remain stuck to the verb between the negative words in a negative sentence.

example:

Je **me** promène tous les dimanches. (*I go for a walk every Sunday.*); Il ne **se** rase pas souvent. (*He dose not shave very often.*)

Making a question with a reflexive verb can be confusing, but in fact, the rules are the same. If you prefer, stick to the **Est-ce que ... ?** method.

example:

Est-ce qu'il s'appelle Henri? *or* S'appelle-t-il Henri? (*Is his name Henry?*); A quelle heure est-ce que vous vous levez? *or* A quelle heure vous levez-vous? (*At what time do you get up?*)

If you make a question using the inversion method, you must remember that the reflexive pronoun comes before the verb and that the subject pronoun comes after and is hyphenated.

Generally, when referring to parts of the body, the verb is used reflexively in French, instead of using a possessive adjective:

example:

Je me lave les mains. (*I wash my hands.* literally: *I wash myself the hands.*); Elle se brosse les cheveux. (*She brushes her hair.* literally: *She brushes herself the hair.*); Il se coupe les ongles. (*He cuts his nails.* literally: *He cuts himself the nails.*).

Make sure that when a reflexive verb is used in the infinitive you use the correct reflexive pronoun.

example:

Je viens de **me** promener. (*I have just had a walk.*); **Nous** allons **nous** reposer. (*We are going to rest.*)

c Other common reflexive verbs are:

s'amuser (*to enjoy oneself/to have a good time*); **s'approcher (de)** (*to come near*); **s'asseoir** (*to sit down*); **se baigner** (*to bathe*); **se battre** (*to fight*); **se chausser/se déchausser** (*to put one's shoes on/to take ones shoes off*); **se demander** (*to wonder*); **se dépêcher** (*to hurry up*); **se disputer** (*to argue*); **s'écrier** (*to cry out*); **s'enfuir** (*to run away*); **s'exclamer** (*to exclaim*); **se fâcher** (*to get angry*); **se fiancer** (*to get engaged*); **s'habiller/se déshabiller** (*to get dressed/undressed*); **se maquiller** (*to put on make up*); **se marier** (*to get married*); **se réveiller** (*to wake up*); **se salir** (*to get dirty*); se sauver (*to escape*); **se suicider** (*to commit suicide*); **se tromper** (*to make a mistake*).

21 ADVERBS

In English adverbs normally end in **-ly** (*slowly*). The common ending in French is **-ment** (*lentement*).

Many adverbs are formed by adding **-ment** to the corresponding adjective in the feminine singular form.

example:

discret, discrète (*discreet*)→**discrètement** (*discreetly*) malheureux, malheureuse (*unhappy, unfortunate*)→**malheureusement** (*unfortunately*)

If the masculine singular already ends in a **vowel**, that form is used.
example:
rapide (*quick*)   → **rapidement** (*quickly*)
vrai (*true, real*)   → **vraiment** (*truly, really*)

Most adjectives ending in **-ant** and **-ent** change to **-amment** and **-emment**,
example:
élégant (*elegant*)   →**élégamment** (*elegantly*)

Some very common adverbs are irregular, and must be learnt by heart.
example:
bon (*good*)   →**bien** (*well*)
Ils s'entendent **bien**. (*They get on well.*)
petit (*little*)   →**peu** (*little*)
Elle mange **peu**. (*She eats little.*)
mauvais (*bad*)   →**mal** (*badly*)
Je danse **mal**. (*I dance badly.*)
rapide (*quick*)   →**vite** or **rapidement** (*quickly*)
Il parle **vite**. (*He speaks quickly.*)

Note that the **-ent** is sounded (unlike the third person plural of the verb ending).
Remember that adverbs are invariable.

Generally in French, adverbs come immediately after the verb.
example:
Je mange **souvent** du poisson. (*I often eat fish.*); Je vais **régulièrement** à la piscine. (*I go to the swimming-pool regularly.*); Elle parle **bien** anglais. (*She speaks English well.*)
However, there are some exceptions. For emphasis, for instance, the adverb can start a sentence.
example:
Quelquefois, je joue au tennis. (*Sometimes I play tennis.*)

Note:
a A few adjectives can be used as adverbs.
   example:
   Ils travaillent **dur**. (*They work hard.*)
b Some adverbs also give more information about an adjective or another adverb.
   example:
   très intéressant (*very interesting*); Il parle **très** vite. (*He speaks very quickly.*) C'est **tout** près. (*It's very near.*)

22 THE IMPERATIVE

a The imperative is the form of the verb used when giving an order.
   When the order is given to other people, the second persons (singular and plural) are used in the present indicative, after the subject pronouns **tu** or **vous** have been dropped.
   example:
   Finis ton travail! (*Finish your work!*); **Prends** un taxi! (*Take a taxi!*); **Fermez** les yeux!

(*Shut your eyes!*); **Ouvrez** la porte! (*Open the door!*). Note that the **-er** verbs also drop the **s** of the second person singular.

example:

Ferme les yeux! (*Shut your eyes!*); **Ouvre** la porte! (*Open the door!*)

The **-s** of **vas** is also dropped, *example:* **Va** chez le boulanger! (*Go to the baker's!*), except in the expression **Vas-y!** (*Go on!/Go there!*).

When the order is given to a group of people including the speaker, i.e. when it translates the idea of **let's . . .** , the first person plural of the present indicative is used, without the **nous**.

example:

Allons-y! (*Let's go (there)!*); **Prenons** un taxi! (*Let's take a taxi!*).

b The object pronouns are placed after the verb and linked by a hyphen. When there are several pronouns, the direct object one comes before the indirect object one. The pronouns are also linked by a hyphen.

example:

Apporte-le! (*Bring it!*) Apporte-le-lui! (*Bring it to him/her!*) but Apporte-nous-en! (*Bring us some!*) **en** always comes last.

Note:

i   When **me** is in the final position it changes to **moi**.

example:

Apporte-le-**moi**! (*Bring it to me!*)

ii   When the command is in the negative, the pronouns keep their usual positions, i.e. before the verb.

example:

Ne **l'**apporte pas! (*Don't bring it!*); Ne **m'**en donne pas! (*Don't give me any!*)

c In the imperative, the reflexive pronouns behave like the personal pronouns, i.e. they come after the verb.

example:

Levez-**vous**! (*Get up!/Stand up!*)

Asseyez-**vous**! (*Sit down!*)

Note that in this case the **te** changes to **toi**.

example:

Dépêche-**toi**! (*Hurry up!*)

The pronoun goes back in front of the verb in the negative.

example:

Ne **vous** disputez pas! (*Don't argue!*); Ne **te** maquille pas! (*Don't put on any make-up!*)

23 THE INFINITIVE

The infinitive is the noun form of the verb (and the form to be found in the dictionary). Indeed a few infinitives are also true nouns, such as un **devoir** (*a duty*), les **devoirs** (*the homework*), le **déjeuner** (*lunch*), etc.

A verb in the infinitive can be the subject or the object of another verb, or it may be governed by a preposition.

a Without a preposition.

The infinitive is used when the verb is the subject of another verb. *example:*

Travailler est indispensable. (*Working is a must.*)

Note that often the English is rendered by the **-ing** form.

The infinitive is also used when the verb is the object of another verb such as:

i   a modal verb like **devoir, pouvoir** or **vouloir**.

example:

Il doit **venir**. (*He must come.*); Je veux **aller** à l'étranger. (*I want to go abroad.*)

ii   **Aller, partir, venir, savoir, croire, falloir** (il faut).

example:

Elle part **travailler** à sept heures. (*She leaves for work at seven.*); Il faut **arriver** à l'heure. (*One must arrive on time.*); Ils viennent **voir** l'usine. (*They come to see the factory.*); Viens/Venez **voir**! (*Come and see!*)

iii   After verbs of **liking/disliking/preference**.

example:

J'aime **aller** au concert. (*I like to go to concerts.*); Elle déteste **faire** la cuisine. (*She hates cooking.*); Ils préfèrent **passer** leurs vacances en France. (*They prefer to spend their holidays in France.*)

iv   After verbs of perception.

example:

Je l'entends **jouer** de la trompette. (*I (can) hear him/her playing the trumpet.*); Il regarde les enfants se **battre**. (*He watches the children fighting.*)

Note that, in fact, in French the infinitive is always used when a verb follows another one, with the exception of verbs following an auxiliary verb (**to have/to be**) in the case of the perfect tense (see page 337).

b   After a preposition.

example:

Elle a l'intention **de** refuser. (*She intends to refuse.*); **Pour** aller rue de Vaugirard S.V.P.? (*How do I get to rue de Vaugirard please?*); Il se met **à** travailler deux jours avant l'examen. (*He starts to work two days before the exam.*); J'essaie **d'**être poli avec lui. (*I try to be polite to him.*); Téléphonez avant **de** partir. (*Give a ring before leaving.*); Il réussit même **sans** travailler. (*He succeeds even without working.*); Il commence **à** pleuvoir. (*It is starting to rain.*); J'hésite **à** y aller. (*I hesitate to go there.*); Nous refusons **de** le faire. (*We refuse to do it.*); Empêche-les **de** partir. (*Prevent them from leaving.*)

c   As you have noticed some verbs/expressions are followed by **à** and others by **de**. They must be learnt by heart. Here are two lists of the most common verbs of this kind.

Verbs followed by an infinitive introduced by **à**:

aider à (*to help to*); **apprendre à** (*to learn/teach to*); **commencer à/se mettre à** (*to start to*); **consister à** (*to consist in*); **se décider à** (*to resolve to*); **hésiter à** (*to hesitate to*); **s'intéresser à** (*to be interested in*); **réussir à** (*to succeed in*) etc.

Verbs followed by an infinitive introduced by **de**:

accuser de (*to accuse of*); **arrêter de** (*to stop*); **décider de** (*to decide to*); **défendre de** (*to forbid to*); **empêcher de** (*to prevent from*); **essayer de** (*to try to*); **éviter de** (*to avoid*); **permettre de** (*to allow to*); **refuser de** (*to refuse to*); **remercier de** (*to thank for*); **s'étonner de** (*to be astonished at*); **avoir peur de** (*to be afraid to*); **avoir l'intention de** (*to intend to*); **être content de** (*to be pleased to*); **il est temps de** (*it is time to*), etc.

Note:

i When a sentence with two verbs is in the negative, only the first one (conjugated) is placed between the negative words.
example:
Vous ne pouvez pas **rester** ici. (*You can't stay here.*); Je n'aime pas **prendre** l'avion. (*I don't like taking the plane.*)

ii But when a verb in the infinitive is itself in the negative, the two negative words precede it.
example:
Prière de ne pas **stationner**. (*Please do not park.*); Ne pas **se pencher** au dehors. (*Do not lean out.*)

iii When a pronoun is used it usually comes before the infinitive because it depends on it.
example:
Vous ne pouvez pas y **aller**. (*You can't go there.*); Je veux le **voir**. (*I want to see him/it.*)

24 SAVOIR/CONNAÎTRE

Please consult the table of irregular verbs!
There are two ways of translating **to know** into French:

a **Connaître** is used for people, places or things which are known via the senses (e.g. sight, hearing). Therefore, **connaître** is usually followed by a **noun**.
example:
Ils ne connaissent pas **l'Angleterre**. (*They don't know England.*); Je connais bien **Le Centre Pompidou**. (*I know the Pompidou Centre well.*); Connaissez-vous **Sylvie Clément**? (*Do you know Sylvie Clement?*)

b **Savoir** is used when talking about knowing facts, i.e. *to know* that/why/whether/how/when/which, etc. Therefore, **savoir** is usually followed by a **sentence**.
example:
Je ne sais pas **s'il est français ou belge**. (*I don't know whether he is French or Belgian.*); Nous savons **qu'il part demain**. (*We know that he is leaving tomorrow.*); Elle sait **pourquoi tu es en retard**. (*She knows why you are late.*)
– **Quelle heure est-il?** (*What's the time?*)
– Je ne sais pas! (*I don't know!*)

25 SAVOIR/POUVOIR

Savoir translates the English **can** when it means to know how to do something one has learnt.
example:
Je ne sais pas nager. (*I can't swim.*); Les enfants savent déjà lire et écrire. (*The children can already read and write.*); Il sait compter jusqu'à cent. (*He can count up to a hundred.*)

Pouvoir expresses more the idea of being allowed/free to do something, to be able in the sense that it is possible because of the circumstances.
Compare:
Il sait nager. (*He can swim,* i.e. *knows how*) and Il peut nager aujourd'hui. (*He can swim today* – i.e. *He is allowed to/It is possible for him to swim* – for the weather permits it, the sea is not too rough, the swimming-pool is not empty, etc.)

26 THE PERFECT TENSE

If you want to express what you or someone else did in the past, you have to use the perfect tense. It is a compound tense made up of two elements:
an auxiliary verb, **avoir** (*to have*) in most cases, conjugated in the present tense; and a special form of the verb you wish to use, called the past participle.
example:
j'**ai regardé** la télévision. (*I have watched television./I watched television.*); Il **a fini** son travail. (*He has finished his work./He finished his work.*); Vous n'**avez** pas **répondu**. (*You have not answered./You did not answer.*)

a The auxiliary verb: Both *I wrote a letter* and *I have written a letter* are translated **J'ai écrit une lettre**. Do not be tempted to leave out the auxiliary verb in French, as you can in English; it is incorrect in French.

Most verbs are conjugated with **avoir**. However, some are conjugated with **être**; you have already met two of them, **aller** (*to go*) and **rester** (*to stay, to remain*). The verbs, given in the Verb Table (starting on page 338), which are conjugated with **être** are marked: **aller**=*to go* (conj. **être**).

b The past participle: Regular past participles (which are the equivalents of the English **-ed** ending) are formed as follows:

Change **-er** to **-é**:	regarder	→	regardé (*to watch*	→	*watched*)
Change **-re** to **-u**:	répondre	→	répondu (*to answer*	→	*answered*)
Change **-ir** *to* **-i**:	finir	→	fini (*to finish*	→	*finished*)

Unfortunately, a number of verbs have irregular past participles which must be learned by heart. Here are the ones you have already met:

écrire	(*to write*)	→	**écrit**	(*written*)
faire	(*to do, to make*)	→	**fait**	(*done, made*)
lire	(*to read*)	→	**lu**	(*read*)
prendre	(*to take*)	→	**pris**	(*taken*)

The verbs given in the Verb Table which have an irregular past participle are shown: **lire**=*to read* (p.p. **lu**).

You will have noticed that the past participles of verbs conjugated with **être** agree with the subject; you have to add an **-e** and/or an **-s** when the subject is feminine and/or plural.
example:
A man would say: **Je suis allé au cinéma.** (*I went to the cinéma.*) A woman would say: **Je suis allée au théâtre.** (*I went to the theatre.*)If you were talking to a mixed group of people, you would say: **Vous êtes allés à la piscine?** (*Did you go to the*

swimming-pool?)If you were only addressing girls or women, you would say: **Vous êtes restées** à la maison? (*Did you stay at home?*)

c Negative sentences and questions: To make a negative sentence, simply put the correct form of **avoir** between **n'** and **pas**.

example:

Je **n'**ai **pas** travaillé. (*I did not work/have not worked.*) Vous **n'**avez **pas** téléphoné. (*You did not phone/have not phoned.*)

With verbs conjugated with **être**, use **n'** or **ne** accordingly.

example:

Je **ne** suis **pas** allé(e) au cinéma. (*I did not go/have not gone to the cinema.*)

Vous **n'**êtes **pas** allé(es) chez Claude. (*You did not go/have not gone to Claude's.*)

To ask questions, you can use any of the following methods:

– Vous avez mangé au restaurant? (no change)

– Est-ce que vous avez mangé au restaurant? (use of **Est-ce que**)

– Avez-vous mangé au restaurant? (use of the inversion)

They all mean *Did you eat out/Have you eaten out?*. You need to be aware of the various possibilities, to be able to recognise them, but you should use the one with which you feel most comfortable.

27 MAIN GROUPS OF REGULAR VERBS

–ER chanter = *to sing*

je chante
tu chantes
il/elle chante
nous chantons
vous chantez
ils/elles chantent

–RE perdre = *to lose*

je perds
tu perds
il/elle/on perd
nous perdons
vous perdez
ils/elles perdent

–IR finir = *to finish*

je finis
tu finis
il/elle/on finit
nous finissons
vous finissez
ils/elles finissent

Note: Although this gives the main groups of regular verbs in French it is by no means definitive; for instance there are certain spelling irregularities in **-er** verbs (**jeter, commencer, manger**) and sub groups of **-re** and **-ir** verbs (**prendre, dormir**). These are dealt with in the Grammar Section to which you should refer.

28 TABLE OF IRREGULAR VERBS

aller = *to go*
(conj. **être**)

je vais
tu vas
il/elle/on va
nous allons
vous allez
ils/elles vont

appeler = *to call*

j'appelle
tu appelles
il/elle/on appelle
nous appelons
vous appelez
ils/elles appellent

apprendre = *to learn*
(p.p. **appris**)

j'apprends
tu apprends
il/elle/on apprend
nous apprenons
vous apprenez
ils/elles apprennent

s'assoeir = *to sit down*
(p.p. **assis**)
(conj. **être**)

je m'assieds
tu t'assieds
il/elle/on s'assied
nous nous asseyons
vous vous asseyez
ils/elles s'asseyent
          or
je m'assois
tu t'assois
il/elle/on s'assoit
nous nous assoyons
vous vous assoyez
ils/elles s'assoient

avoir = *to have*
(p.p. **eu**)

j'ai
tu as
il/elle/on a
nous avons
vous avez
ils/elles ont

battre = *to beat*

je bats
tu bats
il/elle/on bat
nous battons
vous battez
ils/elles battent

boire = *to drink*
(p.p. **bu**)

je bois
tu bois
il/elle/on boit
nous buvons
vous buvez
ils/elles boivent

comprendre = *to understand*
(p.p. **compris**)

je comprends
tu comprends
il/elle/on comprend
nous comprenons
vous comprenez
ils/elles comprennent

conduire = *to drive*
(p.p. **conduit**)

je conduis
tu conduis
il/elle/on conduit
nous conduisons
vous conduisez
ils/elles conduisent

connaître = *to know*
(p.p. **connu**)
je connais
tu connais
il/elle/on connaît
nous connaissons
vous connaissez
ils/elles connaissent

courir = *to run*
(p.p. **couru**)

je cours
tu cours
il/elle/on court
nous courons
vous courez
ils/elles courent

croire = *to believe*
(p.p. **cru**)

je crois
tu crois
il/elle/on croit
nous croyons
vous croyez
ils/elles croient

cueillir = *to pick*

je cueille
tu cueilles
il/elle/on cueille
nous cueillons
vous cueillez
ils/elles cueillent

devoir = *must, to have to*
(p.p. **dû**)

je dois
tu dois
il/elle/on doit
nous devons
vous devez
ils/elles doivent

dire = *to say*
(p.p. **dit**)

je dis
tu dis
il/elle/on dit
nous disons
vous dites
ils/elles disent

dormir = *to sleep*
je dors
tu dors
il/elle/on dort
nous dormons
vous dormez
ils/elles dorment

écrire = *to write*
(p.p. **écrit**)

j'écris
tu écris
il/elle/on écrit
nous écrivons
vous écrivez
ils/elles écrivent

être = *to be*
(p.p. **été**)

je suis
tu es
il/elle/on est
nous sommes
vous êtes
ils/elles sont

faire = *to do, make*
(p.p. **fait**)

je fais
tu fais
il/elle/on fait
nous faisons
vous faites
ils/elles font

falloir = *to be necessary*
(p.p. **fallu**)

il faut

lire = *to read*
(p.p. **lu**)

je lis
tu lis
il/elle/on lit
nous lisons
vous lisez
ils/elles lisent

mettre = *to put*
(p.p. **mis**)

je mets
tu mets
il/elle/on met
nous mettons
vous mettez
ils/elles mettent

mourir = *to die*
(p.p. **mort**)
(conj. **être**)

je meurs
tu meurs
il/elle/on meurt
nous mourons
vous mourez
ils/elles meurent

ouvrir = *to open*
(p.p. **ouvert**)

j'ouvre
tu ouvres
il/elle/on ouvre
nous ouvrons
vous ouvrez
ils/elles ouvrent

partir = *to leave*
(conj. **être**)

je pars
tu pars
il/elle/on part
nous partons
vous partez
ils/elles partent

plaire = *to please*
(p.p. **plu**)

je plais
tu plais
il/elle/on plaît
nous plaisons
vous plaisez
ils/elles plaisent

pleuvoir = *to rain*
(p.p. **plu**)

il pleut

pouvoir = *can, be able to*
(p.p. **pu**)

je peux/puis
tu peux
il/elle/on peut
nous pouvons
vous pouvez
ils/elles peuvent

prendre = *to take*
(p.p. **pris**)

je prends
tu prends
il/elle/on prend
nous prenons
vous prenez
ils/elles prennent

recevoir = *to receive*
(p.p. **reçu**)

je reçois
tu reçois
il/elle/on reçoit
nous recevons
vous recevez
ils/elles reçoivent

rire = *to laugh*
(p.p. **ri**)

je ris
tu ris
il/elle/on rit
nous rions
vous riez
ils/elles rient

savoir = *to know*
(p.p. **su**)

je sais
tu sais
il/elle/on sait
nous savons
vous savez
ils/elles savent

sentir = *to smell*

je sens
tu sens
il/elle/on sent
nous sentons
vous sentez
ils/elles sentent

servir = *to serve*

je sers
tu sers
il/elle/on sert
nous servons
vous servez
ils/elles servent

sortir = *to go out*
(conj. **être**)

je sors
tu sors
il/elle/on sort
nous sortons
vous sortez
ils/elles sortent

suivre = *to follow*
(p.p. **suivi**)

je suis
tu suis
il/elle/on suit
nous suivons
vous suivez
ils/elles suivent

tenir = *to hold*
(p.p. **tenu**)

je tiens
tu tiens
il/elle/on tient
nous tenons
vous tenez
ils/elles tiennent

venir = *to come*
(p.p. **venu**)
(conj. **être**)

je viens
tu viens
il/elle/on vient
nous venons
vous venez
ils/elles viennent

voir = *to see*
(p.p. **vu**)

je vois
tu vois
il/elle/on voit
nous voyons
vous voyez
ils/elles voient

vouloir = *to wish, want*
(p.p. **voulu**)

je veux
tu veux
il/elle/on veut
nous voulons
vous voulez
ils/elles veulent

29 NUMBERS

a Cardinal numbers

1	un, une	29	vingt-neuf
2	deux	30	trente
3	trois	31	trente et un
4	quatre	32	trente-deux
5	cinq	40	quarante
6	six	50	cinquante
7	sept	60	soixante
8	huit	70	soixante-dix
9	neuf	71	soixante et onze
10	dix	72	soixante-douze
11	onze	73	soixante-treize
12	douze	77	soixante-dix-sept
13	treize	80	quatre-vingts
14	quatorze	81	quatre-vingt-un
15	quinze	82	quatre-vingt-deux
16	seize	90	quatre-vingt-dix
17	dix-sept	91	quatre-vingt-onze
18	dix-huit	99	quatre-vingt-dix-neuf
19	dix-neuf	100	cent
20	vingt	101	cent un
21	vingt et un	200	deux cents
22	vingt-deux	201	deux cent un
23	vingt-trois	220	deux cent vingt
24	vingt-quatre	500	cinq cents
25	vingt-cinq	550	cinq cent cinquante
26	vingt-six	1000	mille
27	vingt-sept	5000	cinq mille
28	vingt-huit		

Ordinal numbers have the same form whether they are masculine or feminine, except for **un/une** (*1*), and **vingt** (*20*), which takes an **s** in quatre-vingts (*80*) – literally four twenties. **Cent** (*100*) takes a plural **s** when it stands alone, but not when followed by another number.
example:
deux **cents** (*200*); deux **cent** un (*201*).

b Ordinal numbers

Ordinal numbers are formed by adding **-ième** to the cardinals.
example:
trois (*3*) → trois**ième** (*third*)
If there is a final **e** in the cardinal this is dropped.
example:
quatre (*4*) → quatr**ième** (*fourth*)
A final **f** becomes **v**.
example:
neu**f** (*9*) → neu**vième** (*ninth*)

A final **q** adds a **u**.

example:

cinq (5) → cinqu**ième** (*fifth*)

Like the cardinal numbers they keep the same form, except for **premier**/**première** (*first*) and **second**/**seconde**, an alternative to **deuxième** (*second*).

Compound numbers just add **-ième** to the second number.

example:

vingt-et-un**ième** (*twenty first*).

Ordinal numbers are not used in French for kings/queens etc. nor months, except for **first**.

example:

François Ier (**premier**); Elisabeth Ire (**première**) *but* Henri IV (**quatre**); Louis XV (**quinze**); Elisabeth II (**deux**); le 1er janvier, le 1er mai, le 1er avril etc. (**premier**); le 24 novembre (**vingt-quatre**); le 14 juillet (**quatorze**); le 6 juin (**six**).

Vocabulary

FRENCH–ENGLISH

à to, at; —— vous!
your turn!
l'**abeille** (f) *bee*
d'**abord** *at first*
aboyer *to bark*
l'**abricot** (m)
apricot
absolument
absolutely
accepté *accepted*
les **accessoires** (m)
accessories
l'**accord** (m)
agreement;
d'—— *agreed*
l'**accordéon** (m)
accordion
l'**achat** (m)
purchase
acheter *to buy*
l'**acteur(-trice)** (m, f)
actor, actress
l'**addition** (f) *bill*
admirer *to*
admire
adorer *to love, to*
adore
l'**adresse** (f)
address
l'**aérobic** (m)
aerobics
l'**aéroglisseur** (m)
hovercraft
l'**aéroport** (m)
airport
les **affaires** (f)
belongings,
business
affreux *awful,*
ugly
l'**âge** (m) *age*
l'**agence** (f) **de**
voyages *travel*
agent's
l'**agenda** (m)
diary
aggressif(-ive)
aggressive

l'**agneau** (m) *lamb*
agréable *nice,*
agreeable, pleasant
aider *to help*
l'**ail** (m) *garlic*
aimer *to like, to*
love
ainsi *thus*
l'**air** (m) *air, tune;*
avoir l'——
riche *to look*
rich; **en plein**
—— *in the*
open air
ajouter *to add*
l'**alcool** (m) *alcohol*
allemand
German
aller *to go;* **s'en**
—— *to go*
away; **allez-y!,**
vas-y! *go on;*
—— **chercher**
to fetch
l'**aller** (m) **simple**
single ticket;
l'—— **et retour**
return ticket
allô *hello (on the*
phone)
allumer *to light,*
to switch on
alors *so, then*
l'**alpinisme** (m)
climbing,
mountaineering
l'**alpiniste** (m, f)
mountaineer
alsacien *from*
Alsace
l'**alto** (m) *viola*
l'**amande** (f)
almond
l'**amateur** (m)
amateur
aménagé *fitted*
out
américain

American
l'**ami(e)** (m, f)
friend; **petit(e)**
——**(e)** *boy/*
girl friend
l'**an** (m) *year*
ancien *ancient,*
former, old
l'**angine** (f) *throat*
infection
anglais *English*
l'**animal** (m)
animal; ——
familier *pet*
l'**anisette** (f)
aniseed drink
l'**année** (f) *year*
l'**anniversaire** (m)
birthday; —— **de**
mariage *wedding*
anniversary
l'**anorak** (m)
anorak
l'**apéritif** (m)
aperitif
l'**appareil** (m)
photo *camera;*
à —— *speaking*
(on the phone)
l'**appartement** (m)
flat
appartenir (à) *to*
belong (to)
appeler *to call;*
s'—— *to be*
called
apporter *to bring*
(something)
après *after*
l'**après-midi** (m)
afternoon
l'**araignée** (f)
spider
l'**architecte** (m, f)
architect
l'**argent** (m)
money, silver;
l'—— **de poche**

pocket money
l'**armée** (f) *army*
l'**armoire** (f)
    cupboard,
    wardrobe
arranger *to*
    arrange
l'**arrêt** (m) *stop;*
—— **d'autobus**
    bus stop;
(s')arrêter *to*
    stop
arriver *to arrive*
l'**ascenseur** (m)
    lift
l'**ascension** (f)
    ascent
l'**aspirateur** (m)
    vacuum cleaner,
    hoover
l'**aspirine** (m)
    aspirin
s'**asseoir** *to sit*
    down; —— **en**
    tailleur *sit*
    cross-legged
assez *enough,*
    quite
l'**assiette** (f) *plate*
assurer *to*
    guarantee, to
    assure
assorti *matching*
l'**astronaute** (m, f)
    astronaut
l'**athlétisme** (m)
    athletics
attendre *to wait*
    for
attention! *watch*
    out!, be careful!
attirer *to draw,*
    to attract
attraper *to catch*
au-dessus (de)
    above
aucun *no, none*
l'**auditeur(-trice)**
    (m, f) *listener*
aujourd'hui
    today
auparavant
    previously
aussi *also*
aussitôt
    immediately, at

once
australien
    Australian
autant de *as*
    much/many
l'**auto** (f) *car*
automatique
    automatic
l'**automne** (m)
    Autumn
autour (de)
    around
autre *other*
autrefois
    formerly, in the
    past
l'**autruche** (f)
    ostrich
l'**avance** (f)
    advance; **à l'**——
    in advance;
    en —— *early*
avancer *to go*
    forward
l'**advantage** (m)
    advantage
avant *before*
l'**avare** (m) *miser*
avec *with;* ——
    ça (ceci)?
    anything else?
l'**avenue** (f)
    avenue
l'**avion** (m)
    aeroplane
l'**avis** (m) *opinion;*
    à mon —— *in*
    my opinion
avoir *to have;*
    avez-vous
    compris?
    Did you
    understand?

le **bacon** *bacon*
le **badminton**
    badminton
les **bagages** (m, pl)
    luggage
la **bague** *ring*
la **baguette** *French*
    loaf, chopstick
le/la **baigneur(-euse)**
    bather
le **bain** *bath;*
    prendre un ——

de soleil *to*
    sunbathe
baisser *to lower*
le **bal** *ball, dance*
la **balançoire**
    swing
le **balcon** *balcony*
le **ballon** *ball*
la **banane** *banana*
la **bande dessinée**
    strip cartoon
la **banlieue**
    suburbs
la **banque** *bank*
le **banquet** *dinner,*
    banquet
le **bar** *bar*
la **barbe** *beard*
la **barrière** *barrier,*
    gate
la **basilique**
    basilica
la **basse-cour**
    farmyard
la **bataille** *battle*
le **bateau** *boat*
le **bâtiment**
    building
la **batterie** *battery*
se **battre** *to fight*
beau (bel, belle)
    fine, beautiful
le **beau-fils** *son-in-*
    law
le **beau-père**
    father-in-law
beaucoup (de)
    much, a lot (of)
la **beauté** *beauty*
les **beaux-parents**
    parents-in-law
le **bébé** *baby*
beige *beige*
belge *Belgian*
la **belle-fille**
    daughter-in-law
la **belle-mère**
    mother-in-law
le **besoin** *need;*
    avoir —— **(de)**
    to need
bêtement
    stupidly
le **beurre** *butter*
la **bibliothèque**
    library

le **bic** *biro*
la **biche** *doe*
la **bicyclette**
 bicycle
le **bidet** *bidet*
 bien *good*
 bien sûr *of*
 course
la **bienvenue**
 welcome
la **bière** *beer*
le **bifteck** *steak*
le **bijou** *jewel*
la **bille** *marble*
 blanc *white;*
 bleu *blue;*
 —— **marine**
 navy blue
le **billet** *ticket*
 blanchir *to*
 whiten
 blond *blond*
le **blouson** *wind-*
 cheater
le **blue-jean** *jeans*
le **bœuf** *ox, beef*
 boire *to drink*
le **bois** *wood*
la **boîte** *box, tin;*
 —— **postale**
 P.O. box
 bon *good*
le **bon de commande**
 order form
le **bonbon** *sweet*
 bonjour *hello,*
 good day
le **bonnet** *bonnet,*
 woolly hat
 bonsoir *good*
 evening
le **bord** *edge*
 bordeaux *plum*
 coloured, maroon;
 le ——
 Bordeaux wine
la **bouche** *mouth*
le **boucher(-ère)**
 butcher
 bouclé *curly*
la **boucle d'oreille**
 earring
le **boulanger(-ère)**
 baker
la **boulangerie**
 baker's shop

le **bourgogne**
 Burgundy wine
 bourguignon
 from Burgundy
le **bout** *end, piece*
la **bouteille** *bottle*
le **bouton** *button*
le **bracelet** *bracelet*
la **branche** *branch*
le **bras** *arm*
 breton *from*
 Brittany
 bricoler *to potter*
 around, do D.I.Y.
le **bridge** *bridge*
 (game of)
le **brie** *brie cheese*
 briller *to shine*
la **brique** *brick*
 britannique
 British
 brosser *to brush*
le **brouillard** *fog*
le **bruit** *noise*
 brûler *to burn*
 brun *brown*
le **buffet** *buffet,*
 sideboard
le **bureau** *office;* **le**
 —— **de change**
 exchange office;
 le —— **de poste**
 post offie;
 le —— **de tabac**
 tobacconist's;
 le —— **des**
 objets trouvés
 lost property
 office
le **bus (autobus)**
 bus

 ça (cela) *that*
le **cabaret**
 cabaret
le **cabinet médical**
 surgery
le **cadeau** *present*
le **cadre** *setting*
le **café** *coffee, café*
le **cahier** *exercise*
 book
 calmant *soothing*
le **cambriolage**
 burglary
le **camembert**

 camembert cheese
le **camion** *lorry*
la **campagne**
 country,
 countryside;
 à la —— *in*
 the country; **en**
 pleine ——
 right in the
 country
le **camping**
 camping, camp
 site
 canadien
 Canadian
le **canapé** *sofa*
le **canard** *duck*
le/la **candidat(e)**
 candidate,
 contestant
la **cantine** *canteen*
le **car (autocar)**
 coach
 car *for*
la **carotte** *carrot*
le **carreau** *check,*
 square
le **carrefour**
 crossroads
la **carte** *card, map,*
 menu; **la** ——
 de crédit
 credit card; **la**
 —— **d'identité**
 identity card; **la**
 —— **postale**
 postcard
le **carton** *cardboard*
 box
la **cascade** *waterfall*
le **casino** *casino*
 casser *to break*
la **casserole**
 saucepan
la **cathédrale**
 cathedral
la **cause** *cause;*
 à —— **(de)**
 because (of)
la **cave** *cellar*
le **caviar** *caviar*
 ce (cet, cette)
 this, that;
 ces *these, those*
 celle-ci (f) *the*
 latter

celui-ci (m) *this one*

ceci *this*

la **ceinture** *belt*

célèbre *famous*

célibataire *single, unmarried*

la **centaine** *about a hundred*

le **centre** *centre;* **le —— commercial** *shopping centre;* **le —— culturel** *cultural centre;* **le —— universitaire** *university complex*

la **céréale** *cereal*

la **cérémonie** *ceremony*

la **cerise** *cherry*

ceux (m, pl) *those, those ones*

chacun *each one*

la **chaise** *chair*

la **chambre** *bedroom;* **—— d'hôte** *bed and breakfast*

le **champ** *field*

le **champagne** *champagne*

le **champignon** *mushroom*

la **chance** *luck;* **avoir de la ——** *to be lucky*

changer *to change*

la **chanson** *song*

chanter *to sing*

la **chanterelle** *yellow mushroom*

le/la **chanteur(-euse)** *singer*

le **chapeau** *hat*

chaque *each, every*

la **charcuterie** *pork butcher's, delicatessen*

le **charcutier** *pork butcher*

le **chat** *cat*

châtain *chestnut-brown*

le **château** *castle*

chaud *hot*

le **chauffage** *heating*

chauffer *to heat*

la **chaussette** *sock*

la **chaussure** *shoe*

chauvin *chauvinist*

le **chemin** *way, path*

la **cheminée** *fireplace*

le **cheminot** *railwayman*

la **chemise** *shirt*

la **chemise de nuit** *nightdress*

le **chemisier** *woman's shirt, blouse*

cher *dear*

chercher *to look for*

le **cheval** *horse*

la **chèvre** *goat*

chez *at (someone's house)*

le **chien** *dog*

chinois *Chinese*

le **chocolat** *chocolate*

choisir *to choose*

le **choix** *choice*

le **chômage** *unemployment;* **en ——** *out of work*

la **chose** *thing*

le **chou** *cabbage;* **mon petit ——** *(term of endearment) my love;* **le —— fleur** *cauliflower*

le **cidre** *cider*

le **ciel** *sky*

la **cigarette** *cigarette*

le **cinéma** *cinema*

la **circulation** *traffic*

circuler *to run (of train, bus, etc.)*

citer *to quote, to name*

le **citron** *lemon;* **le —— pressé** *squeezed lemon juice*

clair *clear, light*

la **clarinette** *clarinet*

la **classe** *class, classroom*

classique *classical*

la **clé (clef)** *key*

le/la **client(e)** *client, customer*

la **clinique** *clinic*

clos *enclosed, closed*

le **coca** *coke, coca-cola*

cocher *to tick*

le **cochon** *pig;* **le —— d'Inde** *guinea pig*

le **code** *code;* **—— de la route** *Highway code*

le **cœur** *heart;* **avoir mal au ——** *to feel sick*

le **cognac** *brandy*

se **coiffer** *to do one's hair*

le/la **coiffeur(-euse)** *hairdresser*

le **coin** *corner, area*

la **colère** *anger;* **être en ——** *to be angry*

le **collant** *(pair of) tights*

la **collection** *collection;* **faire —— (de)** *to collect*

le **collège** *college*

le/la **collègue** *colleague*

le **collier** *necklace*

la **colline** *hill*

le **comble; ça c'est le ——!** *that beats all!*

la **comédie** *comedy*

la **commande**
order
commander *to*
order
comme *as, like,*
for; —— **çi** ——
ça *not too bad,*
so so
commencer *to*
begin
comment *what,*
how
le **commerce**
business, shop
le **commissariat (de**
police) *police*
station
la **commode** *chest*
of drawers
compact *compact*
la **compagne**
companion
le **compartiment**
compartment
complet
completed, full
complètement
completely
comporter *to*
comprise
le **compositeur de**
musique
composer
comprendre *to*
understand
le **comprimé** *tablet*
compris
understood,
included
le/la **comptable**
accountant
le **comptoir**
counter
le/la **concierge**
concierge,
caretaker
le **concours**
competition
la **condition**
condition; à ——
(de) *on*
condition
conduire *to*
drive
la **confiture** *jam*
confortable

comfortable
le **congélateur**
freezer
connaître *to*
know (person or
place)
le **conseil** *advice*
consoler *to*
console, to
comfort
construit *built*
le **conte** *tale*
contempler *to*
contemplate
continuer *to*
continue
le **contraire, au** ——
on the contrary
contre *against*
la **contrebasse**
double-bass
converti
converted
le **coq** *cock, chicken*
le **corps** *body*
corriger *to*
correct
le **corsage** *blouse,*
bodice
corse
Corsican
le **costume** *suit*
la **côte** *coast*
la **côtelette** *cutlet,*
chop
le **coton** *cotton*
le **cou** *neck*
la **couche** *coat,*
layer
se **coucher** *to go to*
bed
couler *to flow*
la **couleur** *colour*
le **couloir** *corridor*
le **coup de soleil**
sun burn
le **couple** *couple*
courir *to run*
le **cours** *course,*
lesson
la **course** *race*
les ——**s**
shopping
court *short*
courtois
courteous

le **couscous**
couscous (a
North African
dish)
le/la **cousin(e)** *cousin*
le **couteau** *knife*
coûter *to cost*
la **couture** *sewing*
le **couvert** *place*
setting, cutlery
couvrir *to cover*
craindre *to fear*
craintif(-ive)
timid
la **cravate** *tie*
le **crayon** *pencil*
la **crème** *cream;* **la**
—— **protectrice**
protective cream
le **(grand) crème**
(large) white
coffee
le/la **crémier(-ère)**
dairyman/woman
la **crêpe** *pancake*
la **crêperie** *pancake*
restaurant
le **cri** *cry, shout*
le **crochet** *crochet*
crochu *hooked*
le **croisement**
crossroads
le **croissant**
croissant
la **croix** *cross*
le **croque-monsieur**
toasted cheese
and ham
sandwich
les **crudités** *raw*
vegetables
la **cuiller (cuillère)**
spoon
la **cuillerée**
spoonful; —— **à**
café *teaspoonful;*
—— **à dessert**
dessertspoonful;
—— **à soupe**
tablespoonful
le **cuir** *leather*
la **cuisine** *kitchen;*
faire la ——
to do the cooking
le/la **cuisinier(-ière)**
cook

la **cuisse** *thigh;* **les
——s de
grenouilles**
frogs legs
cuit *cooked;* ——
à point
medium cooked;
bien —— *well
done*
le **curé** *priest*
curieux *curious*
le **cygne** *swan*

le **daim** *suede*
danois *Danish*
dans *in*
danser *to danse*
le/la **danseur(-euse)**
dancer
de *of, from*
debout *standing*
se **débrouiller** *to
manage*
le **début** *beginning*
décaféiné
decafeinated
décider *to decide*
décolleté *low-
cut*
découvrir *to
discover*
(se) décrire *to
describe (oneself)*
dedans *inside*
le **défaut** *fault,
flaw*
défendre *to
forbid*
déjà *already*
le **déjeuner** *lunch;*
—— *to have
lunch*
délicieux
delicious
demain
tomorrow
demander *to
ask;* **se** —— *to
wonder*
le **déménagement**
removal
déménager *to
move house*
le **déménageur**
removal man
la **demeure**

dwelling
demi *half*
la **dent** *tooth*
la **dentelle** *lace*
le **dentifrice**
toothpaste
le/la **dentiste** *dentist*
dépasser *to
overtake*
se **dépêcher** *to
hurry*
**dépendre; ça
dépend (de)**
that depends (on)
déplaire *to
displease*
le **dépliant** *leaflet*
depuis *since, for*
déranger *to
disturb*
dernier(-ière)
last; **le/la** ——
the youngest
derrière *behind*
désagréable
unpleasant
descendre *to go
down*
la **descente** *descent*
le **désert** *desert*
désirer *to want*
désolé *sorry*
le **dessert** *dessert*
la **destination**
destination
se **détendre** *to relax*
détester *to
detest, to hate*
deuxième
second
devenir *to
become*
deviner *to guess*
devoir *to have to,
must;* **les** ——**s**
(m, pl) homework
la **diarrhée**
diarrhoea
le **dictionnaire**
dictionary
différent
different
la **difficulté**
difficulty
dimanche (m.)
Sunday

le **dîner** *dinner;*
—— *to have
dinner (evening
meal)*
dire *to say, to tell*
directement
directly
la **discothèque**
discothèque
discrètement
discreetly
disparaître *to
disappear*
se **disputer** *to
quarrel*
le **disque** *record;* **le**
—— **compact** *C.D.*
distrait *absent-
minded*
divorcé *divorced*
divorcer *to get
divorced*
le **doigt** *finger*
le **domicile** *home*
le **dommage**
damage; **quel**
——**!** *what a
pity!, what a
shame!*
donner *to give;*
—— **sur** *to
overlook*
doré *golden*
dormir *to sleep*
le **dos** *back*
double *double*
doucement
gently
la **douche** *shower*
la **douleur** *pain,
suffering*
doux(-ce) *sweet,
mild*
la **douzaine** *dozen*
le **drap** *sheet*
la **droguerie**
hardware store
droit *straight;*
tout ——
straight on
la **droite** *right;*
à —— *on the
right*
drôle *funny*
le **duché** *duchy*
dur *hard*

durer   to last

l'**eau** (f)   water
l'**échantillon** (m)
   sample
s'**échapper**   to
   escape
l'**éclair** (m)   eclair
l'**école** (f)   school
économique
   economical
écossais   Scottish
écouter   to listen
   (to)
écrire   to write
l'**écrivain** (m)
   writer
l'**écureuil** (m)
   squirrel
égal   equal; **ça**
   m'est ——
   I don't mind
l'**église** (f)   church
électrique
   electric
élégant   elegant
elle   she, her
elles   they, them
embarrassant
   embarrassing
l'**embouteillage**
   (m)   traffic jam
embrasser   to
   kiss
l'**embrayage** (m)
   clutch
l'**émission** (f)
   broadcast,
   programme
emmener   to take
   (someone/
   somewhere)
l'**empereur** (m)
   emperor
l'**emploi** (m)   job
l'**employé(e)** (m, f)
   employee, clerk
emporter   to take
   away (something)
emprunter   to
   borrow
en   in, some, some
   of it/them
encore   again,
   still
s'**endormir**   to fall

asleep
l'**endroit** (m)   place
l'**enfance** (f)
   childhood
l'**enfant** (m, f)
   child
enlever
   to take off
l'**enquête** (f) survey,
   enquiry; ——
   par sondage
   sample survey
l'**enquêteur(-euse)**
   market researcher
ensoleillé   sunny
ensuite   then,
   after that
entendre   to hear
s'**entendre (bien)**
   to get on (well)
entre   between
l'**entrée** (f)   starter,
   entrance hall
envie: avoir ——
   de   to want to
environ   about
envoyer   to send
l'**épaule** (f)
   shoulder
épargné   spared
l'**épi** (m)   ear (of
   corn)
eplucher   to peel
l'**éponge** (f)
   sponge
l'**épreuve** (f)   test
équipé   equipped,
   fitted
l'**erreur** (f)   mistake
l'**escalier** (m)
   stairs
l'**escargot** (m)
   snail
espagnol
   Spanish
espérer   to hope
l'**esplanade** (f)
   esplanade
l'**esprit** (m)   spirit,
   wit
essayer   to try
l'**essence** (f)   petrol
essoufflé   out of
   breath
essuyer   to wipe
l'**est** (m)   East

et   and; ——
   vous?   what
   about you?
l'**étable** (f)
   cowshed
l'**étage** (m)   floor
l'**étagère** (f)   shelf
l'**été** (m)   Summer
étincelant
   sparkling
l'**étranger(-ère)** (m, f)
   stranger, foreigner
être   to be
étroit   narrow,
   tight
l'**étudiant(e)** (m, f)
   student
étudier   to study
exact   correct
exactement
   exactly
s'**excuser**   to
   apologise;
   excusez-moi
   excuse me
les **exercices**
   abdominaux
   abdominal
   exercises
exotique   exotic
expliquer   to
   explain
l'**exposition**
   exhibition
l'**express** (m)
   expresso coffee

face ——à facing;
   en —— **(de)**
   opposite
se **fâcher**   to get
   angry
facile   easy;
   facilement
   easily
la **façon**   way; **une**
   —— **de parler**
   a way of speaking
le **facteur**   postman
la **faim**   hunger;
   avoir ——   to
   be hungry
faire   to do, to
   make; **faites le**
   point!   check
   your progress!

le **fait** *fact, deed;* **en**
——— *in fact*
fameux *famous*
la **famille** *family*
la **farine** *flour*
fatigué *tired*
faut, il faut *one
must, it is
necessary*
la **faute** *fault, mistake*
le **fauteuil**
armchair
faux(-sse) *false*
le **faux-filet** *sirloin*
fêlé *cracked*
félicitations!
congratulations
la **femme** *woman,
wife*
la **fenêtre** *window*
férié: un jour
——— *a public
holiday*
la **ferme** *farm*
fermer *to close;*
fermé *closed*
le **fermier** *farmer;*
la **fermière**
*farmer (f),
farmer's wife*
la **fête** *feast,
festival,
celebration,
name day*
fêter *to celebrate*
les **feux** (m, pl)
traffic lights
fiancé *engaged*
se **fiancer** *to get
engaged*
la **fièvre** *fever,
temperature*
fier(-ère) *proud*
la **fille** *daughter,
girl*
le **film** *film*
la **fin** *end*
finalement
finally
fini *finished*
finir *to finish*
la **firme** *firm*
la **fléchette** *dart*
la **fleur** *flower*
le **fleuve** *large river*
le **flot** *wave*

le **foie** *liver*
la **fois** *time*
le/la **fonctionnaire**
civil servant
le **fond** *bottom,
depths;* **à** ———
*thoroughly,
deeply*
fondre *to melt,
to thaw*
la **fondue** *fondue*
le **football** *football*
la **forme** *form;* **être
en** ——— *to be
in form*
formidable
terrific
la **formule** *formula*
fort *strong, loud*
la **forteresse**
fortress
fou (folle) *mad*
la **fourchette** *fork*
la **fourrure** *fur*
frais (fraîche)
fresh, cool
la **fraise** *strawberry*
la **framboise**
raspberry
français *French*
franchement
frankly
frapper *to hit, to
beat*
le **frère** *brother*
le **frigidaire, le
frigo** *fridge*
frisé *curly*
la **frite** *chip*
froid *cold*
le **fromage** *cheese*
le **fruit** *fruit*
fumer *to smoke*
le **fumeur** *smoker*

gagner *to win, to
earn*
la **galette** *savoury
pancake*
gallois *Welsh*
le **gant** *glove*
le **garage** *garage*
le **garçon** *boy,
waiter*
garder *to look
after, to keep*

la **gare** *station*
garnir *to garnish*
le **gâteau** *cake;* **le**
——— **sec**
biscuit
la **gauche** *left;*
à ——— *on the
left*
le **gazon** *lawn*
le **gendarme**
policeman
gêner le passage
to be in the way
général *general*
le **genou** *knee*
le **genre** *kind*
les **gens** (m, pl)
people
le **gérant** *manager*
la **girolle** *yellow
mushroom*
le **gîte** *holiday home*
la **glace** *ice, ice
cream*
le **glaçon** *ice-cube*
la **gomme** *rubber*
la **gousse d'ail**
clove of garlic
le **goût** *taste*
goûter *to taste*
la **goutte** *drop*
le **gramme** *gram*
grand *big, large,
tall*
la **grand-mère**
grandmother
le **grand-père**
grandfather
grandir *to grow
(up), get bigger*
le **gras** *fat*
grave *serious*
le **green** *golf green*
le **grenier** *loft, attic*
la **grenouille** *frog*
la **grève** *strike*
la **grillade** *grill,
grilled meat*
gris *grey*
gros *big, fat*
grossir *to get
big/fat*
le **groupe** *group*
le **gruyère** *gruyere
cheese*
la **guêpe** *wasp*

la **guerre**   *war*
le **guichet**   *ticket office, counter*
le/la**guide**   *guide*
la **guitare**   *guitar*

s'**habiller**   *to get dressed*
habiter   *to live*
l'**habitude** (f) *habit*
d'**habitude** *usually*
habitué à   *used to*
le **hamac**   *hammock*
la **hanche**   *hip*
la **harpe**   *harp*
haut   *high;* **en** ——
at the top, upstairs
les **herbes** (f)   *herbs*
hésiter   *to hesitate*
l'**heure** (f)   *hour, time;* **de bonne**
—— *early*
heureusement *fortunately*
hier   *yesterday*
l'**histoire** (f)   *story, history*
l'**hiver** (m)   *Winter*
hollandais *Dutch*
l'**homme** (m)   *man*
l'**homme politique** (m)   *politician*
honnête   *honest*
l'**hôpital** (m) *hospital*
horreur (f) *horror, dread;*
avoir —— **(de)** *to hate*
l'**hôtel** (m)   *hotel;*
—— **de ville** *town hall*
l'**hôtesse de l'air** (f) *air hostess*
l'**huile** (f)   *oil*
l'**humeur** (f) *mood, humour*

ici   *here*
l'**idée** (f)   *idea*
ignorer   *to*
ignore, to be ignorant of
il   *he*
il y a   *there is, there are, ago*
l'**île** (f)   *island*
imaginaire *imaginary*
ils   *they*
l'**immeuble** (m) *block of flats*
l'**imperméable** (m) *raincoat*
impoli   *impolite, rude*
l'**importance** (f) *importance*
s'**imposer**   *to be essential*
impossible *impossible*
l'**inconnu(e)** (m, f) *unknown person, stranger*
l'**inconvénient** *disadvantage*
indien   *Indian*
indiquer   *to indicate*
indiscret *indiscreet, nosy*
l'**industriel** (m) *industrialist*
infect   *foul, filthy, revolting*
l'**infirmier(-ère)** (m, f) *nurse*
l'**inflation** (f) *inflation*
les **informations** (f, pl) *news*
l'**ingénieur** (m) *engineer*
inquiet   *worried*
s'**inquiéter**   *to worry*
s'**inscrire**   *to enrol*
s'**installer**   *to settle (down)*
insulter   *to insult*
interdit *forbidden*
intéressant *interesting*
s'**intéresser (à)**   *to be interested (in)*

l'**intérieur** (m)
interior; **à l'**——
inside
international *international*
interroger   *to question*
interrompre   *to interrupt*
l'**interview** (f) *interview*
l'**inventaire** (m) *inventory*
irlandais   *Irish*
irresponsable *irresponsible*
isoler   *to isolate*
italien   *Italian*

le **jabot**   *jabot, shirt frill*
jamais   *never*
la **jambe**   *leg*
le **jambon**   *ham*
le **jardin**   *garden;* **le**
—— **zoologique** *zoo*
le **jardinage** *gardening*
jaune   *yellow;*
jaunir   *to become yellow*
je (j')   *I*
le **jean**   *jeans*
jeter   *to throw*
le **jeu**   *game;* ——
de rôle   *rôle play;* —— **de société**   *board game*
jeudi (m)   *Thursday*
jeune   *young;* **la**
—— **fille** *young girl*
le **jogging**   *jogging, track-suit*
joli   *pretty*
le **jongleur**   *juggler*
jouer   *to play;*
—— **à** (+*a game*); —— **de** (+*a musical instrument*)
le **jouet**   *toy*
le **jour**   *day*
le **journal**

newspaper
la **journée** *day*
le **judo** *judo*
les **jumeaux(-elles)**
(m, f, pl) *twins*
la **jupe** *skirt*
le **jus** *juice*
jusqu'à *until, as*
far as

kaki *khaki*
le **kir** *white wine*
and blackcurrant
liqueur

la *the, it, her*
là *there*
là-bas *over there*
là-haut *up there*
le **laboratoire de**
langues
language
laboratory
le **lac** *lake*
la **laine** *wool*
laisser *to leave,*
to let
le **lait** *milk*
la **lampe** *lamp;*
—— **de poche**
torch
lancer *to throw*
la **langue** *tongue,*
language
le **lapin** *rabbit*
la **larme** *tear*
le **lavabo**
washbasin
le **lavage** *washing*
le **lave-vaisselle**
dish-washer
laver *to wash;* **se**
—— *to wash*
oneself
le *the, it, him*
la **leçon** *lesson*
la **lecture** *reading*
le **légume** *vegetable*
la **légende** *key (to*
symbols), legend
léger *light*
le **lendemain** *the*
following day
lent *slow;*
lentement
slowly

lequel *which,*
which one?; **avec**
lesquelles (f, pl)
with which
les *the, them*
la **lessive** *washing,*
laundry
la **lettre** *letter*
leur *their, to*
them
se **lever** *to get up*
la **liaison**
connection
la **librairie**
bookshop
la **liberté** *freedom,*
liberty
libre *free, spare,*
vacant
le **lieu** *place*
la **ligne** *line, figure;*
garder la ——
to stay slim
le **lilas** *lilac*
la **limite** *limit*
lire *to read*
la **liste** *list*
le **lit** *bed*
le **litre** *litre*
le **livre** *book;*
la —— *pound*
livrer *to deliver*
le/la **locataire** *tenant*
la **location** *hire*
la **loi** *law;* **faire la**
—— *to rule, to*
be the boss
loin *far*
les **loisirs** (m)
leisure activities
long (longue)
long
longtemps *a long*
time
la **lotion** *lotion*
louer *to rent, to*
hire
le **loup** *wolf*
lourd *heavy*
lui *him, to him,*
to her
la **lumière** *light*
lundi (m)
Monday
les **lunettes** (f, pl)
glasses,

spectacles

la **machine**
machine; **la** ——
à laver
washing machine
madame *Mrs,*
madam
mademoiselle
miss
le **magasin** *shop*
le **magazine**
magazine
maigrir *to get*
thin, to lose
weight
le **maillot de bain**
swimming
costume
la **main** *hand*
maintenant *now*
la **mairie** *town hall*
mais *but*
la **maison** *house*
le **maître** *master*
mal *badly*
le **mal** *harm,*
illness; —— **de**
l'air *air*
sickness; —— **de**
mer *sea*
sickness; **faire**
—— *to hurt;*
avoir —— *to*
be in pain
le/la **malade** *patient;*
—— *ill, sick*
malgré *in spite*
of
malheureusement
unfortunately
la **Manche** *English*
Channel
manger *to eat*
la **manifestation**
demonstration
manquer *to miss*
le **manteau** *coat*
se **maquiller** *to put*
on make-up
le **marchand**
merchant, seller,
shopkeeper;
le —— **de**
primeurs
greengrocer

la **marche** *walk, step*
le **marché** *market*
marcher *to go, to work, to walk*
mardi (m) *Tuesday;* **Mardi Gras** *Shrove Tuesday*
le **mari** *husband*
marié *married*
se **marier** *to get married*
la **maroquinerie** *fine leather goods*
la **marmotte** *marmot*
la **marque** *brand, make*
marre: avoir marre (de) *to be fed up (with)*
le **marron** *chestnut*
mars *March*
martiniquais *from Martinique*
la **maternité** *maternity hospital*
le **matin** *morning*
la **matinée** *morning*
mauvais *bad*
la **mayonnaise** *mayonnaise*
méchant *naughty, nasty, wicked;* **chien —** *beware of the dog*
mécontent *unhappy, displeased*
la **médaille** *medal, medallion*
le **médecin** *doctor*
le **médicament** *medicine*
médiéval *medieval*
le **membre** *member*
même *even;* **le/la —** *the same*
le **ménage** *housework*
la **ménagère** *housewife*

la **ménagerie** *menagerie*
mentir *to tell a lie*
le **menton** *chin*
le **menu** *menu*
la **mer** *sea;* **au bord de la —** *at the seaside*
merci *thank you*
mercredi (m) *Wednesday*
la **mère** *mother;* **— de famille** *housewife and mother*
merveilleux(-se) *marvellous*
la **messe** *mass*
mesurer *to measure*
le **métier** *occupation*
se **mettre d'accord (pour)** *to agree (to)*
les **meubles** (m, pl) *furniture*
mi-temps *part-time;* **travailler à —** *to work part-time*
le **midi** *mid-day;* **le Midi** *the South of France*
le **miel** *honey*
mignon *sweet, cute*
le **milieu** *middle;* **au — (de)** *in the middle (of)*
le **mille-feuille** *cream slice*
mince *slim, thin*
la **mine** *appearance;* **avoir bonne/ mauvaise —** *to look well/ill*
la **mirabelle** *mirabelle plum*
le **mobilier** *furniture*
la **mobylette** *moped*
la **mode** *fashion;*

à la — *fashionable*
moderne *modern*
le **mohair** *mohair*
moi *me*
moins *less*
le **mois** *month*
la **moisson** *harvest;* **la —neuse- batteuse** *combine harvester*
la **moitié** *half*
le **monde** *world;* **beaucoup de —** *a lot of people;* **tout le —** *everybody*
monsieur *Mr, sir*
la **montagne** *mountain*
monter *to take up, to go up (stairs)*
la **montre** *watch*
le **morceau** *piece*
mort *dead*
la **morue** *cod*
le **mot** *word*
la **moto** *motorbike*
les **mots croisés** (m, pl) *crossword*
mouillé *wet*
la **moustache** *moustache, whiskers*
le **moustique** *mosquito*
la **moutarde** *mustard*
le **mouton** *sheep*
le **moyen** *means;* **le — de transport** *means of transport*
municipal *municipal*
le **mur** *wall*
le **musée** *museum*
le/la **musicien(-ienne)** *musical*
la **musique** *music*
myope *short-sighted*
la **myrtille** *bilberry, blueberry*

nager *to swim*
la **naissance** *birth*
la **nappe** *tablecloth*
natal *native, home*
la **natation** *swimming*
national *national*
la **nationalité** *nationality*
la **nature** *nature;*
  yaourt ——
  plain yogurt
nécessaire *necessary*
neiger *to snow*
le **nettoyage à sec** *dry cleaning*
neuf(-ve) *brand new*
le **neveu** *nephew*
le **nez** *nose*
ni … ni *neither … nor*
la **nièce** *niece*
le **Noël** *Christmas;*
  à —— *at Christmas*
le **nœud** *knot;*
  le —— **papillon** *bow-tie*
noir *black*
noisette *hazel*
la **noix de muscade** *nutmeg*
le **nom** *name;* **le** —— **de famille** *surname*
non *no*
non plus *neither*
le **nord** *North*
normand *Norman*
la **nostalgie** *nostalgia*
la **note** *mark, note*
(se) nourrir *to feed (oneself)*
nous *we, us*
nouveau (nouvelle) *new*
la **nouvelle** *news item*
la **nuit** *night*

nul (nulle) *not one, useless, worthless*
le **numéro** *number*

l'**obélisque** (m) *obelisk*
les **objets trouvés** (m) *lost property*
obligé de *obliged to*
l'**occasion** (f) *opportunity;* **d'** —— *second hand*
occupé *busy, occupied*
s'occuper (de) *to be busy (with), to look after*
l'**œil** (m) *eye;* **les yeux** (m, pl) *eyes*
l'**œuvre** (f) *work (of art)*
l'**office** (m) **du tourisme** *tourist office*
offrir *to offer, to give (a present)*
l'**oie** (f) *goose*
l'**oiseau** (m) *bird*
l'**ombre** (f) *shadow;* **à l'** —— *in the shade*
l'**omelette** (f) *omelette*
l'**oncle** (m) *uncle*
l'**opéra** (m) *opera*
l'**or** (m) *gold*
l'**orange** (f) *orange*
l'**ordinateur** (m) *computer*
l'**ordonnance** (f) *prescription*
les **oreillons** (m, pl) *mumps*
organiser *to organise*
l'**origine** (f) *origin, beginning*
ou *or*
où *where*
oublier *to forget*
l'**ouest** (m) *West*

oui *yes*
ouvert *open;* **l'** ——**ure** (f) *opening*
l'**ouvre-boîte** (m) *tin-opener*
l'**ouvreuse** (f) *usherette*
l'**ouvrier(-ière)** (m, f) *worker*
ouvrir *to open*

le **pain** *bread;* **le** ——**grillé** *toast*
le **palais** *palace*
pâle *pale*
le **palier** *landing*
pâlir *to grow pale*
le **pamplemousse** *grapefruit*
le **panaché** *shandy*
la **pancarte** *sign*
la **panne** *breakdown;* **être en** —— *to be out of order;* **tomber en** —— *to have a breakdown*
le **panneau** *sign*
le **pantalon** *trousers*
la **papeterie** *stationery, stationer's*
le **papier** *paper*
le **papillon** *butterfly*
les **Pâques** (f) *Easter;* **à** —— *at Easter*
le **paquet** *packet*
par *by*
le **parapente** *parasailing*
le **parapluie** *umbrella*
le **parc** *park*
parce que/qu' *because*
le **pardessus** *overcoat*
pardon *excuse me, pardon*
le **parent** *parent, relative*

le **pare-brise**
  windscreen
parfait *perfect*
le **parfum** *perfume*
parisien
  Parisian
le **parking** *car-park*
parler *to speak;*
le/la **partenaire**
  partner
la **partie** *part*
partir *to go*
  away, to leave; **à**
  —— **de** *from*
partout
  everywhere
le **passage pour**
  piétons
  pedestrian
  crossing
le **passant** *passer-*
  by
le **passe-temps**
  hobby
le **passeport**
  passport
passer *to pass, to*
  spend; **se** ——
  to happen
le **pâté** *pâté*
la **patience**
  patience
le **patin** *ice/roller*
  skate
la **patinoire**
  skating rink
la **pâtisserie** *cake*
  shop
le/la **patron(-onne)**
  owner, boss
la **pause-café** *coffee*
  break
le **pays** *country,*
  region
la **pêche** *fishing*
pêcher *to fish*
le **pêcheur**
  fisherman
peindre *to paint*
la **peine** *trouble;* **ce**
  n'est pas la
  —— *there's no*
  need
le **peintre** *painter*
la **pellicule** *a roll*
  of film

se **pencher** *to lean*
pendant *during*
la **pendule** *clock*
péniblement
  laboriously,
  painfully
penser *to think*
perdre *to lose*
le **père** *father*
le **permis de**
  conduire
  driving licence
le **persil** *parsley*
la **personne**
  person; ——
  nobody
la **personnalité**
  personality
petit *small, little;*
  le ——
  déjeuner
  breakfast; **le**
  ——**'fils**
  grandson;
  la ——**e-fille**
  granddaughter;
  les ——
  s-enfants
  grandchildren
peu *little*
la **peur** *fear;* **avoir**
  —— **(de)** *to be*
  afraid (of)
peut-être
  perhaps
le **phare** *headlight,*
  lighthouse
la **pharmacie**
  chemist's
le/la **photographe**
  photographer
la **photo(graphie)**
  photograph
la **photocopie**
  photocopy
le/la **physicien(-ne)**
  physicist
le **piano** *piano*
la **pièce** *room;* **la**
  —— **de**
  monnaie *coin;*
  9F la ——
  9 francs each
le **pied** *foot;* **à** ——
  on foot
la **pierre** *stone*

la **pillule** *pill*
le **pilote** *pilot*
la **pincée** *pinch*
le **ping-pong** *table*
  tennis
pire *worse;* ——
  que jamais
  worse than ever
la **piscine**
  swimming pool
la **piqûre d'insecte**
  insect bite
la **piste** *track, piste*
le **placard** *cupboard*
la **place** *square;* **sur**
  —— *when you*
  get there
le **plafond** *ceiling*
la **plage** *beach*
se **plaindre** *to*
  complain
la **plaisanterie** *joke*
plastique *plastic*
le **plat** *dish;* **le** ——
  à emporter
  take-away meal
plat *flat*
plein *full;* **faire**
  le ——
  (d'essence) *to*
  fill up with
  petrol; **en** ——
  air *in the open*
  air; **en** —— **e**
  campagne
  right in the
  country
pleurer *to cry*
pleuvoir *to rain*
plier *to bend, to*
  fold
le **plomb** *lead;* **sans**
  —— *lead free*
la **pluie** *rain*
la **plume** *feather*
plus *more;* **en**
  —— *in addition;*
  ne ... plus *no*
  more
plusieurs *several*
plutôt *rather*
le **pneu** *tyre*
la **poêle** *frying pan*
le **poil** *hair*
point, à ——
  just right;

faites le ——— !
*check your
progress!;* **êtres
sur le ———
de** *to be
about to*
la **pointure** *shoe
size*
la **poire** *pear*
(à) pois *with
polka dots*
le **poison** *poison*
le **poisson** *fish;* **le
——— rouge**
goldfish
le **poivre** *pepper*
le **pôle nord** *North
pole*
le **policier**
policeman; **le
film ———**
detective film
polonais *Polish*
la **pomme** *apple;* **la
——— de
terre** *potato*
le **pommier** *apple
tree*
le **pompier** *fireman*
le **pont** *bridge*
le **porc** *pork*
le **port** *port*
la **porte** *door*
le **portefeuille**
wallet
le **porte-monnaie**
purse
porter *to wear, to
carry*
la **portière** *car door*
poser *to place, to
put;* **——— une
question** *ask a
question*
la **poste** *post office*
le **pot** *pot, carton*
potable *drinking*
la **poubelle**
dustbin
la **poule** *hen*
le **poulet** *chicken*
pour *for, in order
to*
le **pourboire** *tip*
pourquoi *why*
pourtant

however
pousser *to grow
(of plants), to
push*
le **poussin** *chick*
pouvoir *to be
able to, can*
la **prairie** *meadow*
pratique
convenient
précieux(-se)
precious
se **précipiter** *to
hurry, to rush*
de **préférence**
preferably
préférer *to prefer*
premier *first*
prendre *to take*
le **prénom** *forename*
préparer *to
prepare;* la **bière
——— draught beer**
près (de) *near*
le **président**
president
presque *almost*
pressé *in a hurry*
la **pression**
pressure; la **bière
——— draught
beer**
prêt *ready*
prêter *to lend*
prier *to beg, to
pray;* **je vous en
prie** *don't
mention it*
prière de *please*
principal *main*
le **printemps**
Spring
privé *private*
probablement
probably
le **problème**
problem
le **professeur**
teacher
la **profession**
occupation
professionnel
professional
le **profil** *profile*
progressivement
gradually

la **promenade**
walk; **faire une
———, se
promener**
to go for a walk
la **prononciation**
pronunciation
propre *clean*
propos, à ———
by the way; **à
——— (de)**
concerning
le/la **propriétaire**
owner
prospère
prosperous
protéger *to
protect*
la **protéine** *protein*
prudent *prudent*
publier *to
publish*
puisque *since*
le **pull-over**
pullover
la **pyramide**
pyramid

**qu'est-ce qu'il
y a?** *what is
there?, what is
the matter?*
**qu'est-ce que
c'est?** *what is it?*
le **quai** *platform*
quand *when*
quant à *as for*
le **quartier** *district*
quel *what, which*
quelque *some;*
——— chose
something; **———
fois** *sometimes*
quelqu'un
someone
la **question**
question
qui *who;* **——— qui
est-ce?** *who is
it?*
quitter *to leave*
quoi *what*
quotidien *daily*

raconter
to tell

le **radiateur**
radiator
la **radio** *radio*
raide *straight, stiff*
le **raisin** *grapes*
la **raison** *reason;*
avoir — *to be right*
ralentir *to slow down*
ramasser *to gather, to pick up*
la **randonnée**
excursion, trip
ranger *to tidy*
rapide *fast, quick*
rarement *rarely*
se **raser** *to shave*
la **ratatouille**
ratatouille (vegetable stew)
rayé *striped*
la **rayure** *stripe;* **à** —**s** *striped*
le/la **réceptionniste**
receptionist
recevoir *to receive, to get*
la **récolte** *harvest*
recommander *to recommend*
reconnaître
recognise
reculer *to move back*
refroidir *to get cold*
refuser *to refuse*
regarder *to look (at), watch*
le **régime** *diet*
la **région** *region*
la **règle** *rule, ruler*
regretter *to be sorry, to regret*
régulièrement
regularly
remarquer *to notice*
remercier *to thank*
repeindre *to repaint, decorate*
remplir *to fill*
rencontrer *to*

meet
le **rendez-vous**
appointment, meeting place
rendre *to give back, to return (something)*
renfermer *to contain*
les **renseignements** (m, pl)
information
rentrer *to return home*
renverser *to spill*
la **réparation**
repair
le **repas** *meal*
le **repassage**
ironing
repasser *to iron*
répéter *to repeat*
répondre *to answer*
la **réponse** *reply*
se **reposer** *to rest*
la **république**
republic
réserver *to reserve*
respecter *to respect*
respirer *to breathe*
le **restaurant**
restaurant
la **restauration**
catering
le **reste** *the rest*
rester *to stay*
le **résultat** *the result*
le **retard** *delay;* **être en** — *to be late*
le **retour** *return*
retourner *to turn over*
la **retraite**
retirement; **être en/à la** — *to be retired*
retroussé, nez — *turned-up nose*
le **rétroviseur** *rear*

mirror
réussir *to succeed*
le **rêve** *dream;*
rêver *to dream;* la **rêverie** *day-dream*
le **réveil** *alarm-clock*
réveiller *to wake (someone) up;* **se** — *to wake up*
revenir *to return, to come back*
le **revêtement**
covering
la **révolution**
revolution
le **rez-de-chaussée**
ground floor
le **rhum** *rum*
riche *rich*
rien *nothing*
les **rillettes** (f, pl)
rillettes (potted mince of pork or goose)
rire *to laugh*
le **rivage** *shore*
la **rivière** *river*
le **riz** *rice*
la **robe** *dress*
rond *round*
le **roquefort**
roquefort cheese
rose *pink*
le **rôti** *roast (joint)*
rouge *red;* — **à lèvres** *lipstick*
rougir *to blush*
roulé *rolled;* **col** — *roll-neck*
rouler *to drive, to roll, to go (car)*
rousseur, les taches de —
freckles
la **route** *road*
roux(-sse) *red, ginger*
la **rue** *street*
russe *Russian*
rustique *rustic*

le **sac** *bag*
le/la **saint(e)**
  **saint; la Sainte
  Catherine** *St
  Catherine's day;*
  **la Saint
  Valentin** *St
  Valentine's day*
la **saison** *season*
la **salade** *salad*
  sale *dirty*
  salir *to dirty;* **se
  ——** *to make
  oneself dirty*
la **salle** *room;* **la
  ——à manger**
  dining room;
  **la —— de
  bain** *bathroom;*
  **la —— de
  séjour** *living
  room*
le **salon** *drawing
  room, lounge*
  samedi (m)
  Saturday
la **sandale** *sandal*
le **sandwich**
  sandwich
  sans *without;*
  —— plomb
  lead-free
la **santé** *health*
la **sardine** *sardine*
le **satin** *satin*
la **saucisse** *sausage*
le **saucisson**
  *salami-type
  sausage;* **le ——
  à l'ail** *garlic
  sausage*
  sauf *except*
le **saumon fumé**
  smoked salmon
le **saut périlleux**
  somersault
  sauter *to toss, to
  jump*
  savoir *to know (a
  fact)*
le **savoir-vivre**
  know-how
  savoyard *from
  Savoy*
la **scène** *scene,
  stage*

le **schweppes** *tonic
  water*
les **sciences** (f, pl)
naturelles *natural
  sciences, biology*
la **séance de
  gymnastique**
  gym session
le **seau** *bucket*
  sec (sèche) *dry*
  sécher *to dry*
la **seconde** *second*
le/la **secrétaire**
  secretary
le **séjour** *stay*
le **sel** *salt*
  selon *according
  to*
la **semaine** *week*
  sembler *to seem*
le **sens** *direction*
  sensible
  sensitive
  sentir *to smell, to
  feel*
  séparé
  separate(d)
  sérieux *serious*
  serti(s) de *set
  with*
le/la **serveur(-euse)**
  waiter/waitress
le **service** *service*
la **serviette**
  briefcase; **la ——
  (de table)**
  napkin; **la ——
  (de toilette)**
  towel
  servir *to serve;*
  se —— de *to
  make use of*
  seulement *only*
le **shampooing**
  shampoo
  si *if, yes (after a
  negative
  question)*
  **s'il vous
  plaît** *please*
la **sieste** *siesta,
  afternoon nap*
  signaler *to
  signal*
le **singe** *monkey*
le **sirop** *syrup,*

  linctus
la **situation**
  *situation,
  position*
  situé *situated*
le **skate** *skateboard*
le **ski** *ski;* **faire du
  ——** *to ski;* **le
  skieur** *skier*
le **smoking** *dinner
  jacket*
la **société** *society,
  company*
la **sœur** *sister*
la **soie** *silk*
la **soif** *thirst;* **avoir
  ——** *to be
  thirsty*
le **soir** *evening;*
  hier —— *last
  night*
la **soirée** *evening*
le **soja** *soya*
le **sol** *floor, ground*
le **soldat** *soldier*
le **soleil** *sun*
le **sommeil** *sleep*
le **sommet** *summit,
  top*
le **sondage** *opinion
  poll*
  sortir *to go out*
  souffler *to blow,
  breathe out*
  soulever *to lift*
la **soupe** *soup*
  sourd *deaf*
le **sourire** *smile;*
  —— *to smile*
la **souris** *mouse*
se **souvenir (de)** *to
  remember*
  souvent *often*
  spécial *special*
la **spécialité**
  speciality
le **spectacle**
  *spectacle,
  display, show*
  splendide
  splendid
le **sport** *sport;* **——
  if** *sporty,
  sport-loving;* **les
  sports nautiques**
  water sports

le **stade** *stadium*
la **station** *stop, station;* —— **ner** *to park*
la **station-service** *petrol station*
la **statistique** *statistic*
la **statue** *statue*
le **steak-frites** *steak and chips*
stupide *stupid*
le **style** *style*
le **stylo** *pen*
la **succursale** *branch (of a firm)*
le **sucre** *sugar*
le **sud** *South*
suggérer *to suggest*
suisse *Swiss*
la **suite** *following, continuation;* **de** —— *in succession;* **tout de** —— *immediately*
suivant *following, one after, next*
suivre *to follow*
le **super** *four star petrol*
la **supérette** *small supermarket*
le **supermarché** *supermarket*
le **suppositoire** *suppository*
sur *on*
surgelé *frozen*
surplombant *overhanging*
surprendre *to surprise*
surpris *surprised*
surtout *particularly, above all*
surveiller *to watch, to watch over*
sympa(thique) *nice, friendly*
le **syndicat d'initiative** *tourist office*
synthétique *artificial, synthetic*

la **table** *table*
le **tableau** *picture, black-board*
le **tabouret** *stool*
la **tache** *stain, spot;* **les** —— **de rousseur** *freckles*
la **taille** *size, waist, height;* **de** —— **moyenne** *of average size*
le **taille-crayon** *pencil-sharpener*
le **tailleur** *suit (for a woman)*
se **taire** *to be quiet, silent*
tandis que *while*
la **tanière** *den*
tant pis *too bad, never mind*
la **tante** *aunt*
le **tapis** *carpet, rug*
la **tapisserie** *tapestry*
tard *late*
la **tarte** *tart*
la **tartelette** *little tart*
la **tasse** *cup*
le **taxi** *taxi*
la **télé** *TV, telly*
la **télécopie** *fax*
le **téléphérique** *cable-car*
le **téléphone** *telephone;* ——**r (à)** *to telephone*
le **téléski** *ski-tow*
le **télex** *telex*
la **télévision** *television;* **à la** —— **on** *television*
tellement *so much, so many*
la **température** *temperature*
le **temps** *time, weather;* **un**

—— **de chien** *dreadful weather;* **de** —— **en** *from time to time*
tendre *to stretch*
tenir *to hold;* **se** —— *to hold on to*
le **tennis** *tennis*
terminer *to finish*
le **terrain** *ground, pitch, course*
la **terrasse** *terrace, patio*
la **terre** *ground, earth*
la **terrine** *pâté, earthenware pot*
la **tête** *head*
le **théâtre** *theatre*
tiède *lukewarm*
le **timbre** *stamp*
le **tire-bouchon** *corkscrew*
tirer *to pull;* —— **la langue** *to stick out one's tongue*
le **tiroir** *drawer*
les **toilettes** (f) *toilets*
le **toit** *roof*
la **tomate** *tomato*
le **tombeau** *tomb*
tomber *to fall*
le **tonneau** *barrel*
tort *wrong;* **avoir** —— *to be wrong*
la **tortue** *tortoise*
tôt *early*
toujours *still, always*
le **tour** *tour, turn;* **la** —— *tower*
le/la **touriste** *tourist*
tourner *to turn*
tous les deux *both*
la **Toussaint** *All Saints' day*
tousser *to cough*
tout *all;* —— **à coup** *suddenly;* ——

de suite
immediately;
—— **droit**
straight on
le **tracteur** *tractor*
le **train** *train;* **en**
—— **de** *in the
act of*
le **trajet** *journey*
la **tranche** *slice*
transformé
transformed
le **transport**
transport
le **travail** *work, job*
travailler *to
work*
la **traversée**
crossing
traverser *to cross*
très *very*
le **trésor** *treasure*
tricoter *to knit*
trilingue
trilingual
la **trompette**
trumpet
trompé *deceived*
trop *too much*
le **trottoir**
pavement
trouver *to find;*
se —— *to be
(situated)*
la **truite** *trout*
tu *you (singular
and familiar)*
le **tweed** *tweed*

ultramoderne
*super modern,
most up-to-date*
uni *united, plain
(material, colour)*
l'**uniforme** (m)
uniform
l'**université** (f)
university
l'**usine** (f) *factory*
utile *useful*
utiliser *to use*

les **vacances** (f, pl)
holidays
la **vache** *cow*
le **vainqueur**

winner
le **vaisselier**
dresser
la **vaisselle**
*washing-up,
dishes*
la **valise** *suitcase*
la **valse** *waltz*
la **variété** *variety*
le **vase** *vase*
vaut, ça ——
mieux *that is
better*
le/la **végétarien(-ne)**
vegetarian
le **vélo** *bicycle*
le **vélo-tout terrain
(V.T.T.)**
mountain bike
le **velours** *velvet*
vendredi (m)
Friday
vendéen *from
Vendée*
le/la **vendeur(-euse)**
shop assistant
venir *to come*
venir de *to have
just*
le **vent** *wind*
la **vente** *sale*
le **ventre** *stomach,
tummy*
vérifier *to check*
véritable *real,
genuine*
la **vérité** *truth*
verni *varnished;*
le cuir ——
patent leather
le **verre** *glass*
vert *green*
la **veste** *jacket*
les **vêtements** (m)
clothes
le/la **veuf(-ve)**
widower/widow
la **viande** *meat*
vider *to empty*
la **vidéocassette**
video cassette
la **vie** *life*
**vieux (vieil,
vieille)** *old*
vigoureusement
vigorously

le **village** *village*
la **ville** *town*
le **vin** *wine*
le **vinaigre** *vinegar*
la **vingtaine** *about
twenty*
le **violon** *violin*
la **visite** *visit;* **la**
—— **guidée**
guided tour
vite *quickly*
la **vitesse** *speed,
gear;* **à toute**
—— *at top
speed*
la **vitrine** *shop
window*
voici *here is*
voir *to see;*
voyons *let's
see*
voilà *there is,
there are, here
you are*
le/la **voisin (e)**
neighbour
la **voiture** *car*
la **voix** *voice*
la **volaille** *fowl,
poultry*
le **volant** *steering-
wheel;* **être au**
—— *to be
driving*
voler *to steal, to
fly;* **se faire** ——
to have stolen
le **voleur** *thief*
volontiers
*willingly, with
pleasure*
vomir *to vomit*
votre *your*
vouloir
to want, to wish;
Je voudrais
—— *I would
like*
vous *you (polite
or plural)*
le **voyage** *journey;*
——**r** *to
travel;* **le**——
ur *traveller*
la **vue** *view*
vrai *true;* ——

ment   *really*

les **WC** (m)   *W.C.,*
   toilet

le **week-end**
   weekend

y   *there*

le **yacht**   *yacht*
le **yaourt**   *yogurt*
le **yoga**   *yoga*